U0631380

平台经济背景下

女性从业人员的劳动和社会保障

郭淑贞 / 著

中国出版集团

中国民主法制出版社

全国百佳图书
出版单位

图书在版编目（CIP）数据

平台经济背景下女性从业人员的劳动和社会保障 /
郭淑贞著 . — 北京：中国民主法制出版社，2025. 2.
ISBN 978-7-5162-3840-0

Ⅰ. D669.2；D632.1

中国国家版本馆 CIP 数据核字第 2025FY3353 号

图书出品人：刘海涛
出 版 统 筹：石　松
责 任 编 辑：刘险涛　吴若楠

书　　　名／平台经济背景下女性从业人员的劳动和社会保障
作　　　者／郭淑贞　著

出版·发行／中国民主法制出版社
地址／北京市丰台区右安门外玉林里 7 号（100069）
电话／（010）63055259（总编室）　63058068　63057714（营销中心）
传真／（010）63055259
http:／www.npcpub.com
E-mail: mzfz@npcpub.com
经销／新华书店
开本／16 开　　710 毫米 × 1000 毫米
印张／16.75　字数／218 千字
版本／2025 年 2 月第 1 版　　2025 年 2 月第 1 次印刷
印刷／三河市龙大印装有限公司

书号／ISBN 978-7-5162-3840-0
定价／85. 00 元
出版声明／版权所有，侵权必究。

（如有缺页或倒装，本社负责退换）

前　言

　　中国平台经济的兴起，得益于互联网技术的迅猛发展以及政府政策的积极推动。从最初的电商平台如阿里巴巴、京东，到共享经济平台，如滴滴出行、美团等，平台经济凭借其独特的商业模式和创新的服务方式，迅速吸引了众多用户和投资者。这些平台不仅为消费者提供了便捷的服务，也为数以亿计的劳动者创造了就业机会。然而，随着平台经济的深入发展，一些深层次的问题也逐渐显露出来，尤其是从业人员的劳动和社会保障问题。在平台经济中，女性从业人员占据相当大的比例，她们在电商、家政、直播带货等领域发挥着举足轻重的作用。然而，由于平台经济的特殊性，如劳动关系的模糊性及工作时间的灵活性等，女性从业人员的劳动和社会保障往往难以得到有效保障。这不仅影响了她们的就业稳定性和生活质量，也制约了平台经济的健康发展。因此，从性别视角出发，深入研究平台经济下女性从业人员的劳动和社会保障问题，具有重要的现实意义和理论价值。

　　1405 年，法国国王查理六世时期的宫廷诗人和作家克里斯蒂娜·德·皮桑（Christine de Pizan）女士撰写了一本名为《妇女城》（*The Book of the City of Ladies*）的长篇散文，讨论了历史和神话中记载的杰出女性的"天然"优越性，该书被视为最早体现性别平等意识的作品之一。作者在书中通过对话的方式表达出一个颇为进步的观点：女性是优秀且具有社会价值的，这些价值可以体现在家庭、社会和政治中。1995 年，第四次世界妇女大会通过了《北京宣言和行动纲要》，对贫困、教育和培训、保健、经济、权力和决策等 12 个重大关切领域确定了战略目标，并制定了政府和其他利益相关方应采取的相关行动详细目录。此后，在全社会的共同努力下，性别平等取得了有目共睹的进展：女性劳动参与率、女性高管占比等有了显著的提升。然而，根据世界经济论坛发布的《2021 年全球性别差距报告》（Global Gender Gap Report 2021）显示，女性需要多等一代人的时间才能实现性别平等。由于受到不可控因素的影响，实现全球性别平等所需的时间从 99.5 年增加到了 135.6 年。

《平台经济背景下女性从业人员的劳动和社会保障》正是在这样的背景下应运而生的。本书旨在通过系统的理论分析和实证研究，揭示平台经济背景下女性从业人员的劳动和社会保障现状，探讨其存在的问题和根源，并提出相应的对策建议。

作为劳动与社会保障的研究人员，在开始本项研究之前，笔者只是从社会性、整体性的视角意识到女性从业人员在平台经济中的独特性。而随着研究的深入，笔者更为深刻地认识到平台经济的迅速发展对我们的生产方式、生活方式及社会结构的深远影响；更为深切地观察到女性在平台经济中的生命力，她们在面对各种家庭和工作的困境，以及人生和命运的各种考验时，所展现出的强烈光芒和巨大韧性。

然而，在撰写本书的过程中，笔者深刻感受到平台经济背景下女性从业人员的劳动和社会保障问题是一个复杂而多维的课题。它不仅涉及经济、法律、社会等多个领域的知识和理论，还涉及政策制定、制度设计及实践操作等多个层面的问题。笔者深知本书的研究和探讨只是冰山一角，关于女性从业者的研究和保障仍有大量工作需要我们完成。希望有越来越多的人关注这一领域，为女性从业人员争取更多的劳动和社会保障权益。

在此，笔者衷心感谢所有为本书提供支持和协助的个人与机构。特别感谢福建医科大学苏映宇副教师对本书研究方向的有力指引。同时，感谢郭汉媛、翁香丽、翁文镇、高玉玲、黄珍华、谢韵佳、林丽婷、黄艾非等同仁在访谈过程中提供的牵线搭桥协助。此外，感谢接受访谈的 18 位女性同胞的无私支持。感谢福建开放大学对本书出版的资助，以及中国民主法制出版社编辑老师在出版过程中所付出的辛勤工作。最后，对于家人在研究过程中给予的关心、支持与陪伴，笔者感激不尽，正是他们的理解与支持，使得本书得以顺利完成。

由于笔者学识有限，对于本书中存在的问题，希望学界同人批评指正。

目 录

第一章　新时代的半边天：研究背景和聚焦问题

联合国大会纪念北京世界妇女大会 25 周年高级别会议中提出："妇女是人类文明的开创者、社会进步的推动者""保障妇女权益必须上升为国家意志""要消除针对妇女的偏见、歧视、暴力，让性别平等真正成为全社会共同遵循的行为规范和价值标准"。[①]《中华人民共和国国民经济和社会发展第十四个五年规划和 2035 年远景目标纲要》明确指出，坚持男女平等基本国策，促进妇女平等依法行使权利、参与经济社会发展、共享发展成果。[②]

近年来，随着互联网、大数据、云计算、人工智能、区块链等技术的加速创新，我国数字经济蓬勃发展。随着共享经济平台的快速发展，新型就业形态在稳定和增加就业、提高居民收入方面发挥了积极作用，并被寄予厚望。世界各国都高度重视平台经济对劳动力市场的影响，特别是平台经济对不同群体在就业、社会保障方面的影响和冲击。女性作为劳动力市

---

① 习近平. 在联合国大会纪念北京世界妇女大会 25 周年高级别会议上的讲话［N］. 人民日报，2020-10-02（2）.

② 新华社. 中华人民共和国国民经济和社会发展第十四个五年规划和 2035 年远景目标纲要［EB/OL］.（2021-03-13）［2024-02-20］. https://www.gov.cn/xinwen/2021-03/13/content_5592681.htm?eqid=945f38050007c2e300000005648fbfd0.

场的重要组成部分，其平等参与共享经济建设、平等享受共享经济发展红利、在就业和创业领域享受平等待遇以及完善权益保障，已成为各国平台经济政策的重要议题之一。

第一节　研究背景：平台经济的兴起与发展

一、我国平台经济的兴起

2015 年，随着《国务院关于积极推进"互联网+"行动的指导意见》的颁布与实施，平台经济作为一种新型的、开放的、共享的社会经济运行模式得到了政策层面的正式认可。党的十九届五中全会更是明确将"促进平台经济、共享经济健康发展"作为我国发展战略性新兴产业的主要任务之一，写入国民经济和社会发展"十四五"规划中。2022 年 10 月，党的二十大报告进一步提出促进数字经济和实体经济深度融合的要求，不少专家学者认为，这种深度融合将成为平台经济发展的"新蓝海"。①

（一）平台经济的内涵和特征

1.平台经济的内涵

随着云计算、大数据、物联网、人工智能等前沿技术引领新一轮科技革命和产业变革，这一现象已引起国内外学界的广泛关注。学者们从不同的视角出发，以"共享经济""分享经济""零工经济""平台经济""数字经济"

---

① 姚建华，张媛媛."却顾所来径"：中国数字劳动 10 年研究的核心议题与知识图谱［J］.传媒观察，2023（4）：80-88.

等概念为研究范畴，对这一变革展开了深入探讨。[①]

　　学界对平台经济的关注始于双边市场（龚雪 等，2022）的研究。而对双边市场的关注和研究，则起源于对国际信用卡产业一系列反垄断案例的关注，例如，美国沃尔玛诉 Visa 和 Mastevcard 案、欧盟竞争委员会诉 Visa 案等。这些案例最终促成了 2004 年在法国图卢兹召开的"双边市场经济学"学术研讨会。2003 年，国外学者罗切特（Rochet）和蒂罗尔（Tirole）基于价格结构的非中性特性，提出了双边市场的定义：平台收取的总费用水平（P）等于在单边市场中向卖方收取的费用水平（PS）；在总费用水平（P）不变的条件下，若交易总量受到平台向任意一方收取费用水平变化的直接影响，则该平台处于双边市场。（Rochet et al.，2003）此后，学者阿姆斯特朗（Armstrong，2006）对双边市场的交叉网络外部性进行了完善，即平台一方群体的利益取决于另一方群体的规模，即生产者规模扩大能提高消费者的选择多样性，从而提高这一群体获得的效用水平；反之，消费者规模扩大，则能使生产者通过销量的增加获取更多利润。

　　2006 年，国内学者在综述国外学者对平台经济研究成果的基础上，首次对平台经济进行了定义：平台经济是指为促成双方或多方客户之间交易提供虚拟或现实空间的经济形态，其主要特征是外部性。在平台经济的竞争中常采取多属策略。对平台的研究涉及买方、卖方和第三方（平台方）三方。平台经济学被视为产业经济学的分支，主要研究平台之间的竞争与垄断情况，强调市场

---

① 正如中国人民大学谢富胜教授所分析，"共享经济"专注于闲置资源共享利用和协同生产的表面描述，缺乏对社会生产力进步下参与"共享"的不同主体间经济关系的分析；"零工经济"看到了劳动雇佣方式的新变化，但忽视了这是社会生产与再生产过程发生组织变革的结果。"数字经济"和"数字资本主义"强调这种新组织形式的物理存在形式以数字技术为基础，但对于这种组织内部的分工与各经济关系缺乏分析。相关概念仅聚焦于新经济组织形式的某一方面特征，并非从社会生产和再生产的角度，全面认识这种组织形式的特征。它们都仅着眼于数字技术发展条件下，社会生产和再生产的数字化和集中化趋势在交换关系、劳资关系、技术形式等方面的某些映像，存在"盲人摸象"般的不足。

结构的作用，通过交易成本和合约理论分析不同类型平台的发展模式与竞争机制，进而提出相应的政策建议，形成了一门新兴的经济学科。（徐晋 等，2006）

此后，国内学者对平台经济的研究不断增多，研究领域日益广泛，并从不同的学科角度对平台经济进行了多元化的定义。谢富胜（2019）认为平台经济以敏感的数据采集和传输系统、发达的算力和功能强大的数据处理算法为基础，以数字平台为核心，能够跨时空、跨国界、跨部门地集成生产、分配、交换与消费活动的信息，以促进社会生产与再生产过程的顺利进行。易宪容（2020）认为平台经济是以数字化技术为基础的新型交易模式或资源配置方式。尹振涛等（2022）将平台经济视为一种依托于平台及平台经营者的新型组织方式和商业模式，是互联网平台协调组织资源配置的一种经济形态。黄益平（2022）指出平台经济是数字经济的一种特殊形态，通常具有颠覆性创新、多边市场、跨界竞争及线上线下能力整合等特征。

除了学界对平台经济的定义外，相关政策文件也对平台经济的内涵进行了明确阐释。2014 年，上海市商务委员会印发了《关于上海加快推动平台经济发展的指导意见》，认为平台经济是基于互联网、云计算等现代信息技术，以满足多元化需求为核心，全面整合产业链、融合价值链，并提高市场配置资源效率的一种新型经济形态。[1]2021 年，国务院反垄断委员会（已更名为"国务院反垄断反不正当竞争委员会"）出台了《国务院反垄断委员会关于平台经济领域的反垄断指南》，将平台定位为"通过网络信息技术，使相互依赖的双边或者多边主体在特定载体提供的规则下交互，以此共同创造价值的商业组织形态"，并对平台经营者、平台内经营者及平台经济领域经营者进行了明确区分。[2]

---

[1] 上海市商务委员会. 上海市商务委员会印发《关于上海加快推动平台经济发展的指导意见》的通知［EB/OL］.（2014-06-12）［2024-02-20］. http://www1.shanghaiinvest.com/cn/viewfile.php?id=8276.

[2] 国务院反垄断委员会. 国务院反垄断委员会关于平台经济领域的反占有指南［EB/OL］.（2021-02-07）［2024-02-25］. https://www.gov.cn/xinwen/2021-02/07/content_5585758.htm.

综上分析，当前国内外学者尽管对平台经济的定义并未形成一致意见，但普遍认同互联网、人工智能、大数据、云计算等技术的运用，实现了连接多方用户的功能，创新了业务流程和商业模式，进而获得了全新的规模、内涵、效率和影响力，这些构成了当前平台经济定义中的核心要素。

2.平台经济的特征

数据技术使平台经济的运行与传统经济发生了较大的变化。因此，与传统经济相比，平台经济具有一些突出的特征，包括规模和范围经济、网络外部性、双边（多）边市场等。

第一，规模和范围经济。规模经济表现为平台在实现高产量的同时，能够维持较低的平均成本。范围经济则指同时生产多种产品的总成本低于分别生产单个产品的成本之和。[①]平台经济的规模和范围经济特征具体表现为：基于数据技术发展的平台，其经营不受时空限制，且对自然资源的依赖较低。平台建立后，扩大业务规模的成本几乎为零。此外，平台具有开放性，如果一项业务建立起来，积累了客户和数据资源，那么将较容易地实现跨界领域的经营。根据中国互联网网络信息中心发布的《第53次中国互联网络发展状况统计报告》显示，截至2023年12月，我国网民规模达10.92亿，网络视频用户规模为10.67亿，即时通信用户规模达10.60亿，网络支付用户规模9.54亿，搜索引擎用户规模8.27亿，网络直播用户规模8.16亿，网络音乐用户规模7.15亿，网上外卖用户规模5.45亿，网络文学用户规模5.20亿，网约车用户规模5.28亿，在线旅行预订用户规模5.09亿，互联网医疗用户规模达4.14亿，可见规模效应显著。腾讯发布的2023年第二季度财报显示，视频号总用户使用时长同比几乎翻倍，2023年第二季度视频号广告收入超过人民币30亿元。在范围方面，腾讯在社交媒体微信的基础上开办了微众银行，阿里巴巴

① 北京大学平台经济创新与治理课题组，黄益平.平台经济：创新、治理与繁荣［M］.北京：中信出版集团，2022：12.

在淘宝和支付宝的基础上，开发了包括餐饮、超市、商圈、电影院等场景的本地生活服务。

第二，网络外部性。"网络外部性"是指产品价值随该产品消费者数量的增加而增加。[①] 具体来说，它反映了需求端的规模效应，即网络用户数量的增长，会带动用户总效用的显著增长。简而言之，当一个用户加入网络时，他或她会对该网络的其他用户的价值产生影响，这种现象就是网络外部性。网络外部性可以分为直接外部性和间接外部性。其中，直接外部性指的是当消费同一产品的用户数量增多时，该产品的价值会直接增加；而间接外部性则是随着同一产品使用者数量的增多，该产品的互补品的种类和数量增多、价格降低，从而进一步增加产品价值。[②] 网络外部性的具体表现。例如：微信的用户越多，用户在微信找到熟人的概率就越高，对于用户而言，微信的社交媒介功能就越强；某种品牌的电动车的销售量或市场保有量较高时，其配套的维修服务系统（包括更密集的服务网点、更低廉的配件价格、更规范的服务和更好的长期可持续性等）更为完善、到位。

第三，双边（多）边市场。双边性是指如果平台向使用平台的各方收取的费用结构会直接影响平台的收入；双（多）边市场是指由互相提供网络收益的独立用户群体构成的经济网络或平台。例如，外卖平台对平台的商户及消费者收取了不同的服务费，如入驻费用和配送费。如果改变服务费结构就会影响平台收入，那么表明这个平台具有双边性。实际上，外卖平台对商户、骑手及消费者设计了复杂的平台服务和配送费方案，而且这些价格结构之间互相影响，这意味着平台可能具有多边性。外卖平台的消费者越多，骑手的响应速度越快，商户（如餐馆）就越容易获取更多的订单；同样的，平台的

---

① 龚雪，荆林波.平台经济研究述评与展望［J］.北京社会科学，2022（11）：83-92.

② 北京大学平台经济创新与治理课题组，黄益平.平台经济：创新、治理与繁荣［M］.北京：中信出版集团，2022：13.

商户越多，消费者就越容易找到自己想要的餐品。因此，外卖平台对买卖双方以及骑手的价值是相互促进的，平台的定价策略通常也分别面向买卖双方及骑手等不同用户群体。

（二）我国平台经济的兴起与发展

实际上，平台经济并非一种全新的业务形态，在传统经济中，也存在着诸如出租车公司、百货大楼等平台企业。我国早期的部分平台企业是从 20 世纪 90 年代开始孕育。此后，我国的平台经济发展经历了六个阶段：探索阶段（1994—1997 年）、起步阶段（1998—2007 年）、爆发式增长阶段（2008—2015 年）、竞争加剧阶段（2016—2019 年）、疫情冲击阶段（2020 年）以及全面治理阶段（2021 年至今）。[①]

1994 年，我国接入了互联网。1995 年，我国第一家互联网公司瀛海威成立。1996 年，张朝阳创办了爱特信公司（搜狐的前身），这是我国首家以风险投资资金创办的互联网公司。1998—2000 年，新浪、腾讯、阿里巴巴、百度先后成立。2003 年，阿里巴巴推出淘宝网；2004 年，京东正式涉足电商领域。2008 年 6 月底，我国网民数量达到 2.53 亿，跃居世界第一位。[②]2010 年之后，美团、微信、陆金所、滴滴打车、字节跳动、拼多多等平台企业呈爆发式增长。2020 年，全球经济遭受冲击，我国的经济活动也同样受到重大影响，但这也加速了平台经济的创新和发展。同年，国家市场监督管理总局依法对阿里巴巴集团控股有限公司实施"二选一"等涉嫌垄断行为立案调查。2021 年 2 月，《国务院反垄断委员会关于平台经济领域的反垄断指南》正式发布。

---

① 北京大学平台经济创新与治理课题组，黄益平.平台经济：创新、治理与繁荣［M］.北京：中信出版集团，2022：7.

② 中华人民共和国中央人民政府.我国网民数 2.53 亿人居世界首位博客用户超 1 亿人［EB/OL］.（2008-07-24）［2024-04-30］. https://www.gov.cn/yaowen/liebiao/202403/content_6940952.htm.

根据工业和信息化部的数据，2022 年，我国数字经济规模达到 50.2 万亿元，总量稳居世界第二，同比名义增长 10.3%，在国内生产总值中的占比提升至 41.5%。[①] 从发展趋势来看，2017—2021 年间，我国共享经济规模得到了迅速发展。在此期间，我国的共享经济市场交易规模增长了 16109 亿元，增长率高达 77.55%。同时，共享经济的参与人员和平台的员工数量也不断增加（见表 1.1）。

表 1.1　2017—2021 年我国共享经济规模及从业人员情况表

项　目	2017 年	2018 年	2019 年	2020 年	2021 年
市场交易规模（亿元）	20772	29420	32828	33773	36881
参与者人数（亿人）	7	7.6	8	8.3	—
参与服务提供者（万人）	7000	7500	7800	8400	—
平台员工（万人）	556	598	623	631	—
直接融资规模（亿元）	2160	1490	714	1185	2137

资料来源：笔者根据国家信息中心推出的共享经济年度报告整理而得。

（三）我国平台经济繁荣的原因

平台经济既是第四次工业革命的产物，也是伴随着我国进入新发展阶段而兴起的。平台经济的崛起，主要得益于过去十几年间数字技术迅猛的发展。总体而言，在我国的平台经济蓬勃发展过程中，有四个因素发挥了重要作用。[②]

1.快速发展的数字技术

数据是平台经济发展的基石。近年来，以数字技术为核心的第四次工业革命有力地推动着我国的平台经济高速发展。无线网络技术、5G 技术、智能

---

① 中华人民共和国国家互联网信息办公室.国家互联网信息办公室发布《数字中国发展报告（2022年）》[EB/OL].（2023-05-23）[2024-04-30].https://www.cac.gov.cn/2023-05/22/c_1686402318492248.htm.

② 北京大学平台经济创新与治理课题组，黄益平.平台经济：创新、治理与繁荣[M].北京：中信出版集团，2022：6.

手机技术，以及射频识别、传感、M2M 等物联网技术，还有大数据和云计算技术等紧密交织、协同共进，不仅推动了数字技术的蓬勃发展，也冲击了传统的生产组织方式。① 在此基础上，平台经济应运而生，并茁壮成长。

2.良好的数字基础设施

近年来，我国政府和企业持续且大规模地建设信息和通信系统，为平台经济的发展创造了有利条件。截至 2023 年 12 月，我国 IPv4 地址数量为 3.92 亿个，IPv6 地址数量为 68042 块 /32，IPv6 的活跃用户数达到 7.62 亿；移动通信基站总数达到 1162 万个，其中 5G 基站总数达到 337.7 万个，占移动基站总数的 29.1%；互联网宽带接入端口数量达到 11.36 亿个；光缆线路总长度达到 6432 万公里；网民使用手机上网的比例高达 99.9%；移动互联网接入流量达到 3015 亿 GB；三家基础电信企业的蜂窝物联网终端用户数为 23.32 亿户。② 同时，随着行业数字化转型需求的大量释放，我国的数字基础设施建设正从"通用算力集中部署"向"多样性算力按需供给"快速转变。算力布局将继续优化，全面融入全国一体化大数据中心体系，围绕算力协同融合的产业创新动力将持续增强。③

3.巨大的人口和市场规模

我国是一个人口大国，且拥有庞大的网民群体。2023 年 12 月底，全国人口为 14.0967 亿人，网民规模达 10.92 亿人。巨大的人口数量和网民规模为平台经济实现规模经济和范围经济打下了坚实的基础。

4.有利的成长环境

过去，我国在平台经济领域的权益保护和数据治理方面存在一定的滞后

① 孙璇.新科技革命视域下我国劳动关系研究［D］.福州：福建师范大学，2020.

② 数字经济联合会.第 53 次《中国互联网络发展状况统计报告》［EB/OL］.（2024-04-03）［2024-04-30］.https://www.163.com/dy/article/IURKHF2B05346KF7.html.

③ 中国通信企业协会.2023 数字经济十大洞察发布 数字经济增长"第二曲线"作用将加速释放［EB/OL］.（2023-08-28）［2024-04-30］.https://www.cace.org.cn/NEWS/COUNT?a=4578.

性，出现了一定程度的"野蛮生长"现象。[①] 然而，我国各级政府积极支持平台企业的建立和发展，为平台经济的发展创造了有利条件。国家数据局的正式组建，将加快推进中央与地方协同、纵横贯通的数据治理体系建设，确权授权、供给流通、收益分配、安全监管等制度将不断明晰和完善以数据开发利用为核心、以多样化服务生态为支撑的数据要素市场化配置改革将提速发展。此外，在平台经济领域，我国市场与国际市场基本保持独立，受国际政治经济环境的影响较小。

（四）平台经济劳动者的分类

借助数字技术和算力系统强大的资源整合与匹配功能，随着我国平台经济的不断发展，平台经济为劳动供需双方提供了高效、大规模的匹配调度服务，吸纳了大量劳动者从事与平台相关的工作，并催生了众多新型职业。在此背景下，我国平台经济中的劳动者衍生出多样化的形态，如众包、按需、自雇佣等多种类别，不同的类别群体展现出独特的异质性特征。[②]

本书所指的平台从业人员，不包括维持平台企业日常运营的内部管理者和员工，而是指在平台搭建的双边市场中，利用互联网平台提供的信息在线提供服务或在当地提供服务，并从平台获取劳动报酬的个人劳动者，如配送员、网约车司机、网络主播、家政服务人员等。这些劳动者通常具有工作场所流动化、工作时间弹性化、用工关系零工化等特征。对平台从业人员进行细致的分类是确保后续研究有效开展的基础。因此，相关学者从不同的研究角度对平台从业人员进行了分类（见图1.1）。

---

① 北京大学平台经济创新与治理课题组，黄益平 . 平台经济：创新、治理与繁荣［M］. 北京：中信出版集团，2022：10.

② 刘善仕，刘树兵，刘小浪 . 平台劳动者：分类、权益与治理［M］. 北京：中国法制出版社，2022：25.

　　根据工作形式，平台从业人员可分为众包劳动者和按需劳动者。众包是指通过在线平台完成工作，平台基于互联网促进组织与个人在全球范围内建立联系，并提供远程服务。在众包范畴中，如果任务分配给线上的一群不确定的人员，则为一般众包；若任务被细分为小单元，每个小单元对应的报酬较少，则为微任务众包；若任务无法进一步细分，但需要由众多人共同完成，并且只有一个结果被采纳可以得到相应的报酬，则为竞争性众包。[①] 按需平台工作，则指工作的匹配和交易过程是通过平台数字化完成的，但服务交付需要在本地进行，如家政、餐饮配送、日常跑腿等。此外，服务提供者根据技能水平的不同，将平台从业人员分为高技能和低技能两大类。根据服务的交付方式，又可完全分为线上和线下平台从业人员。

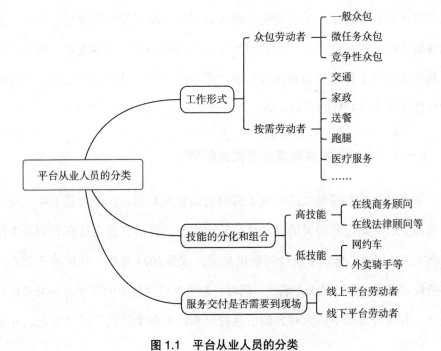

图 1.1　平台从业人员的分类

---

① 刘善仕，刘树兵，刘小浪.平台劳动者：分类、权益与治理［M］.北京：中国法制出版社，2022：26.

虽然相关学者从不同维度对平台从业人员进行了划分，但是如果仅依据单一标准，则难以全面展示平台及平台从业人员的异质性和多样性。因此，在具体研究中，众多学者进一步采取了多维度组合的分类方法。例如，刘善仕等学者依据平台对劳动者的控制程度以及劳动者对平台的依赖性这两个维度作为交叉分类框架，在上述分类基础上，将平台从业人员分为自由职业者、众包劳动者以及 APP 劳动者。

二、我国平台经济发展对劳动就业的影响

平台经济的快速发展，创造了大量的就业机会，使得工作性质、工作形式和就业选择均发生了显著变化。越来越多的劳动者开始依赖平台经济，其就业形态的比例持续上升，由此引发了劳动力市场的结构性变革。然而，平台从业人员的工作性质与我国现行的"劳动二分法"框架并不契合，导致他们往往无法获得充分的劳动保障，这一现象引发了社会的广泛关注。

（一）平台经济发展对就业形式的影响

平台经济的发展极大地改变了劳动者的就业形态，促使大量工作从线下转向线上、从固定转向灵活、从单一转向多元。灵活就业人员在劳动者中的比例大幅上升。[①]据国家统计局数据显示，截至 2021 年底，我国灵活就业人员的数量已经达到 2 亿人左右[②]。同时，随着互联网技术的发展和各类平台的兴起，劳动力市场中供求双方的信息搜寻和匹配效率得到了显著提升，并催

---

① 李力行，周广肃.平台经济下的劳动就业和收入分配：变化趋势与政策应对［J］.国际经济评论，2022（2）：46-59.

② 澎湃新闻.国家统计局：目前我国灵活就业人员已经达到 2 亿人左右［EB/OL］.（2022-01-17）［2024-03-21］. https://www.thepaper.cn/newsDetail_forward_16320022.

生了网约车司机、外卖骑手、直播带货员、社区团购负责人等多种新型职业。随着数字技术的发展，这些职业的工作时间安排和任务呈现碎片化的特点。具体而言，平台经济中的劳动者的工作任务通常基于平台订单而产生，每个订单的业务流程在线上多点衔接。因此，平台从业人员的工作方式具有较高的灵活性，他们可以自主选择从事工作（劳动）的平台、每天（或每周/每年）的工作时长，这也促使"斜杠青年"群体日益壮大。劳动者的就业方式呈现多样化组合，如社区团购的组织者在自己的社群中推广多个平台的商品，网约车司机同时也是网络小说作者等。

（二）平台经济发展对就业规模的影响

数字技术在推动平台经济发展的同时，也促进了自动化、智能化在劳动力市场的应用日益广泛。关于数字技术对就业的影响，现有文献总结并提出了替代作用、互补作用和创造性作用。其中，替代性作用主要对就业产生负面影响，而互补作用和创造性作用则会带动就业增长，甚至创造出一些新的工作岗位。[①] 目前，大多数研究成果认为数字经济对就业的正向作用大于负向作用。总体而言，平台经济的发展推动了我国就业规模的不断扩大。具体来说，一方面，数字技术的发展提高了传统行业与企业的效率，技术的便捷性和迅速传播降低了生产者进入特定产业的门槛，同时提高了产业内的劳动生产率，拓展了产业规模。这表现为数字技术能够以低交易成本在单个产业内甚至多个产业间快速扩散和赋能生产者。生产者可以以较低成本获取这些技术，并以更高的效率开展生产和创新活动，从而增加了其吸纳就业的能力。同时，除了传统的雇佣就业方式外，自主创业、自由职业等灵活就业的新模式快速兴起，以数字技术为基础的新就业形态广泛涌现。据相关数据显示，2022年，阿里巴巴数字

---

① 李力行，周广肃. 平台经济下的劳动就业和收入分配：变化趋势与政策应对［J］. 国际经济评论，2022（2）：46-59.

生态体系共带动就业机会 7309 万个，其中新就业形态约为 714.8 万个，生态用工就业约为 43.5 万个。① 另一方面，平台经济为其从业者赋能，降低了劳动者教育和培训的成本。以我国"淘宝村"的发展为例，2009 年以来，在数字化平台的赋能下，我国农村草根创新创业活动正在兴起。2020 年，"淘宝村"活跃网店达到 296 万个，创造了 828 万个就业机会。② 根据波士顿咨询的测算，到 2035 年，随着我国整体数字经济规模接近 16 万亿美元，数字经济渗透率达到 48%，数字经济总就业规模将上升至 4.15 亿人。③

（三）平台经济发展对就业结构的影响

平台经济带来了劳动力就业结构的调整。数字技术和相关商业模式在不同行业的应用速率不同，这导致了不同行业数字化转型的推动力度和速度存在差异，进而造成了数字化程度的行业差异。目前，第三产业是数字化转型程度最高、覆盖面最广、吸纳就业人数最多的产业。从招聘岗位来看，第三产业数字化领域的招聘岗位占总招聘岗位数的 67.5%，就业岗位占比达 60.2%，远高于第二产业的 7.1% 和第一产业的 0.1%。在第三产业中，科研和生活性服务业是就业需求的"主战场"，而第二产业中的高科技产业对就业的推动作用也十分明显。④

---

① 吴清军.从带动就业到推高就业质量——数实融合浪潮中的数字平台就业价值报告［EB/OL］.（2023-06-30）［2024-03-12］. http://slhr.ruc.edu.cn/kxyj/cgfb/906d28118dbf498296808efbc2d7fa5e.htm.

② 阿里研究院，中国新就业形态研究中心.2022 年数字经济与中国妇女就业创业研究报告 数字经济释放我国数字性别红利［EB/OL］.（2022-08-19）［2024-03-06］. https://www.vzkoo.com/read/2022081 98394f82754db9a96be41bf88.html.

③ 就业司.数字经济成为中国就业岗位"孵化器"［EB/OL］.（2020-08-25）［2024-10-25］. https:// www.ndrc.gov.cn/fggz/jyysr/jysrsbxf/202008/t20200825_1236747_ext.html.

④ 中国信息通信研究院政策与经济研究所.中国数字经济就业发展研究报告：新形态、新模式、新趋势（2021 年）［EB/OL］.（2021-03-22）［2024-10-25］. https://dag.ahmu.edu.cn/_upload/article/files/6c/e2/eca41cdb4eb6ac600a805d2699e3/2f91bf22-1032-4e0f-96af-1cab248bb70d.pdf.

同时，平台经济的发展创造出新的工作内容需求，新职业与新工种不断涌现（见表1.2）。人力资源和社会保障部（简称人社部）发布的《中华人民共和国职业分类大典（2022年版）》中增加了对数字职业的标识，标注了97个数字职业，占职业总数的6%。①

表 1.2　平台从业人员工种识别

工种类型	关键词
平台电商	淘宝直播、代购、买手、海淘、淘宝模特、多多买菜 BD、美团买菜 BD、美团优选 BD、居家客服、居家在线客服、居家游戏客服、居家办公客服、居家线上客服
生活配送	送餐员、骑手、快递、闪送、专送员、配送员、跑腿员、派送员、派件员、外卖打包员、外卖员、骑士、收派员、速递员、宅急送、物流打包员、物流分拣员、物流卸货员、物流包装工、物流操作工、物流装卸 / 搬运工、打包配货员、理货员、拣货员、分拣员、分拣装卸工、采购派送专员
生活服务	上门服务、到家服务、钟点工、整理收纳师、家庭清洁师、售后安装维修工、SPA 按摩技师平台接单、上门按摩平台、站长、家政公司直招、家政直招、上门宠物陪护师、线上游戏陪练师、线上聊天员、居家聊天员
平台微商	微商、微代理商、微信销售、微信营销、微营销专员、小程序
知识服务	家教、线上直播授课、线上教学、线上课程、在线授课、在线教育主持讲师、录播课、直播课、公开课、微课、课程录播、课程录制、兼职教师、网课老师、直播辅导老师、线上办公讲题老师、直播讲师、录课教师、直播老师、线上辅导 / 写作、PPT 课件设计、教学设计（线上兼职）、写手、创意文案写作、网络小说作者、剧本杀编剧、剧本创作、在线门诊、在线问诊、在线中医、电商美工、线上跟诊员、线上医院医生运营、兼职翻译、翻译（线上兼职）、线上审核员、线上编辑撰稿
自媒体	多媒体编辑、视频编辑、公众号编辑、公众号采编、微博编辑、新媒体编辑、网络编辑、博主、自媒体视频、饭圈运营、粉丝会管理、up 主、大 V、KOL、社群、小红书文案编辑、内容小编、内容审核、视频剪辑、摄影剪辑、兼职编辑、视频策划、视频制作、录制有声小说、配音员、线上推广、公众号推广、APP 推广、游戏推广、兼职市场推广

---

① 王晶，王迟.《中华人民共和国职业分类大典（2022年版）》修订完成首次标注97个数字职业［EB/ OL］.（2022-09-28）［2024-03-12］.https://baijiahao.baidu.com/s?id=1745220001713242214&wfr=spider&for=pc.

续表

工种类型	关键词
平台直播	主播、短视频、抖音模特、星探、试衣模特、司仪、主持人、网红、带货、店铺直播、视频直播、直播艺人、直播化妆师、音频直播、音频声播、TikTok、直播职业技术教师、达人、助播、副播、线上语音专员、线上语音主持、语音/视频聊天、直播助理、直播场控、直播中控、直播间中控、直播带货中控、网络NJ、电台Nj、抖音IP艺人、抖音助理、口播、花椒直播、抖音直播、抖音编导
共享出行司机	代驾、滴滴司机、高德司机、网约车司机、网约车驾驶员、共享出行司机、滴滴司机、快车司机、专车司机、货拉拉司机、快狗打车、顺风车、哈啰出行、直营司机

资料来源：黄埔大道西观点. 2023 中国新型灵活就业报告：新型灵活就业已经成为传统就业的重要补充［EB/OL］.（2023-9-12）［2024-04-08］. https://mp.weixin.qq.com/s/EF318JPz5cE6oHvBtj9PXA.

（四）平台经济发展对平台从业人员劳动社会保障的影响

对于平台从业人员而言，在其就业过程中，面临最大的挑战之一是劳动与社会保障权益的问题。一方面，劳动关系认定困难。在当前我国劳动关系与民事关系二分的劳动法律框架下，平台从业人员劳动关系的界定及其对应的权利义务规定处于模糊状态。由于平台的用工模式灵活且复杂，使得确定劳动者与平台及其相关企业之间的劳动关系变得困难重重。由此导致平台从业人员的劳动权益往往游离于现行法律法规的保护范畴之外，并呈现出新的特点：一是平台经济中的劳动具有过度灵活性和不确定性；二是平台经济中，劳动与服务被层层分解，技术将劳动转化为可计算的单位，而平台的收入分配制度使得劳动过度成为常态。[①] 另一方面，社会保险存在缺陷。当前，涉及员工生老病死的社会保险制度主要采取政府、企业和劳动者个人共同承担

---

① 佟新. 数字劳动：自由与牢笼［M］. 北京：中国工人出版社，2022：273-274.

的"社会统筹和个人账户相结合"的模式。① 这种模式有效地保障了传统就业形态下劳动者的社会保险权益，构建了较为全面的保障体系。但对平台从业人员来说，由于城镇职工社会保险中用人单位这一主要缴费主体的角色缺失，他们以灵活就业人员身份缴纳社会保险时面临较高的费用负担，并且缺乏强制性缴纳规定。更为严峻的是，很多平台从业人员属于跨地区、跨城乡流动的外来务工人员，由于在就业地没有当地户籍，且不能以灵活就业人员的身份依法参加社会保险，同时也不在本人户籍地就业和参保，因此他们往往游离于社会保险体系之外。

三、针对平台经济从业人员出台的相关政策

平台经济的发展深刻地改变着人们的就业方式、就业规模和就业结构。确保平台从业人员的权益得到充分保障，实现高质量就业，已成为社会各界关注的焦点。从国家层面看，加强平台从业人员的权益保障是近年来我国引导和规范平台经济健康发展的重要内容。从国务院公开发布的政策文件看，已明确将维护平台从业人员合法权益纳入平台经济规范发展的要求中，并且这一要求呈现出相应的发展变化。在 2020 年前，国家出台的相关政策虽然提到了劳动者的权益，但主旨是发挥新型模式对经济发展和就业市场的促进作用。2021 年，各级政府部门和平台企业对加强平台从业人员权益保障的工作给予了高度关注，并加快了相关制度的完善（见表 1.3）。

---

① 涂永前，王倩云.零工经济崛起与零工劳动者权益保护——来自美国《加州零工经济法》的启示[J].中国劳动关系学院学报，2020，34（5）：87-99.

表 1.3　近年来我国加强平台从业人员权益保障的主要举措

时间	文件 / 事件	相关要求
2019 年 8 月	《国务院办公厅关于促进平台经济规范健康发展的指导意见》	督促平台按照公开、公平、公正的原则，建立健全交易规则和服务协议，明确进入和退出平台、商品和服务质量安全保障、平台从业人员权益保护、消费者权益保护等规定。抓紧研究完善平台企业用工和灵活就业等从业人员社保政策，开展职业伤害保障试点，积极推进全民参保计划，引导更多平台从业人员参保。加强对平台从业人员的职业技能培训，将其纳入职业技能提升行动
2021 年 4 月	《国务院办公厅关于服务"六稳""六保"进一步做好"放管服"改革有关工作的意见》	完善适应灵活就业人员的社保政策措施，推动放开在就业地参加社会保险的户籍限制，加快推进职业伤害保障试点，扩大工伤保险覆盖面，维护灵活就业人员合法权益
2021 年 5 月 26 日	国务院常务会议	做好基本保障兜底，推动个体工商户及灵活就业人员参加社保，放开在就业地参保的户籍限制，探索将灵活就业人员纳入工伤保险范围
2021 年 7 月	国务院常务会议	一系列加强新就业形态劳动者权益保障的政策措施被明确下来：包括以出行、外卖、即时配送等行业为重点开展灵活就业人员职业伤害保障试点，要求企业不得制定损害劳动者安全健康的考核指标等。按照此次会议和相关部门部署，下一步，我国将在部分重点行业开展灵活就业人员职业伤害保障试点，探索用工企业购买商业保险、保险公司适当让利、政府加大支持机制，为外卖员、快递员、网约车司机等提供与工伤保险待遇接近的保障等
2021 年 7 月	人力资源和社会保障部等多部门《关于维护新就业形态劳动者劳动保障权益的指导意见》	首次明确平台企业对劳动者权益保障应承担相应责任，从多个方面提出了健全劳动者权益保障制度相关政策
2021 年 7 月	交通运输部等多个部门《关于做好快递员群体合法权益保障工作的意见》	重点聚焦保障合理的劳动报酬、完善社会保障增强社会认同、压实快递企业主体责任、强化政府监管与服务 4 个方面，助力解决快递员收入不稳、保障不全、职业认同不高等问题
2021 年 7 月	市场监管总局等多个部门《关于落实网络餐饮平台责任切实维护外卖送餐员权益的指导意见》	针对外卖送餐员的劳动收入、劳动安全、食品安全、社会保障、从业环境、组织建设、矛盾处置 7 个方面提出要求，以保障外卖送餐员正当权益

续表

时间	文件 / 事件	相关要求
2021 年 11 月	交通运输部等多个部门《关于加强交通运输新业态从业人员权益保障工作的意见》	强化网约车驾驶员职业伤害保障，鼓励网约车平台企业积极参加职业伤害保障试点。引导和支持不完全符合确立劳动关系情形的网约车驾驶员参加相应的社会保险
2023 年 7 月	《中共中央 国务院关于促进民营经济发展壮大的意见》	加强灵活就业和新就业形态劳动者权益保障，发挥平台企业在扩大就业方面的作用
2023 年 11 月	《人力资源社会保障部办公厅关于印发〈新就业形态劳动者休息和劳动报酬权益保障指引〉〈新就业形态劳动者劳动规则公示指引〉〈新就业形态劳动者权益维护服务指南〉的通知》	指导企业依法规范用工、新就业形态劳动者依法维权，切实维护好新就业形态劳动者基本权益

资料来源：笔者结合 2022 年中国共享经济发展报告进行整理。

在劳动关系认定方面，2021 年 7 月，人力资源和社会保障部等部门联合发布《关于维护新就业形态劳动者劳动保障权益的指导意见》，提出："符合确立劳动关系情形的，企业应当依法与劳动者订立劳动合同。不完全符合确立劳动关系情形但企业对劳动者进行劳动管理的（以下简称不完全符合确立劳动关系情形），指导企业与劳动者订立书面协议，合理确定企业与劳动者的权利义务。""对采取外包等其他合作用工方式，劳动者权益受到损害的，平台企业依法承担相应责任。"[①] 这意味着，在现行劳动法体系中，此文件关照了不完全符合确立劳动关系情形的第三类劳动者的雇主责任。在社会保险方面，上述相关文件对平台从业人员的职业伤害、养老和医疗等方面进行了探索，支持商业保险在平台从业人员补充保障方面发挥作用。与此同时，政策也将

---

① 人力资源和社会保障部，国家发展改革委，交通运输部，等．人力资源和社会保障部 国家发展改革委 交通运输部 应急部 市场监管总局 国家医保局 最高人民法院 全国总工会 关于维护新就业形态劳动者劳动保障权益的指导意见［EB/ OL］.（2021-7-16）［2024-10-28］.https://www.gov.cn/zhengce/zhengceku/2021-07/23/content_5626761.htm.

平台从业人员纳入就业公共服务体系，提出"对各类新就业形态劳动者在就业地参加职业技能培训的，优化职业技能培训补贴申领、发放流程，加大培训补贴资金直补企业工作力度，符合条件的按规定给予职业技能培训补贴"。此外，从发文的主体和分工安排可以看出，我国政府正不断推进多方协商共促的劳动者权益保障体系的建立和完善。特别是在重点行业和领域，越来越多的平台、企业将依法规范建立工会组织，政府、工会、平台、劳动者等多方协同共促的劳动者权益保障体系将日益规范和完善。

四、我国平台经济的未来发展趋势

2022年，《国务院关于数字经济发展情况的报告》指出，当前我国数字经济存在大而不强、快而不优的问题，在关键领域创新能力不足，传统产业数字化发展相对缓慢，数字鸿沟亟待弥合，数字经济治理体系尚需完善。[①] 然而，促进数字技术与实体经济深度融合，为传统产业转型升级赋能，催生新产业、新业态、新模式，推动数字经济高质量发展已上升成为国家战略。在此背景下，平台经济仍具有巨大成长潜力，且由于不同行业发展存在差异，平台企业将逐步实现更深层次的整合，平台用工模式也将逐渐规范化。

（一）新时代，平台经济发展迎来新机遇

纵观国家层面和各地出台的一系列文件，平台经济的发展将迎来新的机遇。国家"十四五"规划纲要明确提出，要"促进共享经济、平台经济健康发展"，并强调"健全共享经济、平台经济和新个体经济管理规范，清理不合理的行政许可、资质资格事项，支持平台企业创新发展、增强国际竞争力"。

---

① 何立峰. 国务院关于数字经济发展情况的报告［EB/ OL］.（2022-11-28）［2024-03-24］. https://www.gov.cn/xinwen/2022-11/28/content_5729249.htm.

《"十四五"国家信息化规划》则将"推动共享经济、平台经济健康发展"作为"信息消费扩容提质工程"的重要内容，明确提出要支持社交电商、直播电商、知识分享等领域健康有序发展，积极发展共享员工等新兴商业模式和应用场景，并提出建立健全适应共享平台灵活就业的政策体系等配套措施和要求。"十四五"期间，平台经济新业态将成为推动我国服务业智能化、在线化、普惠化水平全面提高的重要力量，将不断提高服务业的供给效率和发展质量，助力提升居民的获得感与幸福感。此外，各地出台的规划也纷纷强调发展平台经济等新业态、新模式，作为发展数字经济或全面推进数字化转型的重要任务。

（二）平台经济在生活服务领域的渗透场景更加丰富

党的十九届五中全会作出"推动生活性服务业向高品质和多样化升级"的重大部署，国家"十四五"规划纲要明确提出"加快发展健康、养老、托育、文化、旅游、体育、物业等服务业"。基于新一轮科技革命与产业革命的不断深化、人口结构的深刻变化以及经济高质量增长的发展需求，平台经济在生活服务领域的应用场景更加丰富：一是更为沉浸化、更具交互性、更强体验感的服务和消费场景将不断涌现；二是平台经济的消费者需求在接受度、需求量、需求结构等方面更加多元与丰富，平台经济的消费不断从基础消费、实物消费、生存型消费向服务消费、品质消费、发展型和享受型消费转变；三是平台经济将有力地推动服务业转型升级，实现更高质量、更高水平的发展动态均衡；四是平台经济在提升公共服务水平和培育经济新增长点方面的应用场景将不断丰富和深化。

（三）平台经济用工行业进一步整合与发展

随着平台经济的不断发展，平台企业逐渐从追求规模和速度向注重品质、服务、安全等要素。在市场竞争的不断洗礼和磨砺下，平台经济出现行业洗牌和格局调整，那些技术支撑能力强、拥有坚实用户基础和服务体验、产业链更加完善的平台企业竞争中脱颖而出，头部聚集效应进一步显现。[①]与此同时，众多处于行业尾部的中小平台因自身能力、资金、资源等限制，在日趋激烈的竞争中处于不利地位。平台企业在发展中，整合化和垂直化趋势不断加强。例如，微信在原有社交通信功能的基础上，不断增加城市服务、金融服务、拦截系统服务等功能，并与滴滴、拼多多等第三方企业合作，实现打车出行、在线购物等生活服务功能，形成多功能微信生态圈体系。阿里巴巴则在淘宝、天猫、菜鸟等基础之上，投资居然之家，收购了饿了么，组成新零售生态的"八路纵队"。[②]

（四）加快建立平台从业人员的劳动保障制度体系

随着平台经济的迅速发展，我国正努力构建更为精准和差异化的劳动者权益保护模式，以适应平台从业人员的特殊需求。首先，构建和完善多层次的社会保险体系。人力资源和社会保障部等多部门在《关于维护新就业形态劳动者劳动保障权益的指导意见》中提出，以出行、外卖、即时配送、同城货运等行业的平台企业为重点，组织开展平台灵活就业人员职业伤害保障试点工作，确

① 信产部. 国家信息中心分享经济研究中心发布《中国共享经济发展报告（2020）》[EB/OL].（2020-03-09）[2024-03-10]. http://www.sic.gov.cn/sic/82/568/0309/10425_pc.html.

② 刘善仕，刘树兵，刘小浪. 平台劳动者：分类、权益与治理 [M]. 北京：中国法制出版社，2022：12-13.

保平台企业依法参与。同时，鼓励各地取消灵活就业人员在就业地参加基本养老、基本医疗保险的户籍限制。此外，还鼓励平台企业为劳动者购买雇主责任险、人身意外伤害险等商业保险，以提高平台灵活就业人员的保障水平。其次，将平台新业态劳动者纳入就业公共服务体系。该指导意见明确提出，优化职业技能培训补贴申领、发放流程，加大培训补贴资金直补企业工作力度，对符合条件的劳动者按规定给予职业技能培训补贴。最后，多方协商共促的劳动者权益保障体系正逐步形成。该指导意见强调，必须督促企业制定、修订平台进入退出、订单分配、抽成比例等直接涉及劳动者权益的制度规则和平台算法，并充分考虑工会或劳动者代表的意见建议；同时，指导企业建立健全劳动者申诉机制，保障劳动者的申诉得到及时回应和客观公正处理。全国总工会也下发文件，提出探索适应网约车司机、快递员、外卖配送员等不同职业特点的建会、入会方式，积极与行业协会、头部企业或企业代表组织开展协商。由此可见，在重点行业和领域，政府、工会、平台、劳动者等多方协同共促的劳动者权益保障体系将日益规范和完善。

第二节　聚焦问题：性别视角下平台从业人员的劳动和社会保障

将人类默认为男性，是人类社会结构的根本，这是一个古老的习惯，像人类演化理论一样深入人心。[①]自古以来，男性的生活往往被用来代表全体人类的生活，而女性的数据则常常被忽略。在平台经济时代，我们的社会越来越依赖数据，受数据所制约。在此背景下，聚焦女性从业人员的劳动权益与社会保障问题显得尤为突出和迫切。本节将审视在平台经济中女性数据是否仍然被忽视，并从性别角度深入探讨女性从业者在劳动和社会保障方面所面临的现状与挑战。

---

① 卡罗琳·克里亚多·佩雷斯.看不见的女性［M］.詹涓，译.北京：新星出版社，2022：6.

一、女性平台从业人员劳动和社会保障的时代背景

（一）科学技术的发展

随着第四次工业革命的兴起，全球范围内对这一变革的讨论愈发热烈。2013 年，德国学者在汉诺威工业博览会上首次提出"工业 4.0"的概念。2016 年，达沃斯世界经济论坛将"第四次工业革命"作为主要议题。根据该论坛创始人克劳斯·施瓦布的定义，这场革命的核心在于技术的综合应用，包括移动互联网、云计算、大数据、新能源、机器人技术以及人工智能等领域，这些领域正逐步打破物理世界、数字世界和生物世界之间的界限。[①]

历史上，每一次工业革命都对劳动力市场产生了深远的影响，第四次工业革命也不例外。施瓦布在达沃斯论坛的开幕演讲中指出，即将到来的技术革命将彻底改变我们的生活和工作方式。这场变革的规模、影响范围和复杂性都是前所未有的，它将对劳动领域产生巨大的冲击，甚至可能重塑劳动力市场和劳动关系。科技进步对劳动力市场而言，既是机遇也是挑战。一方面，科技的发展创造了新的就业机会，减轻了工人的劳动强度，同时自动化和人工智能的进步有助于降低工作压力和职业伤害；另一方面，自动化和人工智能的发展也可能导致某些工作岗位的减少甚至消失。

对女性群体而言，科技的发展为女性提供了更广阔的就业机会。在机械化大规模生产时代，以成年男性为主导的劳动者形象正在逐渐改变。信息技术的普及降低了性别差异在某些职业领域的重要性，如在信息社会中，女性的体力劣势得到了弥补。然而，在零售业和办公室文员等容易受到自动化影

---

① 刘栋. 世界经济论坛聚焦"第四次工业革命"[J]. 中国经济周刊，2016（Z1）：46-47.

响的职位上，女性劳动者的比例更高，[①]这可能限制她们的职业发展路径。因此，尽管新型工作岗位的出现为女性提供了更多的就业机会，但同时也可能带来新的职业隔离。例如，在计算机软件开发、人工智能和机器人等高端技术领域，男性从业者的比例远高于女性。研究显示，在大多数新兴行业中，女性的参与度普遍较低，特别是在"云计算"职业中，女性专业人士的比例仅为12%，在"工程"和"数据与人工智能"等领域的情况也不理想。[②]这不仅仅是因为女性可能缺乏相关技能，统计数据还表明，即使女性具备所需的技能，她们在就业市场上获得同等就业机会的可能性仍然较低。此外，科技的快速发展也可能引发新的职业风险，如通过通信手段进行的性骚扰。[③]

随着工业4.0时代的到来，新型劳动形态不断涌现，传统的从属劳动正在向自主劳动、网络劳动和创新劳动转变，灵活就业现象变得更加普遍。这对所有劳动者，特别是女性的权益保护构成了新的挑战。面对科技发展带来的就业模式变化和产业结构调整引发的"结构性失业"，我们不能敌视科技或产生恐慌情绪。相反，我们应该通过构建制度和规则，帮助弱势群体提升职业技能，寻找新的就业机会，并提供更完善的就业和失业保障措施。

（二）生育政策的变化

尽管我国法律明文规定禁止因生育原因歧视女性就业，并且为女性劳动者在生育期间提供了一系列保护措施，但在现实社会中，女性在就业时仍会受到生育因素的不利影响。众多研究指出，生育不仅对女性的职业生涯发展、

---

① 中文互联网数据资讯网.世界经济论坛：2020年全球性别差距报告［EB/OL］.（2020-02-08）［2024-04-24］.https://www.199it.com/archives/993338.html.

② 中文互联网数据资讯网.世界经济论坛：2020年全球性别差距报告［EB/OL］.（2020-02-08）［2024-04-24］.https://www.199it.com/archives/993338.html.

③ 周宝妹.女性劳动者权益法律保护——生理性别差异的承认与社会性别歧视的消除［M］.北京：北京大学出版社，2021：14.

薪酬水平和工作参与度造成了负面影响，而且在怀孕、分娩和育儿等不同生育阶段，对女性就业的各个方面都产生了不同程度的影响。特别是在怀孕阶段，女性失去工作的风险最高；而分娩阶段对个人收入的负面影响最为显著。尽管育儿对就业的影响相对较小，但生育期间女性因中断工作关系，仍会对她们的收入和晋升机会造成影响。①

2011 年以来，我国的生育政策经历了重大调整。2011 年开始实施二孩政策，2021 年，中共中央、国务院发布了《关于优化生育政策促进人口长期均衡发展的决定》，明确提出允许一对夫妇生育三个子女。这一生育政策的调整对育龄女性的就业产生了深远的影响，加剧了既有的性别歧视问题。研究表明，生育二孩的女性就业率仅为生育一孩女性的 89%。② 自二孩政策实施以来，二孩生育率并未显著提高，其中一个重要原因是生育对女性就业的影响。调查发现，用人单位不愿雇佣女性的主要原因之一就是生育问题。一些单位为了避免孕产期的用工成本，会在招聘时明确要求"仅限男性"或"男性优先"；有的单位甚至不愿意招聘已婚已育、可能生育二孩的女性。此外，一些单位在女性怀孕、生育期间，会减少她们的职业培训和晋升机会，限制她们的职业发展；有的单位甚至会在女性怀孕时，采取各种手段迫使她们辞职。对于那些因生育中断工作时间较长的女性而言，她们的职业培训需求得不到满足，导致她们重返劳动力市场时面临再就业的困难。虽然三孩政策刚刚开始实施，但从二孩政策实施的情况来看，其对女性就业的影响可能更为深远。

① 杨慧.全面二孩政策下生育对城镇女性就业的影响机理研究［J］.人口与经济，2017（4）：108-118.

② 宋健，周宇香.中国已婚妇女生育状况对就业的影响——兼论经济支持和照料支持的调节作用［J］.妇女研究论丛，2015（4）：16-23.

（三）社会支持机制的缺乏

社会在提供家庭照顾服务方面的不足，显著限制了女性参与劳动力市场的机会。通常情况下，女性在家庭照料方面的投入远大于男性。尽管家政服务和外卖服务的发展在一定程度上减轻了家务负担，但随着生育政策的调整和人口老龄化的加剧，家庭照料需求有所上升。然而，家政服务人员的专业水平不一、社会托管机构的服务质量参差不齐，以及外卖食品的安全性存在隐患，这些因素导致照顾老人和小孩的责任仍然主要由家庭成员承担，尤其是女性。受传统性别角色观念的影响，以及缺乏家庭责任共担机制，女性可能不得不暂时放弃工作，回归家庭。这不仅中断了她们的职业发展，而且在她们准备重返职场时，由于年龄增长，就业难度进一步加大。

我国法律尚未明确规定育儿假或父母假制度。通常情况下，幼儿园只接收 3 岁以上的儿童，这意味着女性劳动者在产假结束后，直到孩子能够入托的这段时间内，需要承担超过两年的育儿责任。即使孩子已进入托幼机构或学校，其在校时间与父母的工作时间之间仍存在冲突。而公共照顾机制的不足，使得女性在这段时间内继续面临就业障碍。此外，随着老年人口的增加，老年照料需求的上升对女性就业的负面影响更为直接。

（四）女性劳动者的就业权保障存在盲区

性别平等本质上是一个权利问题。当前，在我国劳动力市场中，女性劳动者的就业权保障存在以下三方面的盲区。第一，无酬家庭照顾劳动被忽视。当前社会在关注女性就业机会的同时，往往忽视了家庭照顾劳动的性别分工问题。这种劳动在主流经济学中并未被视为价值创造的一部分，如 GDP 统计就未包括家庭照顾劳动。全职从事家庭照顾工作的女性常被认为没有经济贡献。尽管已进入 21 世纪 20 年代，但这种传统观念及其影响下的社会法律制度仍未有根本性改变。这导致女性对经济生活的贡献被低估，由于可见的收入低于男性，影响了她们在家庭中的谈判地位和话语权。同时，女性承担的无酬家庭照顾劳动还影响了她们在有酬劳动力市场的表现。平台经济的快速发展对现有的劳动法规制模式提出了挑战。现行体系在有效规范方面存在不足，要求劳动者随时在线提供劳动，这种情况对肩负照顾责任的女性可能更加不利，从而削弱了传统劳动法在纠正性别歧视方面的努力。第二，市场对有酬照顾劳动的价值低估。古希腊哲学对家庭照顾劳动的蔑视并非基于性别，而是政治性的，这类劳动通常由奴隶完成。现代理论虽然赞颂劳动为价值源泉，但家庭照顾劳动似乎被排除在公共领域之外，主要由女性承担。例如，亚当·斯密对非生产性劳动持贬低态度，认为其具有寄生性。第三，女性在就业领域中面临的刻板印象与资源不平等。女性在就业市场上面临的是"绩效为基础的职场"理论，即职场考核以绩效为主。这在表面上看似公平，实际上使女性在职业发展中处于不利地位。由于社会赋予的性别角色，女性通常承担双重劳动，生育等因素使她们无法获得与男性相同的时间和社会资源。此外，职场发展不仅与绩效相关，还与社交、导师支持等软性因素密切相关。女性员工在这些方面往往处于不利地位。绩效评价标准虽然有助于推动性别平等，但它们无法解决资源不平等和起点不平等的问题。

二、聚焦问题：性别视角下平台从业人员的劳动和社会保障

平台经济的蓬勃发展，为女性从业人员提供了更多的就业机会，帮助她们获得收入，增强与社会的联系，从而提升了获得感；帮助育龄女性平稳过渡到职场，实现家庭与工作的平衡；满足全职主妇在特殊时期参与工作的需求，并为一些处于特殊阶段的女性提供了生活保障；此外，还激发了女性的

潜能和创造性，增强了女性的经济赋权，为实现就业公平提供了新思路。

平台经济发展为女性就业和发展带来机遇的同时，也使得平台从业人员在劳动和社会保障方面面临一系列问题。这些问题不仅包括劳动权益保障不足等共性问题，也包括由性别角色所反映的群体性问题。然而，现有研究主要集中在此过程中的平台从业人员的就业和劳动实践方面，而对于性别，特别是女性性别与平台经济的交互研究尚显不足。随着信息化和数字化的不断延伸，深入研究并改善女性平台从业人员的劳动和社会保障状况，对于激发女性在社会经济发展中的潜在力量、提升社会对女性劳动者面临问题的认知、形成公平的舆论环境和社会支持系统、推动相关法律法规的完善以及促进性别平等和社会全面发展具有重要意义。

在此背景下，平台经济的发展为我们探究"性别—劳动"关系带来了新的社会语境。因此，我们需要进一步探究平台机制与性别之间的相互作用：平台经济的发展是否给女性劳动者提供了更多的就业机会？是否提高了女性劳动者的就业质量？对女性劳动者的收入产生了何种影响？与男性平台从业人员相比，这一群体在劳动和社会保障权益方面面临哪些共性与个性的问题？平台经济的发展是否赋予了女性更多的发言权？

（一）平台经济的发展影响了女性劳动者的就业形态和发展

平台经济的兴起与发展，为女性就业带来了历史性的变革。这种新型经济形态通过互联网平台优化资源配置，推动了就业模式的创新，对女性的就业形态产生了深远影响。第一，平台经济的发展增加了女性劳动者的就业机会。根据《2022中国女性数字平台就业发展报告》的相关数据，预计到2025年，数字经济将吸纳1.2亿女性就业。这一数字不仅反映了平台经济对女性就业的巨大推动作用，也体现了女性在数字经济中的参与度和潜力。第二，平台经济提供了灵活的工作时间和地点、较低的进入门槛及多样化的工作内容，使女性能够根据个人的时间和空间安排工作，有助于她们平衡工作与家庭责任。第三，平台经济的灵活性改变了女性劳动者的就业形势，不断打破传统的标准就业形式，兼职和短期合同工的形式日益增多。同时，平台经济的发展也促进了女性就业结构的变化。一方面，平台经济催生了如数字团长、内容创作者、直播带货等多种新职业，为女性劳动者提供了更广阔的职业发展空间；另一方面，新兴的数字经济、高科技等行业领域，为女性职业发展提供了新的机遇。中华全国妇女联合会的研究表明，平台经济中的女性创业者数量不断增加。女性创业者借助平台提供的资源和工具，能够更容易地开展业务和管理企业，从而降低了创业的门槛和风险。同时，平台经济中的网络效应也为女性创业者提供了更广阔的市场和客户群体。

（二）女性平台从业人员的就业形态对其就业质量产生深刻影响

当前，平台经济发展对女性劳动者就业质量的影响具有双向性，因此并没有明确的定论。如前文所述，平台经济无疑为女性提供了更多的就业机会和收入来源，特别是针对低技能劳动者和弱势群体。在平台经济下，传统的生产流程和运营规则发生了改变，相关职业对劳动技能的要求降低，为该群体提供了就业机会，增加了她们的收入来源。例如，随着直播平台的兴起，许多女性农民成为农场主播，销售当地的土特产，带动了当地农业的发展。平台经济的兴起提升了女性劳动者的就业和收入机会，同时，平台所采用的大数据计酬模式也增强了女性劳动者在收入分配过程中的公平性。

然而，平台经济对收入分配也产生了负面影响。第一，新工作替代旧工作。平台经济在带来大量新就业机会的同时，也导致了一些传统就业机会的消失。这种工作的变革在很大程度上是高效率替代低效率，劳动者和企业需要做出调整以适应变革。第二，劳动收入份额下降。众多理论与实证研究表明，平台经济的快速发展在短期内会降低劳动收入份额、提高资本收入份额，随着资本报酬在经济收入中的占比持续增加，从而加剧了资本所有者和一般劳动力之间的收入差距。[①] 第三，行业、城乡、地区间的发展差距日益扩大。根据脉脉高聘人才智库的调查结果（见表 1.4），收入较高的行业主要集中在互联网、金融领域，相关行业的高速发展在客观上会拉大行业间的收入差距。而且，大部分互联网公司集中于北京、上海、广州、深圳及杭州等少数城市，这种发展不均衡也会在客观上进一步拉大城乡和地区间的差距。此外，由于平台算法的控制，女性在平台上的可见度和收入潜力往往受到限制。平台算法可能会根据消费者的偏好和历史数据来推荐服务提供者，这可能导致女性在那些传统上被认为是"男性领域"的行业中被边缘化。

表 1.4　我国高薪职业分布表

2022 年第一季度	月工资（元）	2023 年第一季度	月工资（元）	2024 年第一季度	月工资（元）
搜索算法	63597	投融资	77033	ChatGPT 研究员	64074
投资经理	62797	算法研究员	68303	数字前端工程师	62579
测试经理	62473	IOS	66129	模拟芯片设计	62275
机器学习	60707	数字前端工程师	64130	aigc 算法工程师	61873
算法研究员	60515	人工智能工程师	62666	集成电路 IC 设计	60497
游戏制作人	60444	产品架构师	62571	算法研究员	60193
语音识别	60174	数据仓库	62302	架构师	59521
推荐算法	59847	数据开发	61744	数据架构师	59436
架构师	59291	数字后端工程师	61553	人工智能工程师	58762
深度学习	59252	集成电路 IC 设计	61107	数字后端工程师	58282

资料来源：脉脉高聘人才智库 . 2024 春招高薪职业和人才洞察报告［EB/OL］.（2024-05-15）［2024-06-10］.https://www.hrloo.com/news/247892.html.

---

① 李力行，周广肃 . 平台经济下的劳动就业和收入分配：变化趋势与政策应对［J］. 国际经济评论，2022（2）：46-59.

（三）女性劳动者的劳动保障权益状况是衡量平台就业质量的关键领域

平台经济并非女性的就业乌托邦。除了上述的收入问题外，女性平台从业人员在劳动关系认定和社会保障权益方面还面临一些特殊的困境。这些困境主要体现在劳动关系的模糊性、社会保障的不足以及性别歧视等问题上。劳动关系的认定是保障劳动者权益的前提。在平台经济中，女性劳动者与平台之间的关系往往难以界定，因为这种关系可能既非传统的雇佣关系，也非完全独立的承包商关系。这种模糊性导致女性劳动者在劳动争议中难以获得法律的有效保护。例如，一些平台可能通过算法管理来控制劳动者的工作，但并不提供传统的雇佣关系所具有的稳定性和劳动保障。由于劳动关系的不确定性，女性平台从业人员往往难以享受到充分的社会保险，如养老保险、医疗保险和失业保险等。此外，平台经济的灵活性也可能导致女性劳动者的工作和收入不稳定，进一步加剧了社会保障的不足。同时，女性平台从业人员在工作过程中可能会遭遇性别歧视。例如，一些算法可能基于男性从业人员的数据和标准来设计，未能充分考虑女性的身体特征和家庭责任。此外，女性劳动者在家庭中的角色也可能影响其在平台经济中的工作机会和条件。因此，为了确保女性能够在平台经济中获得平等的就业机会和公正的待遇，需要政府和社会共同努力，完善相关的法律法规，建立健全的劳动权益保护机制，同时推动平台的公平性和透明度，以促进性别平等和经济可持续发展。

（四）女性平台从业人员的高质量就业和劳动权益保障需要提高女性的发言权

高质量就业涵盖就业的稳定性、收入水平、工作条件、职业发展机会，以及工作与生活的平衡等多个方面，相较于男性，平台女性劳动者的就业和劳动权益保障具有其特殊性。增强女性平台从业人员的发言权，不仅能提升她们的就业质量，还能促进劳动保障权益的落实。

首先，发言权有助于改善女性劳动者的工作条件。在平台经济中，工作条件往往受到平台规则和算法的主导。若女性劳动者能参与这些规则的制定和修改，她们就能为自己争取到更公平合理的工作条件，如合理的工作时间、充足的休息时间和假期安排等。这既有利于保护女性劳动者的身心健康和权益，又能提高工作效率和满意度。

其次，发言权对实现性别平等的收入分配至关重要。在许多情况下，女性劳动者的收入低于男性，这在很大程度上是由于缺乏发言权而导致的性别偏见和歧视。当女性劳动者能参与收入分配的决策时，她们可以推动建立更公正透明的收入体系，确保自己的劳动获得合理回报。

再次，发言权还能促进女性劳动者的职业发展。在平台经济中，职业发展机会往往与个人在平台上的表现和评价紧密相关。如果女性劳动者能在评价体系中拥有一定的发言权，她们就能为自己的工作成果争取到更公正的评价，从而获得更多的职业发展机会。同时，发言权对构建包容性的工作环境也具有重要意义。当女性劳动者能够自由表达自己的意见和想法时，她们就能助力打造一个尊重多样性、具有包容性的工作环境。这样的环境不仅有利于女性的个人成长，还能激发整个平台经济的创新力和竞争力。

最后，女性劳动者的发言权有助于影响相关政策的制定，促使政府和企业采取更具性别敏感度的就业政策和实践。

综上所述，发言权对女性平台从业人员而言具有极其重要的意义。它不仅关乎女性劳动者的工作条件和收入分配，还影响她们的职业发展和工作环境。因此，为实现性别平等和提升就业质量，我们必须认识到保障女性平台从业人员发言权的重要性，并采取有效措施来确保平台女性劳动者的声音被充分听取和重视。

基于上述核心议题，本书的核心命题和研究内容如下。

在平台经济发展的背景下，对女性劳动者而言是机会还是挑战？对女性的劳动和社会保障意味着什么？我们对此能做些什么？本书以劳动关系平衡理论为视角，基于对女性平台从业人员的访谈，分析了平台经济对传统就业的性别影响、对平台经济中女性从业人员的影响，以及平台经济与主要由女性承担的家庭照顾劳动之间的关系，并探讨了法律和政策可能做出的相关回应。

第二章　更进一步：女性平台从业人员的
劳动和社会保障研究

近年来，平台从业人员的劳动身份认定问题日益突出，这一群体的社会保障权益保障难题亟待解决，这一现象频繁成为媒体报道的焦点，为理论研究增添了现实压力。本章主要关注女性平台从业人员的研究发展脉络，梳理了女性平台从业人员的劳动和社会保障研究的兴起和发展历史，及其相关理论基础和实证研究趋势，概述了部分主要的学术观点，并进行简要的文献述评。

第一节　女性平台从业人员的劳动和社会保障研究的理论基础

女性平台从业人员的劳动和社会保障研究是一个复杂议题，它涉及劳动法、性别研究、经济学和社会政策等多个领域。以下是从女性劳动者、平台劳动的本质、平台劳动的认定，以及平台劳动的治理等相关理论基础进行的概述。

一、社会性别理论

"社会性别"这一概念源自英文单词"gender"，用以区分生理性别"sex"。① 社会性别的提出与西方女权主义运动密切相关，并在 20 世纪 60 至 70 年代成为女权主义运动的核心理念之一。社会性别涉及社会文化中形成的男性或女性特征、性别角色，以及在经济和社会文化领域中男女扮演的角色和所享有的机会之间的差异。②

社会性别平等理论起源于法国女权主义者波伏娃在其著作《第二性》（*Le Deuxième Sexe*）中提出的观点，她认为女性是后天塑造而非先天形成的。该理论的形成和发展得益于社会性别平等运动。历史上，两次具有深远意义的性别平等运动分别发生在 19 世纪末 20 世纪初和 20 世纪 60 至 70 年代。后者将视野扩展到就业、婚姻家庭、生育和性生活等多个领域，旨在批判性别歧视和挑战男性权力主导的权力结构。20 世纪 70 年代初，随着社会性别平等理论的形成，女性主义者开始用"社会性别"来指称女性的社会文化含义，强调性别意识是在家庭环境中形成的，而非与生俱来。社会性别平等理论强调人的平等，挑战了传统父权社会中以男性为中心的观念，其核心包含社会性别平等和社会性别公正两个层面。③

社会性别理论主要分为本质论和社会建构论两大流派。本质论认为男女差异源于生理差异，是先天且不变的；而社会建构论则主张社会性别是社会

---

① 闵冬潮. Gender（社会性别）在中国的旅行片段 [J]. 妇女研究论丛，2003（5）：17-23.

② 杜洁. 女性主义与社会性别分析——社会性别理论在发展中的运用 [J]. 浙江学刊，2000（2）：94-98.

③ 吕春娟. 社会性别平等理论视域下女性家务劳动合理补偿之法理思考 [J]. 陕西理工大学学报（社会科学版），2023，41（5）：1-11.

构建的结果，这两种理论观点形成鲜明对比。综合这两种观点，社会性别的核心要素包括性别气质、性别认同和表达、性倾向等。社会性别是社会构建的结果，涵盖了性别歧视、规范、分工、身份和等级等多个维度。社会性别理论在不同理论派别的批判与融合中逐渐发展成熟。性别角色理论作为主流，分析个体如何通过内化社会规范获得性别角色认同，这些规范对个体具有一定的约束力，通常包含对男女气质的理想化设定。性别规范是社会生活中既定存在的，而社会性别不是天生的，而是社会、政治、经济、家庭、教育和文化相互作用的产物。

我国的男女平等思想起源于晚明，但直到 1995 年北京世界妇女大会后，性别平等的概念才逐渐被学界接受并广泛研究。社会性别理论在我国的发展经历了四个阶段：起始于 1993 年的"妇女与发展"研讨班，1995 年世界妇女大会推动了社会性别理论的探索；1993—1998 年是社会性别理论的传播阶段，多部西方女性主义著作被翻译并引入，如《西方女性主义研究评介》《社会性别研究选译》等；[①]1998—2005 年为其发展阶段，社会性别概念被应用于我国的历史与现实研究；2006 年至今为其深入阶段，研究从侧重女性转向对男女两性关系的综合研究。

社会性别分析方法的应用是女性主义将性别视角融入发展研究的重要途径。这包括评估政策或项目对男女的不同影响，消除发展中的不平等和歧视。具体来说，需要考虑以下方面：是否将女性视为发展的主体并赋予其权力；是否充分考虑女性需求和社会性别利益；是否充分考虑女性所承担的多重角色；是否强调男性在发展过程中的参与；是否保障女性对资源的掌握、控制和利用；是否注重妇女在发展中的利益，使她们在发展中真正受益。[②]

---

① 庄渝霞. 中国性别理论研究综述 [J]. 学术交流，2005（6）：126-128.
② 杜洁. 女性主义与社会性别分析——社会性别理论在发展中的运用 [J]. 浙江学刊，2000（2）：94-98.

由此可见，社会性别理论为我们提供了一种理解和分析性别在不同社会和文化背景中构建和表现的工具，并且为推动性别平等提供了理论基础。在女性平台从业人员就业方面，这一理论有助于消除传统性别角色的刻板印象，推动女性劳动者在更广泛的领域寻找和获得就业机会。同时，社会性别理论通过揭示社会性别差异对女性劳动者权益的影响，促使政策制定者和社会各界更加关注女性劳动者的特殊需求。

二、工作和生活平衡理论

自 20 世纪 70 年代起，全球化和信息技术革命促使西方国家从工业时代过渡到后工业时代。这一转变不仅影响了经济和政治结构，也对文化、家庭和人口构成产生了深远的影响。在这一背景下，多重因素共同催生了工作与生活平衡的问题。

首先，工作环境的演变已成为推动工作与生活平衡讨论的外在因素。随着全球经济一体化和信息技术的飞速发展，工作环境变得更加多样化和竞争激烈。企业在更广阔的市场中竞争，承受着巨大的生存压力，这种压力往往转嫁到员工身上，导致工作时间延长和工作强度增加。尽管现代科技提供了更灵活的工作方式，但这也使得工作更容易侵占个人生活，使得工作与私生活的界限变得模糊。其次，劳动力市场的根本变化成为推动工作与生活平衡问题的核心力量。20 世纪末，传统的"标准工人"概念——即全职男性工人和女性主要负责家庭照顾的传统观念——开始转变。随着去工业化的进程，男性主导的工业受到限制，而服务业的兴起需要更多女性的参与。这导致许多家庭从单收入模式转变为双收入模式。性别平等观念的提升和女性主义运动也为女性大规模进入劳动力市场铺平了道路。最后，家庭和人口结构的变化成为推动工作与生活平衡需求的内在动因。人口老龄化和低生育率不仅影响了劳动力的供给，也对社会福利和养老体系造成了压力。随着女性大量进入劳动力市场，社会对能够提供充足照顾的个体的需求增加，这要求重新考虑家庭内的性别分工和工作时间安排。

自 20 世纪 80 年代以来，学者们开始关注工作与生活之间的冲突，并进行了大量的研究。工作与生活并非本质上的对立关系。良好的家庭生活为工作提供了必要的支持，而工作则为家庭生活提供了经济基础。英国的工作基金会提出，工作与生活的平衡强调个人对工作时间、地点和方式的掌控能力。该基金会认为，当社会普遍认可并尊重个人在工作与个人生活需求之间寻求平衡的权利时，这种平衡便得以实现。工作与生活平衡的核心在于合理分配时间于工作和个人生活，以及在承担工作职责和家庭责任时达到角色的和谐。简而言之，这一平衡体现了个人在工作与家庭照顾者角色间的灵活转换和需求满足。[①]

在女性走出家庭参与有偿社会劳动时，男性并没有"回归家庭"。女性在参加社会劳动时，其家庭责任并没有减少，导致工作和家庭成为女性的"双重负担"。因此，工作和家庭冲突的出现，初期主要是对外出工作的女性而言。然而，随着性别平等意识的觉醒和性别平等观念深入人心，人类社会不可能重归女性整体重回家庭、成为男性"附庸"的历史时代。[②]因此，工作和家庭冲突不仅仅是女性劳动者面临的问题，也是男性劳动者面临的问题。而当我们进一步深入分析工作和生活冲突对生育意愿产生的负面影响时，会发现工作和生活冲突还是一个社会问题。

---

① 岳经纶，颜学勇．工作—生活平衡：欧洲探索与中国观照［J］．公共行政评论，2013，6（3）：14-37.

② 周宝妹．女性劳动者权益法律保护［M］．北京：北京大学出版社，2021：152.

三、劳动过程分析

资本与雇佣劳动的关系产生于劳动过程之中，对于劳资关系而言，劳动过程具有基础性。[①] 劳动过程理论的核心观点主要集中在资本对劳动的控制和劳动者的异化问题上。在《资本论》及其相关手稿中，马克思揭示了资本主义生产过程是资本的价值增殖和剥削工人过程的统一，因为劳动、劳动能力与劳动客观条件的分离，工人在生产中不占有生产资料；工人同生产过程的分离（失去自主控制），所以劳动成为与工人异化的力量。[②] 这一理论强调了资本家对劳动过程的控制，以及这种控制对工人技能、自主性和创造性的影响。劳动过程理论从马克思的原始概念开始，经历了多个发展阶段。最初，马克思在《1844年经济学哲学手稿》(*Economic and Philosophic Manuscripts of* 1844) 中提出异化劳动理论，后来在《资本论》中进一步深化为劳动过程理论。20世纪70年代，哈里·布雷弗曼（Harry Braverman）的《劳动与垄断资本》(*Labor and Monopoly Capital*) 出版，他把研究焦点放在了劳动的科学管理和劳动技能退化的主题上，[③] 标志着劳动过程作为一个研究领域正式确立。随后，马格林、弗里德曼、埃德沃兹等人的研究，形成了具有世界影响的研究高峰，进一步丰富和发展了劳动过程理论。

布雷弗曼、布若威（Michael Burawoy）等学者所探究的劳动与雇佣关系，主要形成于工业化大规模生产时代。然而，随着平台经济的发展，传统的组

---

① 赵秀丽.劳动过程理论视角下的劳资关系研究述评［J］.兰州商学院学报，2015，31（1）：80-90.

② 关锋.劳动过程理论：马克思主义不应被疏漏的向度［J］.学术月刊，2010，42（10）：51-57.

③ 吴清军，李贞.分享经济下的劳动控制与工作自主性——关于网约车司机工作的混合研究［J］.社会学研究，2018，33（4）：137-162.

织关系和雇佣关系正经历着变革。对此，学者们开始研究互联网技术对劳动过程的管理与控制的影响。大多数研究认为科学技术的发展会加剧资本对劳动者的控制。洛里斯·卡鲁索（Loris Caruso，2018）指出技术变革本身无法改善劳动者阶层的生活，科技的进步将继续减少劳动力的使用、降低工资成本、限制劳工民主权利、强化劳动监管、增进资本积累、掌控所有权和管理权等。资本通过"数字化泰勒制"、垂直化、市场化和个体化来阻碍劳动者参与民主管理和对劳动自主化的追求。

丹尼尔 G. 科卡因（Daniel G. Cockayne，2016）提出，平台经济削弱了劳动者参与集体行动及改变环境的可能性，并且劳动者不得不承担平台调整费率、增加控制带来的不确定风险。马修·芬金（Matthew W Finkin，2016）同样指出，劳动者看似以缺少保护为代价获得了时间安排上的自由和灵活，但竞争导致的工资下降迫使他们延长工作时间，于是劳动者只能再以牺牲自由和灵活性为代价，来换取维持生计的收入。此外，有研究者从获得工作自由的结果分析平台经济的劳动控制，认为劳动者虽然获得了工作的自由，但结果可能会导致他们陷入资本更加严苛的控制之中。劳动者在平台上的工作时长直接关联他们的经济收入和职业排名，因此他们不得不延长工作时间以增加收入。这种所谓的工作灵活性实际上是一种假象，因为劳动者的自由受到了限制。在激烈的市场竞争后，仅少数平台存活下来，权力集中，平台所有者成为市场垄断者。这导致贫富差距加大，劳动者的收入和权益受损。特别是全职劳动者，他们深受平台政策的影响，成为风险和恶劣工作条件的承担者，而这实际上是资本家剥削劳动者的手段，形成了新型的电子"血汗工厂"，加剧了隐蔽剥削现象。也有学者认为，与传统劳动过程相比，平台对劳动控制更加碎片化，平台对劳动过程的控制和劳动者拥有工作自主权并存（吴清军 等，2018）。平台通过工作自主性机制、计薪与激励机制，以及星级评分机制等三种主要机制，促使劳动者认同平台规则并投入工作。这些机制导致劳动者在主观上对平台产生认同感，同时在客观上接受平台的控制。

　　针对本书中所讨论的女性平台从业人员，相关研究指出，在平台经济背景下，对女性劳动者的劳动控制不仅限于对劳动者身体的直接控制，还扩展到了情感、身份认同和性别角色等层面。劳动控制的策略和机制因行业、文化背景和社会结构的不同而表现出多样性。女性劳动者在此过程中展现出的个体能动性，不仅对劳动控制提出挑战，也为性别平等和劳动正义提供了实践路径。苏熠慧和施瑶（2020）提出，家政经纪人通过提成制、体验制和表彰制被改造出"渴望"，从而实现自我剥削和劳动控制。孙萍等（2021）则从性别技术政治的角度，深入分析了女性技术人员在全球化和城镇化背景下的工作实践，以及性别议题如何被重塑和改变。牛天（2021）选取 K 平台上的女性团课教练作为研究对象，通过实证研究发现，在平台介入之下，女性团课教练看似拥有非传统的身体形象和身体锻造的自主选择权，但仍受到多方力量的制约。这一研究发现拓展了对平台影响下审美劳动理论的反思，表明平台的介入看似分化、转移了雇主的权力，却将劳动者的审美劳动卷入了多方主体的互动中，伴随自我审美化的加剧，引发了更隐蔽的自我剥削。李路路和贾舞阳（2022）的研究，通过情感劳动理论，揭示了服务型工作中的情感耗竭问题。他们发现，生产性服务业从业人员的情感耗竭程度高于专业性服务业从业人员，而且女性的情感耗竭程度高于男性。这表明情感劳动不仅是服务行业的特征，也是劳动控制的一种形式，影响劳动者的情感体验和身心健康。马丹（2020）在研究女性卡车司机时，提出了"去标签化"和"性别工具箱"的概念，展示了女性如何在男性主导的职业中通过策略性地展现或隐藏自己的性别特征来应对劳动控制。这种策略有助于女性劳动者突破性别二元论的对立，为职业性别平等提供了新的可能性。

综上所述，劳动过程理论为我们深入理解资本主义生产方式下的劳资关系提供了深刻的洞察。该理论揭示了资本权力运作的微观层面、剩余价值的具体产生方式，以及工人在这一过程中的异化现象。随着时间的推移，劳动过程理论不仅在理论上得到了发展，而且在实证研究中也得到了广泛应用，尤其在分析平台经济发展下劳动组织的变迁、劳动力市场的分层，以及平台企业与女性劳动者二者之间的互动机制等方面，具有重要的研究意义。

四、劳动关系的系统论

"系统论"是劳动关系研究领域中最具影响力的研究分析框架。作为该理论分析框架的奠基人，邓洛普（John. T. Dunlop）于1958年在其著作《劳动关系系统》（*Industrial Relations Systems*）中首次提出了系统论模型[①]，并且是第一个系统表述劳动关系理论分析框架的学者。[②]他的观点深受制度经济学的影响，借鉴了社会学家帕森斯的"社会系统"理论（现代社会系统被划分为经济系统、政治系统、法律系统与社会控制系统等四个子系统）。邓洛普将研究重心放在了劳动关系规则上，认为劳动关系系统是一个用来分析产业社会的子系统，与政治系统和经济系统是平行的。对生产体系的分析属于经济系统的范畴，而对工作场所规则的分析则属于劳动关系系统的范畴。

邓洛普（1993）认为，劳动关系理论旨在阐释两个核心问题："为什么在不同的劳动关系系统中会产生出特定的规则，以及劳动关系系统是怎样以及

---

① 吴清军. 结构主义与经验主义的制度研究及转向——欧美劳动关系理论研究述评［J］. 社会学研究，2015，30（3）：196-221.

② 吴清军. 结构主义与经验主义的制度研究及转向——欧美劳动关系理论研究述评［J］. 社会学研究，2015，30（3）：196-221.

为什么会对这些规则产生影响的？"对此，他创建了一个关于劳动关系的框架，认为某一特定时期的劳动关系系统包含了特定的主体、外部环境、共同意识形态和规则。劳动关系系统的主体，包括政府、雇员（包括工会等雇员组织）和雇主（包括行业协会等雇主组织）。环境因素包括工作场所的技术环境、外部市场环境和政治环境。[①] 意识形态有广义和狭义之分：广义的意识形态指劳动关系的文化性特质，即传统价值观、宗教戒律、商业习惯、法律制度等；狭义的意识形态是指劳动关系中对系统中主体的角色、作用，以及地位的共同认识和每个主体对系统中其他主体地位和功能的认识。三个主体在外部环境下互动，从而形成了劳动关系系统中工作场所和工作社区的规则网络。[②]

系统论为劳动关系系统设定了基本构成要素，视其为内部结构和外部环境相互作用的整体。该系统能够形成一个"输入—转换—输出"的循环流程，并通过"信息反馈"实现持续的循环。在劳动关系系统中，输入包括主体、外部环境和意识形态；转换阶段可以通过集体协商、调解仲裁、立法等方式进行；输出则是形成程序性和实体性规则。最终形成的规则会再次反馈到输入和转换环节。继邓洛普后，安德森等人进一步发展了这一理论，提出了更为细化的模型和分析方法。安德森在邓洛普模型的基础上进行了深化（见图2.1）：首先，他认为劳动关系系统的构成不仅仅局限于市场、技术与权力等传统因素，还应包括一系列其他要素；其次，他提出了程序规则与实体规则之间的区别，并指出实体规则网络是一个更为广泛的体系，它不仅包含薪酬、福利和工作条件，还应涵盖员工的工作态度和生产力等层面；最后，他强调劳动关系系统是一个充满变化的体系，并阐述了系统内部的因果联系。该理

---

① 常凯. 劳动关系学 [M]. 北京：中国劳动社会保障出版社，2005：49.

② DUNLOP, JOHN T. *Industrial Relations Systems* [M]. Boston: Harvard Business School Press, 1993 / 1958: 47-58.

论的参考价值在于，它将劳动关系系统理解为一个动态的"输入—处理—产出"循环，其中产出还会对系统的输入和参与者产生影响。

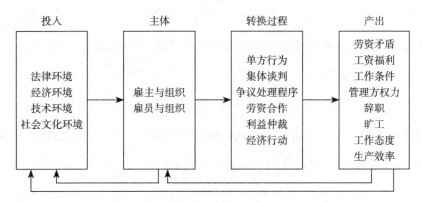

图 2.1　安德森系统模型

　　邓洛普的系统论模型是劳动关系理论中的经典，尽管该模型受到了一些批评。例如，它过分强调了结构功能主义的影响，可能忽视了行动者的能动性和社会变迁的可能性；对多元主义的过度强调可能导致对核心劳动关系矛盾的忽视。但该模型为劳动关系的多维度分析提供了理论基础。通过不断地修正和完善，系统论模型将继续为劳动关系的研究和实践提供指导，如本书所研究的平台经济中的劳动关系等。这些问题涉及劳动关系主体、环境因素及规则网络的新变化，系统论模型能够帮助我们深入理解这些新现象，并提出相应的政策建议。

五、劳动关系平衡理论

　　约翰·W. 巴德（John W.Budd）在 2004 年出版的《人性化的雇佣关系》（*Employment With a Human Face*）和 2005 年出版的《劳动关系：寻求平衡》（*Labor Relations: Striking a Balance*）中，基于对只重视过程分析而忽略雇佣

关系目标及其实现方案的问题的反思，提出了"劳动关系平衡理论"。^①约翰·W. 巴德（2009）在反思美国传统劳动关系研究的基础上提出，劳动关系研究并不应仅限于工作规则的研究，因为工作规则只是达到更重要目标的一种手段，劳动关系研究需要一种植根于雇佣关系目标的理论分析框架。该理论包含三个前提假设。

首先，在一个不完全竞争的市场中，劳资双方的根本矛盾是利益分歧，雇佣关系被视为不同利益群体之间的利益博弈问题。其次，不能把博弈关系中的主体仅看作只关注经济得失的理性人，他们都具有社会人的属性。因此，有限认知、情感、社会文化的一般规则及价值观、平等、公正等因素，成为决定个体行为的重要因素。最后，不能将工人看作商品或者简单的生产要素。^②这三个理论假设的提出决定了平衡理论的旨在实现三个社会目标，即效率、公平和发言权。其中，效率是雇主追求的首要目标，指的是有效地、利润最大化地使用劳动力以促进经济发展。公平是雇员和工会追求的目标，指的是在经济报酬分配、雇佣政策管理及雇员安全保障等方面的公平合理；在劳资关系中，公平应该包括最低标准、分配性与程序性公正；公平的工作报酬、均衡的所得分配以及非歧视政策等。^③发言权也是雇员和工会的目标，指的是雇员实际影响工作场所决策的能力。巴德认为，效率是检验经济效益或企业绩效的标准，公平是检验对待雇员是否公正的标准，而发言权则是检验雇员参与程度的标准。

平衡理论实现了劳动关系研究理论视角的转换，即从注重过程到注重雇

---

① LAURIE H. Book Review: Employment with Human Face: Balancing Efficiency, Equity, and Voice [J]. *British Journal of Industrial Relations*, 2005, 43（2）.

② 白ədoxx琦，孟泉. 延续包容型分析框架的传统——劳动关系多元主义理论的发展和局限 [J]. 中国人力资源开发，2017（9）：155-163.

③ 约翰·W. 巴德. 人性化的雇佣关系——效率、公平与发言权之间的平衡 [M]. 解格先，马振英，译. 北京：北京大学出版社. 2009：18.

佣关系实现的目标。随后，巴德也与部分学者应用此理论进行了应用性研究，主要对美国工作场所的劳动争议解决机制、美国工作场所的规则以及与劳动相关的公共政策进行了深入的分析与解读。巴德提出，无论在工作场所层面还是宏观政策层面，规则在实现效率、公平、发言权的平衡过程中发挥了极为重要的作用，或是实现其中一个目的，抑或兼而有之。而实现这三个因素平衡的最终目的是实现工作与雇佣关系的人性化，而非简单地将它们视作经济交易。[①]

第二节　我国女性平台从业人员的劳动和社会保障研究述评

女性平台从业人员的劳动和社会保障问题是一个多维度、跨学科的研究领域，涉及劳动法、社会保障、性别研究等多个层面。

一、平台从业人员的就业和劳动保障研究概览

从国内相关研究内容来看，针对平台从业人员的劳动就业保障研究主要包括以下五个方面：平台从业者的特征、平台和从业者的用工关系界定、平台就业引起的劳动力市场变化、平台就业引发的用工责任问题、平台就业引发的劳动者权益保护问题。

（一）平台从业人员的特征研究

在平台从业者的特征方面，张素凤（2016）、周畅等（2017）指出，平台从业者具有工作时间自由、工作地点灵活，以及平台从业属性弱化、雇

---

① 白海琦，孟泉 . 延续包容型分析框架的传统——劳动关系多元主义理论的发展和局限 [J] . 中国人力资源开发，2017（9）：155-163.

佣关系模糊化等特征。在探讨平台从业者是否真正拥有工作自主权的问题上，一些学者提出了深入见解。张成刚（2018）基于 2017 年 3 月至 5 月期间对滴滴、58 到家等 25 个平台的调研，指出平台从业者的工作自主权和接受任务的选择权受到限制，如拒绝接单可能会遭受平台惩罚。吴清军和李贞（2018）通过研究指出，平台对劳动的控制变得更加碎片化，平台对劳动过程的控制和劳动者拥有工作自主权是同时并存的。社会学者李胜蓝、陈龙和邓智平在 2020 年和 2021 年对外卖平台进行了田野调查，指出算法控制、薪酬激励和评价机制加强了平台对劳动的影响，导致骑手不得不遵循平台规则。

（二）平台经济下的劳动关系认定研究

在劳动关系认定方面，常凯（2016）认为，互联网并没有改变雇佣关系的基本性质，即劳动对于资本的从属性。如果由"一方掌控"，则是"劳动关系"；如果由"双方掌控"，则是"合作关系"。彭倩文（2015）、王天玉（2016）均指出，平台对从业者的劳动管理较为松散，在我国现行的制度框架下，不应认定基于互联网平台提供的劳务属于劳动关系。在同一互联网平台中，劳动关系的认定也具有多样性。穆随心（2018）指出网约车行业因其独特的用工模式，如工作安排的灵活性和劳动关系的复杂性，在认定其劳动关系时，可以降低对人格从属性的重视程度，转而重点考察经济从属性、组织从属性及社会保护的必要性。因此，对于全职网约车司机，其与平台公司之间的联系应被视为劳动关系；而对于兼职司机，则可以不纳入劳动法的保护范畴。韩文（2016）指出，平台与司机之间的雇佣界限变得日益不明确，司机在某种程度上类似于独立的市场参与者。这种"平台＋从业者"的用工模式既展现出劳动关系的特点，也具有劳务关系的特征。粟瑜（2016）也提到，平台与司机之间的用工关系并不完全符合传统的劳务关系定义。因此，针对平台从业人员，我国应以重构保护体系为路径，确立工具化自治性劳动的构成要件，并逐步实施分类配置倾斜保护措施。

（三）平台经济对劳动力市场的影响研究

平台经济为劳动力市场带来了双重效应。积极方面是拓展了就业机会，提升了工作的灵活性，加快了求职者寻找合适职位的过程，提高了劳动资源的配置效率。消极方面包括工作的不稳定性、收入的波动性、工作环境的不确定性、职业风险的上升，以及在某些情况下雇佣关系的模糊性。此外，平台经济还导致了劳动市场的岗位分化，如专业技能的岗位和熟练劳动力的分化。马丁·古斯（Maarten Goos, 2014）指出，就业岗位的增长集中在高技术、高工资和低技术、低工资的岗位，而中等技术和中等收入的工作岗位正在大量消失。

（四）平台经济引发的用工责任问题研究

在探讨平台经济引发的用工责任问题时，丁晓东（2018）提出，在平台经济的劳动法规制框架中，应当对劳动法规制中的一系列责任进行功能性分析，分析何种责任更适用于何种网络平台。例如，工作时间、薪酬待遇、解雇保护和劳动合同期限等规定应当适用于那些对平台有经济依赖的从业者。对于职业场所安全相关的法律，平台企业应承担相应责任。至于一般侵权和损害赔偿的法律，则需要明确平台企业与从业者的责任和义务。王琦（2018）以网约车平台用工为案例进行研究，指出应当对平台企业策略选择、劳动者的异质性、劳动者相对于平台的事实从属性给予充分关注。

（五）平台就业引发的劳动者权益保护问题研究

在平台就业引发的劳动者权益保护问题上，职业伤害领域受到了学者们的广泛关注。向春华（2023）认为，应根据新就业形态的职业特点和职业伤害的具体情况，细化法律规范，建立一个统一、包容且开放的工伤保险制度体系，以适应平台经济和新就业形态的需求。杨思斌（2023）从新业态劳动者职业伤害保障的本质、资金筹集和基金管理机制、职业伤害的认定过程、管理与服务的执行，以及职业伤害保障的待遇等细节，探讨了新业态劳动者的职业伤害保障问题。在劳动保障综合方面，刘新春（2022）指出平台从业者倾斜保护的重点包括：一是为从业者缴纳社会保险；二是适用某些劳动基准，如职业安全卫生基准，开展职业教育培训；三是关注职业安全和健康。吴清军（2023）提出，为了维护新就业形态下劳动者的权益，需要集中精力在以下四个关键领域：首先，坚持实施就业优先政策，以扩大新就业形态的覆盖范围；其次，支持平台经济的发展，同时平衡规范用工与促进就业的双重目标；再次，加速劳动法律体系的改革，完善劳动者权益的保障机制；最后，加强分类监管，提高监管的常态化和效率。

二、女性平台从业人员的劳动和社会保障研究概述

在数字经济时代，平台经济为女性劳动者提供了新的就业机会和灵活的工作方式。然而，随着平台就业模式的兴起，也带来了一系列关于女性平台从业人员的劳动和社会保障问题。

（一）女性平台劳动的总体研判

与传统的性别分工相比，互联网平台的性别分工更具隐蔽性。互联网平台劳动中的性别分工不仅没有削弱，反而增强了分工的异化属性，给消灭性别分工并实现人的解放带来了新的挑战（骞真，2023）。梁萌（2021）在其研究中采用交叉性理论视角，以外卖行业和家政行业的工作环境与劳动过程作为比较分析的主线，指出平台企业通过三个主要途径来构建性别隔离的劳动力市场：一是固化现有的性别分工模式；二是塑造性别化的职业形象；三是对违反性别规范的个体进行惩罚。这种高度性别隔离的劳动力群体并非仅是传统性别角色的自然延伸，而是平台企业为了吸引新一代劳动者而有意为之的结果。陈阳（2023）发现女性劳动者面临劳动身体规训、庇护性别偏见的工作环境及无保障的风险处境，这些因素共同导致了平台经济领域中性别隔离和不平等现象的持续存在。宋月萍（2021）认为数字经济带来了四方面的就业利好：增加女性的就业机会，优化就业结构；增加劳动收入，支持女性经济独立；促进灵活就业，推动性别平等；促进家务劳动社会化，减轻女性家庭负担。同时，她认为女性劳动者也面临着四方面的挑战：冲击女性传统性、常规性工作；限制女性进入新型数字行业；平台经济算法存在性别歧视，加大了就业性别歧视的程度；混淆工作与家庭边界，激化女性负担的角色冲突。张凌寒（2021）更是一针见血地指出，尽管平台经济为就业市场带来了更多机会和选择，但性别平等并未得到充分体现。平台在赋予女性权力方面存在局限，并且可能在一定程度上延续了劳动领域的性别不平等。性别歧视的手段变得更加隐蔽，其造成的损害不易被察觉，性别隔离现象也更为严重，这导致了所谓的第三代就业性别歧视，进一步加速了女性兼职化的趋势。然而，现行的法律体系在应对这些问题时显得力不从心，面临诸多挑战却没有对应的解决措施，包括对平台用工关系的界定不明确、缺乏对间接歧视的法律规范，以及在追究平台法律责任时存在困难。

（二）女性平台从业人员的特征研究

针对女性平台从业人员呈现的劳动特征，苏熠慧（2022）将性别视角引入数字劳动研究，并从交叉性、社会再生产和情感与身体的商品化等角度展现性别视角下的数字劳动。她进一步指出，数字资本模糊甚至再造了"生产—再生产"之间的边界来获得剩余价值，同时数字商品带来了女性劳动者情感和身体的异化。研究者基于具体职业对女性平台从业人员展开了实证研究。孙萍等（2021）通过实地考察和深入访谈女性外卖配送员，揭示了她们在平台规则影响下性别角色的动态变化。平台经济存在着算法的"无差别"监管、精细化服务和情感规训等数字劳动机制。尽管女性平台从业人员仍受制于传统性别规范，但女性外卖配送员能够根据具体的送餐环境和个体化的送餐实践，重新塑造属于自己的平台劳动话语。黄岩等（2023）通过对21位骑手的深度访谈，分析研究了女性单王骑手在平台接单、商家处取餐、将商品交付给顾客以及独自配送等劳动过程中的微观劳动实践，指出女性单王骑手成功地打破了算法的职业性别隔离。张一璇（2021）以女性网络主播为研究对象，指出在平台的薪酬体系、竞争机制和灵活用工模式的共同作用下，劳动者不仅在平台上进行劳动，还在平台之外创造了"第二层劳动空间"进行隐蔽的情感劳动，并打造了商品化的"人设"来满足观众的消费期待。这种趋势对服务业中的女性工作者产生了深远的影响。女性平台从业人员尽管表面上享有"自由"，但她们在牺牲自由的同时，面临着严重的剥削和异化问题。牛天（2021）聚焦于K平台上的女性团体课程教练，指出平台看似分散了雇主的权力，但实质上延伸到了女性团课教练的工作场景，延长了该群体在审美劳动上的链条。女性团课教练面临多方主体的规范和控制，随着自我审美化趋势的加强，她们遭受了更加隐蔽的自我剥削。李洁（2024）通过研究观察到家政工作人员存在于多个社会空间维度中，包括网络平台、城市通勤、工作场所和私人生活。这些不同社会空间的交叠、缝隙与弥合，在为劳动者提供一定程度的自主性的同时，也使她们面临着来自多重结构性压力和限制的困境。对于平台型家政服务从业者而言，无论是传统的情感联系还是现代的网络数字平台，都有可能为劳动者提供支持和保障，但这些平台也存在过度控制和过度利用的风险。此外，多元化选择为家政工作者在进行策略联盟和界限划分的动态实践中提供了重要的空间。

（三）平台经济对性别收入的影响研究

近年来，部分学者聚焦于平台经济对性别收入的影响进行深入研究。曾湘泉和郭晴（2022）通过研究直播行业发现，随着平台经济的兴起，女性就业机会显著增多，对我国收入结构产生了显著影响。与传统行业相比，直播平台上的性别工资差异呈现出新的特点，即女性主播的薪资普遍高于男性，尤其在工资分布的中间水平上，男女主播的差异最为显著。直播平台主要通过减少性别歧视来提升女性工资，而性别工资差距的可解释部分还涉及非认知能力等人力资本因素。直播平台的女性工资的提高在东部地区和中部地区尤为明显，并且在从事主播职业前已退出劳动力市场的女性中更为显著。

杨兰品和王姗姗（2023）基于我国家庭追踪调查（CFPS）的数据，研究了平台经济对性别收入差距的影响。结果显示，平台经济通过改善女性就业条件、减轻家庭责任的限制、提供便捷的就业搜索方式，以及提高人力资本，显著提升了女性的就业能力和增加了就业机会，使得女性劳动者的收入增长幅度超过男性，从而有效缩小了性别收入差距。这种缩小效果在已婚、中低技能、受雇型以及服务行业的劳动者群体中更为显著。当前劳动力市场上的禀赋收益率差异（性别歧视）是性别收入差距形成的主要因素，而女性在平台经济中的接入优势和回报率优势对缩小性别收入差距具有积极作用。

董志强等（2023）利用华南理工大学与薪宝科技合作的调查数据，探讨了我国平台灵活就业经济中的性别收入差距问题。研究发现，在平台经济中，性别仍然是影响收入的重要因素，女性与男性的月收入比为85%，相较于传统就业有所改善。即便在控制了个人和工作特征等可观察因素后，性别收入差距依然存在。在某些职业领域中，职业分隔现象依然存在，但女性不再集中于低收入工作，这标志着打破了传统就业模式中的"职业拥挤假说"。目前，大部分性别收入差距源于职业内部因素，而职业分隔对收入差距的影响有限，隐性性别歧视现象有所减少。然而，女性对算法控制的反感、对工作灵活性的偏好，以及在工作中的孤立感和较少的职业社交，成为影响性别收入差距的新因素。不过总体来看，在灵活就业经济模式下，性别收入差距相较于传统工薪就业有所改善。

（四）女性平台从业人员的权益保障研究

关于劳动保障权益方面，学者们普遍认为现有法律框架未能充分覆盖新就业形态下的工作者，特别是对女性劳动者的保护措施不足，因此，需要强化性别视角的审视，加强行业监管，确保女性平台从业人员能够享有与男性平等的劳动保障待遇，以此推动建立更为全面和包容的社会保障体系。张凌寒（2022）通过分析国内外职场算法性别歧视案例，探讨了算法在数字经济时代就业劳动市场中的作用。她分析了算法自动化决策可能嵌入的性别偏见，以及这些偏见如何成为隐性性别歧视的分配手段，造成难以察觉的性别歧视后果。为了应对算法自动化决策带来的职场性别歧视问题，张凌寒建议扩大传统劳动法中关于性别平等制度的适用范围，并对算法自动化决策进行具体化的规制。此外，还提出应积极构建性别平等的算法伦理，建立覆盖算法生命周期的性别平等制度，并发展针对算法性别偏见的审计与评估机制，通过制度设计和社会支持系统促进数字经济时代的职场性别平等。叶静漪（2023）认为，尽管我国已经初步构建了针对新型就业形式下劳动者权益保护的法律框架，但这一框架在性别视角上稍显不足，对女性群体的关注也相对有限。总体而言，在新型就业形式下，女性劳动者面临的权益保障挑战包括：算法监管主要基于男性数据，没有充分考虑女性的身体特征；平台未能针对女性在家庭中的角色提供相应的保障；以及平台化的劳动模式可能会对女性劳动者的联合性产生负面影响。在应对策略方面，叶静漪提出应增加算法对女性特征的考量，研究家务劳动报酬化的可能性，在远程工作的规范中关注女性劳动者的特殊需求，重新构建新型就业形态下女性的假期政策，并积极发挥工会的联合作用等。

三、文献述评

综上所述，我国针对平台从业人员的劳动和社会保障研究已取得显著进展，这些研究在一定程度上揭示了在平台经济背景下维护劳动者权利时所面临的新难题与新考验。关于平台从业人员性别研究的领域也不断拓展，涵盖了多方面视角，为该研究领域的深入探讨提供了有益参考。尽管如此，目前的研究成果多聚焦于平台经济劳动者的普遍问题，对女性平台从业人员的就业和劳动社会保障的专题研究不仅数量有限，而且内容尚不够丰富，同时缺乏系统性的问题阐述与深入分析。

（一）已有文献的启示

通过梳理与女性平台从业人员劳动权益保护相关的文献，本书研究获得了以下启示。

第一，现有文献为研究平台经济对女性劳动者的就业和收入的影响提供了一定的理论支撑和实践参考。研究表明，平台经济对女性劳动者的就业和收入产生了多方面的影响，既带来了创造效应下的机遇，也面临替代效应的挑战，同时还存在"职业拥挤假说"所揭示的问题。因此，本书将结合具体案例，进一步研究平台经济的运行机制及其对女性劳动者产生的具体影响。

第二，现有文献对女性平台从业人员的劳动关系界定为本书研究提供了启发。目前，平台从业人员与平台企业之间的用工关系，即是否属于劳动关系还是劳务关系，尚无定论。这表明，使用工业化时代制定的劳动法来判断平台经济中企业与劳动者的用工关系，需要对从属性标准进行更深层次的反思。在传统垂直整合企业中，雇主的法律概念边界与工作场所的经济组织边界相一致，这种一致性进一步加强了雇佣关系的构建。然而，在平台经济背景下，由于企业组织形式的变化，平台企业的从业者在人格从属性和经济从属性上可能存在分歧。

第三，现有文献对专职和兼职从业者的分类提示了本书在从业者内部也存在差异性，这为实证分析的异质性检验提供了启示。

第四，现有文献从劳动社会学视角对平台劳动过程的田野调查，提示了本书应对平台劳动过程中算法控制予以重视。

（二）已有文献的不足

现有文献的不足之处在于，尽管互联网技术的发展催生了平台经济这一新型现象，但现有文献主要集中在新业态对劳动关系界定所带来的挑战，而缺乏针对平台经济的特殊性进行系统性研究，并且未从性别视角进行深入探讨。具体而言，包括以下两方面。

一方面，现有文献对平台经济的研究多是笼统的，缺乏分类研究和细化研究。对于女性平台从业人员而言，平台是信息中介还是具有具体经营业务的公司？其收益来源是信息服务费还是从业者创造的剩余价值？这些问题同样困扰着学界，也难以判断平台和女性从业者的用工关系。如果不对平台进行具体分类，就难以深入开展研究。因此，本书将从性别视角出发，对平台从业人员进行分类研究。

另一方面，研究视角较为单一。现有文献多数从法学视角分析女性平台从业人员的劳动权益保护的应然性，阐述了对女性平台从业者作为劳动者提供劳动权益保护的必要性。还有一些研究从劳动社会学视角探讨平台对女性劳动者的劳动控制，但整体上缺乏多学科、多角度的综合分析。本书将通过质性研究方法进行探索式研究，建立理论框架模型，并通过实证研究，以期从性别数据的角度为优化平台经济的用工关系、政府政策制定和平台企业管理创新提供理论和实践指导。

第三节　女性平台从业人员的劳动和社会保障研究的发展趋势

通过中国知网期刊全文数据库（CNKI）检索相关关键词，对 1990 年至 2024 年 5 月在国内期刊上发表的，其篇名或关键词包含"平台从业人员""女性""就业""社会保障"的文章进行了统计。相关数据统计显示，如果不包括"女性"或者"性别"的平台从业人员研究有 479 篇。进一步将来源类别限定为"北大核心"和"CSSCI"，发现研究主题主要集中在"劳动关系""平台劳动定价""劳动控制"等方面。如果在该类别期刊中进一步限定研究主题为"女性""性别"，则主要研究主题将转向"女性就业""情感劳动""网络主播"等领域。

近年来，随着对平台从业人员的深入研究，关于女性平台从业人员的相关研究也不断增多。从研究数量来看，女性平台从业人员逐渐成为一个研究热点，特别是到 2023 年，研究数量有了较大的提升（见图 2.2）。

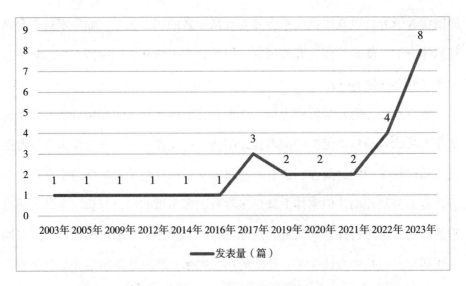

图2.2　女性平台从业人员的劳动和社会保障研究的年度分布图

从女性平台从业人员的劳动和社会保障研究的学科分布来看，研究主要集中在人才学与劳动科学、宏观经济管理与可持续发展、社会学及统计学、信息经济与邮政经济等学科（见图2.3）。由此可以看出，对女性平台从业人员的劳动就业研究在交叉学科中呈现出集中的趋势特点。

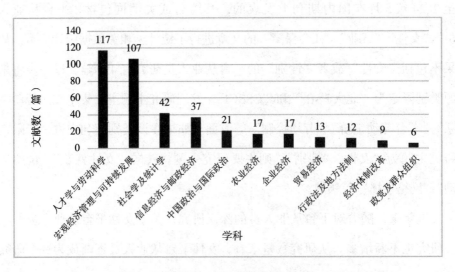

图2.3　女性平台从业人员的劳动和社会保障研究的学科分布图

从研究的作者分布来看，当前对女性平台从业人员的研究还未形成集中趋势（见图 2.4）。

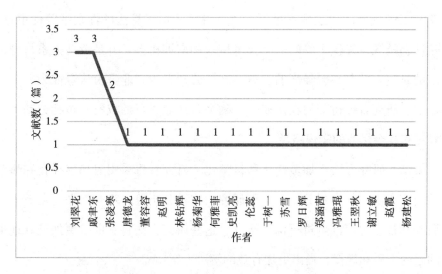

图 2.4　女性平台从业人员的劳动和社会保障研究的作者分布图

女性平台从业人员的劳动和社会保障研究是一个多维度、跨学科的领域。随着平台经济的蓬勃发展和数字技术的广泛应用，这一领域的研究呈现出以下发展趋势。

第一，研究内容更加深入和全面。随着对平台经济认识的不断深化，研究者将更加关注女性劳动者在平台经济中的就业特点、权益保障、职业发展等方面的问题。一是政策支持与引导。各国政府和国际组织越来越重视平台经济中女性劳动者的权益保护，通过制定相关政策来促进性别平等和就业机会均等。例如，我国政府出台了多项政策来支持数字经济的发展，并积极引导数字经济中女性就业的多元岗位创造。二是就业模式的创新。随着远程工作和灵活就业的普及，女性劳动者的就业模式正在发生变化。数字平台为女性提供了新的就业机会，如数字团长、在线教育、互联网医疗等，这些岗位通常具有较高的灵活性和较低的进入门槛。三是职业健康与安全、收入保障、工作时间、社会保险和福利等方面的保障研究。这涉及对现有社会保障体系的改革和创新，以适应平台从业人员的特殊需求。四是性别平等的深入探讨。研究内容开始更多地关注性别平等问题，包括算法偏见、性别刻板印象及女性在 STEM 领域的代表性不足等。研究者呼吁加强算法的性别平等性审查，消除性别歧视，提供平等的数字技术接入和培训机会。五是劳动关系与身份认定的研究。随着平台经济的发展，女性劳动者的就业身份认定成为一个重要议题。研究者探讨如何在法律上明确平台从业人员的权益，包括劳动关系的界定和社会保障的实现路径。

第二，研究方法更加多样化和科学化。研究者将采用更加多样化和科学化的研究方法，如定量分析、案例研究、比较分析等，对女性平台从业人员的劳动和社会保障问题进行深入研究。这些研究方法将有助于更加准确地揭示问题的本质和规律，提出更加有效的解决方案。

第三，研究视角更加多元化和交叉化。女性平台从业人员的劳动和社会保障问题涉及多个领域和学科，如经济学、社会学、心理学等。未来研究将更加注重从多个视角和学科出发，对问题进行全面和深入地分析。这种多元化的研究视角将有助于形成更加全面和深入的认识，推动相关问题的解决。同时，随着全球化的发展，国内关于女性平台从业人员的研究开始引入国际视角，借鉴和比较不同国家和地区在平台经济中女性劳动者权益保护的经验和做法。

综上所述，在政策支持和已有研究的推动下，女性平台从业人员的劳动和社会保障研究正呈现出更加深入、全面和多元化的发展趋势。未来研究将更加关注女性劳动者的特殊需求和挑战，并将提出更加有效的解决方案，为促进性别平等和女性赋权在平台经济领域取得更显著的进展。

第四节　女性平台从业人员的劳动和社会保障研究的基本框架

一、相关概念

（一）女性平台从业人员的相关概念

女性平台从业人员指的是在平台经济时代，通过各类数字平台（如电商平台、社交媒体平台、共享经济平台等）进行工作或服务，从而获得收入的女性劳动者。她们涵盖了多个行业领域，包括但不限于在线教育、远程医疗咨询、家政服务、设计、编程、写作、翻译、电子商务等。女性平台从业人员的工作形式多样，包括全职、兼职、临时性用工等。与传统就业模式相比，平台劳动展现了更高的灵活性和自主性，因此，女性劳动者可以根据自身的时间、能力和兴趣选择适合的工作方式，实现工作与生活的平衡。

女性平台从业人员的社会保障是指国家和社会为保障女性平台从业人员的基本生活需要而建立的一系列制度措施，旨在帮助她们应对生活风险、提高生活质量。具体内容主要包括养老、医疗、失业、工伤、生育、住房等方面的保障。在平台经济背景下，女性工作与生活的边界愈发模糊，因此，社会保障制度需要适应这一变化，为女性平台从业人员提供更加全面和灵活的保障。

（二）女性平台从业人员的分类

女性平台从业人员既可能在不完全符合传统劳动关系的情形下工作，也可能是个体经营者或与平台有合作的企业员工，包含的类别较为多元。根据工作性质、与平台的关系以及所从事的行业将女性平台从业人员进一步分为以下类型。

第一，按工作性质分类，可以将女性平台从业人员分为平台网约劳动者、平台个人灵活就业人员和平台单位就业员工三种类型。平台网约劳动者是依托互联网平台，根据平台规则完成工作任务并接受平台管理的劳动者。例如，在外卖送餐员、网约车驾驶员中，女性工作者通过平台提供劳务，但与平台并不形成传统意义上的雇佣关系。平台个人灵活就业人员是利用平台从事个体经营或个人劳务活动的女性劳动者，如自由职业者，她们可能提供咨询、设计等专业服务，并在平台上获取相应报酬。平台单位就业员工指与平台企业或合作伙伴建立有正式劳动关系的女性劳动者，她们的工作任务由平台或相关企业分配，享有较为稳定的薪资和社会保障。

第二，按与平台的关系分类，可以分为直接关联型、间接关联型、无直接雇佣关系型。其中，直接关联型的女性劳动者直接与平台公司签订工作合同，如某些电商平台的远程客服人员，她们的直接雇主是平台本身，可能会享受到平台提供的一系列员工福利。间接关联型的女性平台从业人员，则通过第三方合作伙伴或外包公司与平台产生联系。比如，一些大型直播平台会通过经纪公司签约女性主播，她们的工资和福利由这些经纪公司负责发放和管理。无直接雇佣关系型的女性平台从业人员作为自由职业者，没有和任何企业或平台直接签订劳动合同。例如，独立运营的社交媒体博主、内容创作者等，她们完全依靠自己的能力和平台提供的资源获得收入。[①]

第三，按行业分类，女性平台从业人员主要集中在服务业、创意产业、销售业、远程工作、社区管理这五种类型。其中，服务业包括外卖送餐员、网约车司机、家政服务人员等。在这些领域中，女性需要面对更多的情感劳

---

① 杭州市余杭区妇女联合会，亿欧智库，鲸灵集团.2022 中国女性数字平台就业发展报告［EB/OL］.（2023-03-23）［2024-04-28］. https://pdf.dfcfw.com/pdf/H3_AP202303231584508683_1.pdf?1679594121000.pdf.

动和人际互动，有时会受到性别规范的影响。①创意产业，包括网络主播、视频内容创作者、插画师等，这类工作强调创意和个人特色，女性在这方面往往展现出较强的优势和创作能力。销售业主要是指在各大电商平台的女性店主和卖家，她们通过店铺管理和网络营销赚取收入，且往往能发挥出色的沟通能力和市场敏锐感。远程工作，包括远程客服、编程、在线教育等工作，这类工作可以大大节省通勤时间，为女性提供了更多元的工作选择和时空的灵活性。此外，还有社区管理，如数字团长、社区团购组织者等，她们利用社交网络和社区连接优势，组织和管理社区居民的日常购物需求。

（三）女性平台劳动的特征

在平台经济的背景下，女性平台劳动呈现出多样化的工作形态和特点。女性平台从业人员在享受数字技术带来的灵活性与新机遇的同时，也面临着独特的挑战和压力。以下是对其特征的分析。

第一，就业形式的灵活性与多样性。平台经济为女性劳动者提供了更加灵活多样的就业形势。女性平台就业的灵活性主要体现在工作时间、地点和任务的安排上。女性平台从业人员能够根据自身情况调整工作时间，例如，作为母亲可以在孩子上学期间工作，充分利用灵活的时间安排；远程工作模式打破了地理限制，使得女性可以在家中、咖啡店等任何有网络的地方工作；女性可以选择接受不同类型的工作任务，不再受单一职业路径的限制。②女性平台劳动的多样性表现为行业的广泛性，平台经济为女性劳动者提供了多样的职业选择，从电商平台店主、网络主播到远程工作人员等；女性可以利用

---

① 孙萍，赵宇超，张仟煜. 平台、性别与劳动："女骑手"的性别展演［J］. 妇女研究论丛，2021（6）：5-16.

② 杭州市余杭区妇女联合会，亿欧智库，鲸灵集团. 2022中国女性数字平台就业发展报告［EB/OL］.（2023-03-23）［2024-04-28］. https://pdf.dfcfw.com/pdf/H3_AP202303231584508683_1.pdf?1679594121000.pdf.

少量资本创建在线店铺或成为自媒体创业者，平台的蓬勃发展显著提升了女性创业的机遇；此外，社群经济的兴起拓宽了女性劳动者的就业边界，女性劳动者可以利用社交媒体建立社群，通过信任关系和社交网络发展经济活动。

第二，情感劳动的普遍性。现有研究表明，女性平台从业人员的情感劳动具有普遍性，特别是女性在直播、客服等工作时所展现的情感劳动比传统职业更为突出。为迎合观众或消费者，女性劳动者往往需要塑造并维护一个符合市场需求的"人设"。[①] 女性平台从业人员的情感劳动的普遍性表现在以下四个方面。一是情感劳动的高需求性。在平台就业中，尤其是服务业，如网络主播、在线教师、电商平台客服等，女性劳动者往往需要提供高质量的情感劳动以满足消费者的需求，这包括表达善意、亲切和同情心，以及对顾客需求的敏感捕捉和积极回应。二是情感劳动的隐性特征。与传统制造业中的体力劳动相比，情感劳动更加难以量化和评估。女性劳动者在提供服务时，不仅需要传递信息，还需要在沟通中传递情感，这种情感的传递往往是无形的，难以被客观评价，因此情感劳动容易被低估或忽视。三是情感劳动的个人化要求。在平台就业中，女性劳动者往往需要与消费者建立个人化的联系，以满足消费者的个性化需求。这种个人化的联系要求女性劳动者具备较高的情感投入和共情能力，使得女性劳动者在情感劳动中需要有更多的自我牺牲。四是情感劳动的性别角色期待。女性平台从业人员往往被期待扮演更加温柔、体贴和具有同情心的角色。这种性别角色期待在一定程度上强化了女性情感劳动的价值和意义，但也可能导致女性劳动者在情感劳动中承担更多的责任和压力。

第三，风险和不确定性。平台经济的灵活性也给女性平台就业带来了一定的风险和不确定性，如收入不稳定、缺乏长期职业发展路径等。具体可以

---

① 张一璇．劳动空间在延伸——女性网络主播的身份、情感与劳动过程［J］．社会学评论，2021，9（5）：236-256.

概括为以下三个方面。一是职业发展风险。女性平台从业人员在职业发展上可能面临不确定性和技能提升的困难。平台经济通常基于项目制或短期合同，这可能导致她们的工作不稳定，难以形成长期的职业规划。此外，由于技术更新换代迅速，女性劳动者需要不断学习新技能以适应市场需求，但平台往往提供的培训机会有限，增加了她们技能提升的难度。二是性别歧视风险。女性在平台经济中的工作性质可能使其更容易受到性别歧视和偏见的影响。现行法律体系在保护女性劳动者方面存在缺陷，如算法监管主要基于男性数据，对女性身体特征的保障考虑不充分。三是法律保障缺失风险。女性平台从业人员还可能面临平台监管不足和法律保障缺失的风险。由于平台经济具有跨地域、跨行业的特性，传统的劳动法律和监管体系可能难以完全覆盖。这可能导致女性劳动者在权益保护、工资支付、工伤赔偿等方面面临困难。同时，一些平台可能存在不公平的条款或规定，进一步损害女性劳动者的权益。

二、研究框架

本书的基本框架从理论基础、研究内容和方法论三个层面进行构建。

（一）理论基础

第一，社会性别理论。该理论强调性别角色和性别关系的社会建构性。基于该理论的指导，分析平台经济中性别不平等现象及其对女性劳动者劳动和社会保障的影响。通过社会性别理论，可以揭示社会结构和文化对女性平台从业人员角色的期待和限制，以及这些期待和限制如何影响她们的就业机会、工作条件和社会保障待遇。

第二，工作和生活平衡理论。该理论指出工作与生活并非本质上的对立关系，良好的家庭生活为工作提供了支持，而工作则为家庭生活提供了经济基础。同时强调个人对工作掌控权的重要性，寻求时间分配与角色和谐，这已成为影响生育意愿与家庭福祉的跨性别社会问题。

第三，劳动过程理论。劳动过程理论关注劳动者在工作中的实际体验和劳动条件。在女性平台从业人员研究中，这一理论有助于深入了解女性劳动者在平台经济中的工作环境、劳动强度和劳动时间安排等，进而分析这些因素对她们劳动和社会保障的影响。

第四，劳动关系的系统论。系统论强调劳动关系的整体性和相互依赖性。对于女性平台从业人员而言，这一理论有助于分析她们在平台经济中的劳动关系如何受到平台规则、市场力量、政策法规等多种因素的影响，以及这些因素如何相互作用，共同影响她们的劳动和社会保障状况。

第五，劳动关系平衡理论。该理论关注劳动关系的动态平衡过程。在女性平台从业人员的研究中，劳动关系平衡理论有助于分析女性劳动者如何在平台经济中寻求自身权益的保障和平衡，以及如何通过集体行动或政策倡导等方式来推动劳动关系的改善和社会保障的提升。

（二）研究内容

研究内容主要包括对女性平台从业人员的就业现状、劳动关系认定、社会保障状况以及影响因素的深入分析。本研究以平台经济的迅速发展为社会技术背景，分析女性平台从业人员的就业和劳动权益保障情况。在劳动过程理论的指导下，关注女性平台从业人员的就业规模、行业分布、职业特点、劳动条件、收入水平等方面；同时，也关注她们在劳动关系的认定、社会保险、社会福利、社会救助等方面的覆盖情况和待遇水平。此外，本研究将基于社会性别理论、劳动关系系统论和平衡理论，对影响女性平台从业人员劳动和社会保障的多种因素进行剖析，包括平台经济的特点、政策法规的影响、社会文化的制约等，以分析我国女性平台从业人员的就业和劳动权益保障方面的现状、面临的困境和内在逻辑。

（三）研究方法和资料来源

在探讨女性平台从业人员的就业和劳动权益保障问题时，研究方法和资料来源的多样性至关重要。近年来，尽管对女性平台从业人员的研究呈现出多元化的趋势，但其中存在的问题也不容忽视，特别是对女性平台从业人员的研究缺乏系统性思维，以及在系统思维视角下进行分类的实证研究。基于此，本研究将采用混合研究方法，即结合定性和定量研究手段，围绕女性平台从业人员的劳动就业保障权益的平衡问题，开展系统性研究。

1.研究方法

第一，实证分析。通过访谈法和文本分析法等方法，收集女性平台从业人员的实际经历和感受，以及相关政策法规的文本资料。通过访谈和小组讨论，深入了解女性劳动者的劳动和社会保障状况，以及她们对这些问题的看法和诉求；文本分析法则进一步对政策法规进行深入的解读和剖析，揭示其对女性劳动者的影响。访谈内容将涵盖个人背景、工作动机、工作条件、收入稳定性、社会保障接入情况、工作与生活平衡等方面。访谈对象将包括不同年龄、教育背景、工作经验和地域的女性平台从业人员，以确保研究的多样性和代表性。同时，为了保护隐私，本研究所有被访谈者的姓名将使用化名。

第二，文献分析法。系统收集和分析国内外关于平台经济、女性劳动者就业、社会保障政策等方面的学术文献、政策文件、行业报告和法律法规，评估当前研究的深度和广度，找出研究的空白点和需要进一步探讨的问题。通过对相关文献的梳理和分析，了解女性平台从业人员劳动和社会保障的研究现状和发展趋势，以及已有研究中的不足和空白。这有助于为本研究提供理论支撑和方法借鉴。

第三，比较分析方法。通过对比分析不同国家、地区或行业的女性平台从业人员的劳动和社会保障状况，揭示其中的差异和共性，以及背后的原因和机制，这有助于为政策制定和实践提供启示和借鉴。

2.资料来源

本研究的资料来源包括以下四方面。一是一手资料，通过访谈收集的原始访谈记录、录音和访谈摘要，以及访谈后的现场笔记，记录非语言信息和环境背景；二是二手资料，这部分内容包括政府和非政府组织发布的关于女性劳动和社会保障的报告和统计数据，以及学术期刊、会议论文和书籍中关于女性平台从业人员、劳动市场和社会保障的研究文献；三是案例研究，选取具有代表性的案例，深入分析特定情境下女性平台从业人员的劳动和社会保障问题；四是政策文件。国家和地方关于劳动法、社会保障和就业政策的官方文件，以了解政策背景和实施情况。

平台经济为众多女性开辟了新的就业途径。然而，并非所有人都能在这一充满挑战的环境中脱颖而出。在她们的访谈中，笔者深刻地感受到了女性力量的刚柔并济和自足："我是贫苦家庭出身，如果但凡是需要做一些线下的内容，一没关系、二没有太大的资金支持，家里也不可能给特别大帮助的情况下，平台给予的机会，我觉得很幸运，很公平。"

第三章　机遇或鸿沟：平台经济下女性从业人员的就业

在探讨平台经济对女性就业的影响时，存在两种对立的观点。一种观点认为，女性因其独特的个性特征，在平台经济中拥有一定的竞争优势。这种观点认为，与传统经济模式相比，平台经济的灵活性和自主性更能满足女性在平衡家庭与工作方面的需求。基于此，一些学者认为平台经济能够为女性创造更多的就业机会，有助于推动女性就业，甚至在更广泛的层面上促进性别平等和女性赋权。然而，另一种观点指出，平台经济对女性就业机会的积极影响存在局限性，并从职业性别隔离、收入不平等、文化规范约束及劳动保障不足等多个维度进行质疑。这些观点认为，尽管平台经济提供了新的就业模式，但在促进性别平等方面，与传统经济相比，并未显示出明显的进步。为了深入了解平台经济中女性从业人员的工作状况，以及其在性别平等等议题上的作用，本章将从以下几个方面进行详细的讨论。一是平台经济赋予女性的新机遇，分析平台经济如何为女性提供新的就业机会和职业发展路径；二是平台经济与就业歧视，探讨在平台经济中女性是否面临就业歧视，以及这种歧视的表现和根源；三是平台就业与家庭平衡，评估平台经济所宣称的能够帮助女性更好平衡家庭和工作的说法，分析其实际效果和潜在问题；四是女性与数字鸿沟，研究在平台经济中，女性如何受到数字技术获取能力差异的影响，以及这种差异对她们就业机会和职业发展的影响。

第一节　平台经济下女性从业人员就业的机遇与挑战

平台经济的兴起，为女性从业者提供了一个重塑就业市场性别动态的机遇。它不仅缓解了女性在传统劳动力市场中的性别弱势，还彰显了女性的独特价值，同时增强了她们在就业和创业方面的竞争力，拓展了崭新的职业路径。然而，在机遇的光辉之下，挑战的阴影也随之而来。平台经济固有的不稳定性、职业的碎片化，以及就业质量的不确定性，为所有从业者带来了普遍的挑战。那么，随着平台经济的发展，女性的就业图景如何？本节旨在结合实证研究和文献研究，揭示在平台经济下女性从业人员的真实处境。

一、平台经济对就业影响的学理分析

纵观历史上的技术革命对就业的影响，技术发展对就业市场的作用呈现出复杂的双重性，如同一把双刃剑。在平台经济背景下，这种既有的就业创造效应和就业替代效应的对冲表现得尤为突出。在不同维度下，这两种效应的相对强度展现出明显的结构性差异，从而决定了平台经济对就业市场的综合影响。

（一）平台经济的就业创造效应

随着平台经济的发展，其对就业市场的影响日益显著，形成了一种独特的"技术红利"替代"人口红利"的现象。平台经济通过利用云、网、端等网络基础设施，结合人工智能、大数据分析等数字技术，打破了传统就业模

式的时空限制,为劳动者提供了更加多元化的就业机会。平台经济的就业创造效应可通过以下几个内在机制体现。

首先,生产效率的提高与劳动力需求增长。数字经济的进步带动社会生产效率的整体提升,影响产出与需求,从而促进就业。据研究表明,机器人的增加对劳动生产率的年度增长有显著的正面影响,其影响堪比蒸汽技术对英国生产率的提升。技术进步带来的价格效应和收入效应,通过降低成本、提高产品需求和增加劳动者收入,进一步刺激产业扩张和就业率增长。

其次,产业创新与就业增长。技术创新不仅推动新产品和新机器的形成,也促进新产业部门的形成,为就业增长提供新动力。产品创新所激发的市场需求,尤其在产品生产过程中,为就业市场带来机会。同时,数字技术领域对高技能劳动力的需求激增,反映了技术发展对专业人才的依赖。

最后,技术应用的扩散效应。技术革新在替代某些工作岗位的同时,也在其他部门创造了就业机会。这一现象在历史上的工业革命中已有体现,并在现代经济中继续存在。例如,自动化技术在金融领域的应用虽然减少了交易员的数量,但增加了对计算机工程师的需求。此外,技术进步带动的高技能岗位增加,会在服务业等相关行业产生连锁效应,带动更多就业机会的产生。[①]

(二)平台经济的就业替代效应

平台经济的蓬勃发展对就业市场产生了深远的影响,其中就业替代效应是不可忽视的一部分。根据菲利普·阿吉翁(Philippe Aghion)和彼得·霍维特(Peter Howitt)(1994)的研究,技术进步带来的"创造性破坏"具有双重作用:一方面,技术提高了生产效率,降低了某些工作的价值和缩短了岗位

---

① 胡拥军,关乐宁.数字经济的就业创造效应与就业替代效应探究[J].改革,2022(4):42-54.

生命周期，从而减少了劳动力需求；另一方面，技术促进人力资本增值，但也可能导致企业利润下降，影响企业的市场参与度和岗位创造积极性。龚玉泉等（2002）也指出，技术进步通过提升劳动生产率，减少了单位产品的劳动力需求，从而在固定产出下降低了对劳动力的总体需求。智能技术的创新应用，特别是"机器换人"现象，通过降低设备成本和提升设备效能，减少了对管理和维护人员的需要，进而削减了人工岗位。产业结构的变革也引起了技术性失业。弗里曼（Christopher Freeman）和佩雷斯（Perez）的技术范式理论强调，在新技术引发社会结构变革时，失业率往往会呈现上升趋势。[1] 然而，随着社会经济制度对新技术模式的适应，经济将再次繁荣，劳动力结构得到调整，失业率也将随之下降。随着平台经济的发展，一些传统职业如话务员、制版工等逐渐被淘汰，而新版《中华人民共和国职业分类大典（2022年版）》的发布，反映了职业结构的这种变化，净增了 158 个新职业，其中包括 97 个数字职业，133 个绿色职业，以及 23 个兼具数字职业和绿色职业特性的新职业。

（三）平台经济对就业影响的综合效应

从宏观历史视角审视，技术革新与产业转型在长期内对就业的促进作用通常超过其替代效应，新科技和产业的兴起是推动实现更广泛且更优质就业的核心力量。以 18 世纪的工业革命为例，尽管蒸汽机的发明和应用一度导致英国手工艺人大量失业，但机械化的广泛应用也催生了矿山、冶金、化工、石油和运输等新兴产业的发展，进而创造了大量新的就业机会，促进了社会就业总量和就业率的提升。然而，技术与产业变革对就业的影响在不同历史时期、不同地区和不同群体间存在显著的结构性差异。依据新古典劳动力需

---

[1]　胡拥军，关乐宁.数字经济的就业创造效应与就业替代效应探究［J］.改革，2022（4）：42-54.

求理论，技术进步对就业的效应很大程度上取决于总需求对技术变化的敏感度。从短期来看，技术进步对需求的影响可能有限，但从长远来看，其影响力将显著增强。这意味着技术进步可能在短期内对就业造成负面影响，而长期则可能促进就业增长。

平台经济在初期发展中可能会造成失业率的暂时上升，但随着社会生产规模的扩大、生产效率的提升、产业多样化的发展，以及社会投资和需求的不断增长，预计会有更多的工作机会被创造出来。同时，人力资本的增加将提高劳动者技能与岗位需求之间的匹配度，使劳动者能够在长期内获得更充分的高质量就业机会。技术对就业的影响在不同地区之间也存在显著差异，这主要受到各国和地区的经济状况、人才结构、教育培训、社会保障和就业政策等因素的影响。此外，技术对不同类型的劳动者产生的影响也存在明显的差异。

2016 年，世界经济论坛在《职业的未来》报告中提出，随着机器人和人工智能技术的不断进步，预计到 2021 年，全球 15 个主要经济体的就业市场将面临 710 万个岗位的缩减，其中大部分集中在工业制造、行政管理、媒体、娱乐、艺术设计及建筑行业等领域。世界银行的研究报告也指出，发展中国家中有高达三分之二的工作岗位将面临自动化技术的威胁。波士顿咨询公司在 2017 年的《迈向 2035：4 亿数字经济就业的未来》报告中预测，到 2035 年，平台经济将为全球提供 4.15 亿个就业机会。[①]

在我国，平台经济对劳动力市场的影响尤为显著，这不仅因为我国在数字技术领域的迅猛发展，也与我国庞大的人口基数和以劳动密集型产业为主的经济结构密切相关。据中国信息通信研究院 2019 年的数据显示，2018 年我国平台经济领域的就业岗位数量已达到 1.91 亿个，占全国就业总人数的

① 数据局.BCG：迈向 2035——4 亿数字经济就业的未来［EB/OL］.（2017-01-20）［2024-05-20］.
https://www.sohu.com/a/146583826_640189.

24.6%。此外，一些大型平台企业，如阿里巴巴、美团和滴滴，根据其业务和行业特性，评估了其对就业市场的带动作用，并通过发布的报告提供了相关数据。例如，2019 年滴滴网约车司机的平均月收入为 2522 元，而在一线城市则超过 5000 元；2020 年美团骑手的平均月收入为 4950.8 元，其中专送骑手的平均月收入更高，达到 5887 元，有 7.7% 的骑手月均收入超过 1 万元。与此相对照，国家统计局发布的数据显示，2020 年农民工的平均月收入为 4072 元。这些数据表明，平台经济为劳动者提供了大量灵活的就业机会，增加了就业选择，并为从事灵活工作的劳动者提供了相对优厚收入的可能性。

（四）女性平台从业人员的就业研究综述

技术革新历来被视为推动性别平等的重要力量。1997 年，女性主义者普朗特指出，自工业革命以来，技术的进步似乎与女性劳动力的增长同步进行。[①] 这种趋势表明，技术变革为女性的社会解放和经济赋权奠定了坚实的基础，并为促进性别收入平等创造了有利条件。

纵观国内学者的研究，尽管平台经济为女性就业提供了新机遇，但多项研究指出，性别分工的隐蔽性、性别隔离和性别收入差距等问题依旧存在，呼吁社会各界共同努力以实现真正的性别平等。骞真（2023）提出，尽管技术进步催生了新的就业形态，但性别分工的隐蔽性并未减弱，反而可能加剧了性别角色的固化，给性别平等带来了新的挑战。梁萌（2021）从交叉性理论视角出发，分析了外卖和家政行业中存在的性别隔离现象，指出平台企业通过固化性别分工和塑造性别化的职业形象，构建了性别隔离的劳动力市场。陈阳（2023）的研究发现，女性在平台经济中面临劳动身体规训、性别偏见

---

① PLANT S. *Zeroes and Ones: Digital Women and the New Technoculture* ［M］. New York: Bantam Doubleday Dell Publishing Group, 1997: 4.

及风险无保障等困境，这些因素共同导致了性别隔离和不平等的现象持续存在。宋月萍（2021）认为，虽然数字经济为女性就业带来了新机遇，但同时也伴随着对传统工作的冲击、新型数字行业的进入壁垒、算法性别歧视，以及工作与家庭边界模糊等挑战。张凌寒（2021）进一步指出，平台经济中的性别不平等问题并未得到充分显现，性别歧视手段变得更加隐蔽，性别隔离现象更为严重，这导致了所谓的第三代就业性别歧视，并强化了女性职业选择呈现兼职化的趋势。苏熠慧（2022）的研究则从性别视角切入数字劳动，揭示了数字资本如何通过模糊生产与再生产的边界来获取剩余价值，同时对女性劳动者情感和身体造成异化。

在性别收入方面，曾湘泉（2022）发现直播平台上女性主播的薪资普遍高于男性，尤其在薪资分布的中间水平上差异显著，这表明平台经济通过减少性别歧视提升了女性工资水平。杨兰品和王姗姗（2023）基于中国家庭追踪调查（CFPS）的数据，进一步证实了平台经济通过改善女性就业条件、减轻家庭责任限制、便利就业搜索，以及提升人力资本，提高了女性的就业能力和机会，使得女性劳动者的收入增长幅度超过男性，从而缩小了性别收入差距。董志强、彭娟和刘善仕（2023）的研究则聚焦于灵工经济中的性别收入差距，发现尽管性别仍是决定收入的重要因素，但女性与男性的月收入比达到85%，这一数据表明，相较于传统就业，灵工经济中的性别收入差距有所缩小。这些研究综合反映了平台经济下女性从业人员面临的机遇与挑战，并指出了实现性别平等的长远道路。

二、平台经济下女性从业人员就业情况的实证分析

（一）研究方法与对象

1.研究方法

在劳动就业这一多维交织的研究领域，质性研究擅长深入探索问题、激发思考并阐释现象，有助于构建理论框架。本书基于案例实证研究，通过具体经验来构建理论结构，并通过事实与逻辑的一致性进行验证。扎根理论的应用涉及开放编码、轴向编码和选择编码三个阶段，通过持续地反思和比较来发展理论。本书的数据收集依托于深入访谈和现场观察，采用半结构化访谈形式，结合二手资料分析，覆盖了不同类型的平台从业人员、管理者等关键群体。

具体来说，研究团队将文献综述与实地调研相结合，运用扎根理论提炼理论框架，并通过团队协作、多轮讨论和比较，减少个人主观性对研究结果的影响。通过编码，本书将实证观察与现有文献紧密联系，增加了案例研究的可靠性与效度。

2.研究对象

本书聚焦于女性平台从业人员，具体包括网络主播、平台家政工作者、独立房产经纪人、电商从业者，以及独立普拉提老师等。这些女性从业人员通过平台提供多样化服务，包括但不限于健身指导、家政服务、房产咨询、在线销售及普拉提教学等。

本书的调查资料主要来自 2024 年 3 月至 2024 年 8 月对 18 位女性平台从业人员的田野调查。基于调查对象的职业情况，调查采用了线上和线

下相结合的方式。访谈采用半结构式，每位调查对象的访谈时长为 20—60 分钟。

3. 研究步骤

本书采用多维度、分层次的研究方法，旨在深入探讨女性从业人员在平台经济中的工作状况、面临的挑战，以及影响其服务输出的关键因素，为理解平台经济下女性劳动关系提供实证基础和理论视角。

本书的所有访谈均在受访者明确同意并知情的情况下进行，并对访谈过程进行了录音。随后，将录音资料转录为文本，累计获得超过 15 万字的访谈转录资料。在数据分析上，本书采纳扎根理论的编码程序，具体步骤如下。

第一步：初步整理。对收集到的所有文本资料进行初步的整理和通读，筛选出与女性平台从业人员及其就业相关的文本片段进行编码。

第二步：聚焦编码。在开放编码的基础上，对女性平台从业人员的就业相关的初步编码进行归纳，形成主题，并分析这些编码之间的相互关系。

第三步：轴心编码。在聚焦编码的基础上进一步细化，将主题编码分类并提炼，以展现不同细分主题间的逻辑和关联性。

（二）平台经济下女性从业人员就业特征

1. 访谈基本情况

本次访谈涵盖了不同年龄段、学历背景、就业方式、职业类型、所属平台以及婚姻状况的女性劳动者。她们的基本情况如表 3.1 所示。

表 3.1　访谈对象情况一览表

访谈对象	年龄	学历	就业方式	职业	所属平台	婚姻状况
案例 1	50 岁	本科	全职	传奇人生经销	微信、官网等多渠道	已婚
案例 2	34 岁	本科	全职	跨境电商	亚马逊	已婚
案例 3	40+ 岁	本科	全职	独立房产经纪人	贝壳平台	已婚
案例 4	40+ 岁	小学	全职	家政卫生阿姨	微信群	已婚
案例 5	50 岁	小学	全职	家政带娃阿姨	社区空间	已婚
案例 6	53 岁	小学	全职	平台月嫂阿姨	微信群	已婚
案例 7	35 岁	本科	全职	普拉提老师	微信群	未婚
案例 8	38 岁	本科	兼职	数字团长	微信（快团团、麦芽飞飞）	已婚
案例 9	37 岁	高中	兼职	社区团购团长	美团优选平台	已婚
案例 10	45 岁	初中	全职	外卖骑手	饿了么平台	已婚
案例 11	43 岁	高中	全职	网约车司机	滴滴平台	已婚
案例 12	27 岁	本科	兼职	音乐主播	荔枝 App	未婚
案例 13	21 岁	本科	兼职	在校大学生兼职	抖音、小红书	未婚
案例 14	30 岁	大专	全职	电商主播	淘宝	未婚
案例 15	31 岁	本科	全职	电商与带货主播	淘宝、阿里巴巴、抖音	已婚
案例 16	21 岁	本科在读	全职	网络女主播	抖音	未婚
案例 17	24 岁	大专	全职	聊天主播	抖音、小红书、得物	未婚
案例 18	36 岁	高中	全职	音乐主播	抖音	离异

　　在访谈对象的年龄结构方面，21—30 岁、31—40 岁，以及 40 岁以上三个年龄段的劳动者分别占比约 27.8%、33.3% 和 38.9%，其中 40 岁以上女性劳动者占据较大比例。在教育背景方面，本科学历的劳动者占比最高，达到 50%，其次是大专学历，占比 11.1%，高中及以下学历的劳动者也占有相当比例，占比 38.9%。在就业方式结构方面，全职工作以 77.8% 的比例占据主导地位，而兼职工作占比为 22.2%。职业与平台也呈现显著的多样性，涉及多

种不同的职业，且这些职业分布在不同的平台上，表明平台经济具有高度的行业多样性和广泛的就业吸纳能力。在婚姻状况方面，已婚劳动者占比高达61.1%。年龄与婚姻状况的交叉分析揭示了不同年龄段的婚姻状态分布，其中31—40岁年龄段的劳动者大多数为已婚状态，而21—30岁年龄段的女性平台从业者中未婚比例较高。

2.育儿与生计双重驱动：女性平台就业的主要动机

在现代社会中，随着互联网的普及与平台经济的蓬勃发展，"左手抱娃、右手养家"逐渐成为许多女性选择平台就业的重要动因。这一现象在访谈资料中得到了充分体现，多位受访女性通过自身经历，揭示了平台工作如何在平衡家庭与职业之间为她们提供了宝贵的支持。

案例1（社交电商）：曾经在国企工作，生完第一个孩子后，一边工作一边兼职做社交电商。随着第二个孩子的出生，她决定将社交电商作为全职工作。在访谈中，她表示选择这份职业是因为："遇到家里有事或者小孩有突发状况时，我可以照顾小孩或者处理家庭事务。""像我这种二孩家庭，父母都70多岁了，不可能依靠老人来带孩子，需要自己带。这种情况下，工作的自由度对我来说非常重要。"

案例3（独立房产经纪人）：她在2005年进入二手房行业，并在这个行业中不断成长，后来还成立了自己的品牌和公司。随着两个孩子的陆续出生，她中断了工作，在家全职照顾孩子五六年，直到老二上幼儿园后才开始继续上班。随着贝壳等二手房平台在FZ的落地，她成了一名独立房产经纪人。在访谈中，她表示："因为有两个小孩，对自己和老公都有影响，当时的分工是要去安排谁照顾小孩"。对于这个安排，她认为"所有的事情都有两面性"。

案例15（平台电商、带货主播）：她大学毕业后，先后在英语培训、外贸行业工作。因为怀孕时所在行业属于化工厂，所以选择了离职。在小孩一岁多后，与其先生一起做陶瓷电商，并兼职做自己货品的带货主播。对于当前的工作，她认为："最满意的就是我可以按照自己的时间带小孩。如果让婆婆来帮忙带小孩，容易产生观念冲突，自己带小孩，虽然累，但感觉挺好的。"

案例4（家政）选择从事家政工作是因为子女尚幼，家政工作可以根据自己的需要灵活安排时间，从而便于照顾子女。在访谈过程中，案例11的滴滴平台网约车司机也指出，这份工作"时间上挺灵活的，可以自己安排"，这一点对她而言至关重要，因为她需要照顾家中的孩子。同样，案例18的抖音音乐主播YY表示，作为母亲，她需要一边带孩子一边工作，而平台主播的工作性质让她能够"在家工作，有时外拍"，极大地缓解了工作与家庭之间的矛盾。

3.收入特征分析：女性平台从业者的差异性、波动性与满意度

从被访者的就业收入情况来看，女性平台从业人员的收入展现出显著的多样性和波动性。一方面，不同平台、领域及个体努力程度对收入产生深远影响。例如，同为抖音主播的案例17和案例18，前者月收入约为8000—12000元，而后者在高峰期虽能达到10万元，但近年来已降至2万元左右。另一方面，行业间的差异也不容忽视。案例4和案例5从事家政服务行业，她们的月收入在四五千元左右徘徊，而案例2（跨境电商）与案例15（电商主播）则因业务规模和市场表现较为优越，收入明显较高。这凸显了不同行业的盈利模式与市场需求对从业人员收入的直接影响。同时，在收入构成上，平台直接分配或业务提成成为平台从业者的主要收入来源。如抖音主播的五五分成模式，以及家政阿姨的固定收入制度，均表明了平台机制与收入分配方式在决定从业人员收入中扮演着关键角色。

除了职业类型对女性收入产生显著影响外，学历作为人力资本的重要体现，对女性收入具有正面促进作用。高学历群体（如本科及以上学历）

的女性，不仅普遍对收入感到满意，还在各自领域内展现出较强的职业竞争力。而低学历群体，尽管勤勉工作，却常因技能限制而面临收入瓶颈。婚姻状况同样影响着女性的收入与满意度。已婚女性多在家庭与职业间寻求平衡，其收入满意度与能否有效兼顾家庭和职业紧密相关。未婚或离婚女性则可能因较少受家庭束缚，能在职业上投入更多精力，从而获得更高的经济回报。

在收入满意度方面，大多数受访女性对目前收入表示满意或基本满意。这一积极态度主要源于她们对工作压力、家庭照顾与收入之间的权衡。例如，案例 10 的外卖平台女骑手虽收入波动，但考虑到此工作平衡了家庭需求与工作压力，因此对收入持满意态度。案例 4 的家政阿姨即便收入不高，也表示接受现状。然而，满意度也受个人期望、家庭负担及行业前景等多重因素影响。案例 7 作为普拉提老师，因对职业的认同与良好前景而感到高度满意。反之，案例 5 则因收入难以满足家庭需求而有所不满。值得一提的是，在多数访谈中，性别因素被视为对收入影响较小，尤其在如音乐主播等行业中，个人才艺与互动能力是影响收入的主要因素。（见表 3.2）

综上所述女性平台从业人员的就业收入和收入满意度情况受到年龄、职业、学历、婚姻状况及个人能力等多重因素的影响，呈现出多元化、复杂化的特征。平台经济下的多元化就业模式与复杂收入结构，既带来了收入的差异性，也展示了平台就业在满足女性劳动力需求中的积极作用。然而，不容忽视的是，部分女性在平台就业中仍面临收入不稳定、家庭负担过重等挑战。

表 3.2　访谈对象的收入及对收入满意度情况一览表

序号	访谈者收入情况分析
案例 1	收入波动大，2020 年前高峰期月入 3 万元，之后降至几千到 1 万元
案例 2	收入满意度高，投入有回报
案例 3	相较于办公室工作，收入状况更为优渥，总体而言，令人满意。作为自由经纪人，工作模式不设固定底薪，但业务提成颇为丰厚。此外，性别对于收入的影响微乎其微
案例 4	每月收入四五千，对收入基本满意
案例 5	每月 5200 元，认为收入不够支出
案例 6	每月 8000 元，与以前从事的行业相比，较为辛苦
案例 7	对收入非常满意
案例 8	收入波动较大，月均收入介于数百至 1000 余元之间，需投入时间学习拓展新客户之技巧
案例 9	收入满足需求，工作能平衡家庭与事业
案例 10	外卖平台女骑手，每天收入大约 100 多元，工作压力小，便于照顾家庭
案例 11	每天流水 300—600 元，性别对派单无影响，但男性劳动者因能长时间工作，其收入可能更高
案例 12	收入能维持生活并有储蓄，性别并非决定收入因素，更看重才艺和互动能力
案例 13	目前平台创作者收入较少，主要通过接广告获得少量收入
案例 14	直播收入相当不错，能改善居住条件和学习新技能
案例 15	以订单为主，有批发业务，收入较好
案例 16	收入满意，最高月入近 5 万元
案例 17	月收入大约 8000—12000 元，收入主要来自直播，与平台五五分账，收入直接到账
案例 18	原先月收入可达 10 万元，然而在最近一两年内降至约 2 万元。作为主播，其收入相对较高，与平台实行五五分成的收益分配模式。曾加入过公会，但因感觉分配不公，最终选择直接与平台进行合作

4.工作弹性与挑战应对：女性平台从业者时间管理策略

平台经济以其独特的灵活性，吸引了大量女性投身其中（见表 3.3）。这种灵活性不仅体现在工作时间上，还贯穿于工作地点和内容的自由选择中。

以案例1为例，作为社交电商，她能够根据个人情况灵活安排每天平均四到五个小时的工作时间，且没有固定的周末，这种安排让她在兼顾家庭的同时，也能保持对工作的投入。同样，案例16作为网络女主播，通过每周仅直播几天的工作模式，实现了工作与生活的和谐平衡。然而，平台经济在赋予女性灵活性的同时，也带来了工作时间与休息时间之间难以平衡的挑战。案例10每天工作超过8小时且没有固定休息日，这种高强度的工作模式无疑会影响女性的身心健康，也对她们履行家庭责任造成了冲击。

面对工作时间与休息时间之间难以平衡的问题，女性平台从业人员往往需要根据个人兴趣、技能水平和家庭责任等多重因素进行权衡。自主创业与兼职工作成为许多女性从业者的首选。案例8作为数字团长，通过在多个平台上兼职工作，既实现了收入的多样化，又在一定程度上平衡了工作与家庭之间的关系。而技能导向的就业路径则为女性提供了另一条发展路径。案例7作为普拉提老师，凭借专业技能在特定领域找到了稳定的工作机会，并通过提前规划确保了充足的休息时间。此外，家庭责任也是女性在选择就业路径时不可忽视的因素。案例9作为社区团购团长，能够根据自身家庭情况灵活调整工作时间，从而在家庭与事业之间找到了平衡点。

表3.3　访谈对象的工作时间及休息时间情况一览表

序号	工作时间	每周休息时间
案例1	工作时间不定时，平均每天四五个小时	工作时间自由，不存在周末概念，休息时间根据个人安排
案例2	平均每天工作9个小时	每周休息两天
案例3	平均工作时间不固定，偏向兼职状态	根据家庭和工作情况安排，无固定周末
案例4	之前是周一到周六上午工作半天，后来周一到周五下午也工作3个小时	周六下午、周日全天休息
案例5	每天从上午8点到下午6点	每周休息1天，周日休息

续表

序号	工作时间	每周休息时间
案例 6	上户没有休息，28 天或 42 天下户后休息	无固定休息
案例 7	工作时间相对不固定，4—6 小时	无固定休息日，法定节假日休一半时间
案例 8	周中每天的工作时间不足半小时，周末工作的时间更长	无固定休息日
案例 9	每天工作从早上 9 点到下午 3 点	无固定周末休息，根据家庭情况调整
案例 10	每天工作超过 8 小时，忙时更晚	无固定休息日，需随时待命
案例 11	每天工作八九个小时	无固定休息日，根据当天的情况而定
案例 12	每天晚上七点半到 10 点直播	基本每周无休
案例 13	每周花一个下午拍视频，两三个小时	无固定休息日，根据学业和个人情况调整
案例 14	从早上开始工作，直播时间根据观众活跃度安排	无固定休息日，直播时间根据观众活跃度安排
案例 15	每天工作时长五到六个小时	无固定休息日，除非自己安排休息
案例 16	每天直播几个小时	每周休息一两天
案例 17	每天工作大概六七个小时	每周有休息，无固定休息时间
案例 18	一天工作五六个小时	无固定休息日，因需随时回复平台信息

5.就业满意度剖析：女性平台从业者的多维度考量

女性平台从业人员的就业满意度是一个复杂而多维的问题，涉及工作灵活性、收入状况、工作与生活平衡，以及职业发展与个人成长等多个方面。在访谈中，多位女性平台从业人员对工作时间的自由安排表达了高度认可。例如，案例 1 的工作时间虽不固定，但能根据家庭和个人需求灵活调整，这种自由极大地提升了她的工作满意度。同样，案例 16 作为网络女主播，通过选择性地直播，有效平衡了工作与生活，也展现了对平台工作灵活性的高度满意。这种灵活性不仅缓解了女性在职场与家庭之间的冲突，也为她们创造了更加和谐的工作环境。其中，收入状况是评估就业满意度不可忽视的关键指标。访谈揭示，尽管平台经济提供了灵活的就业机会，但不同职业类型和工作强度下的收入状况却大相径庭。案例 2（跨境电商）凭借自主创业实现了可观的经济收益，并对此表示满意。然而，诸如家政阿姨和外卖骑手等从事体力劳动或低技能工作的女性，虽然受益于平台经济，但收入水平相对较低，从而影响了她们的就业满意度。因此，提高女性平台从业人员的收入水平，是提升其就业满意度的重要途径。工作与生活的平衡对女性的总体满意度来说尤为关键。案例 9 作为社区团购团长，能够灵活调整工作时间以适应家庭需求，进而提升了就业满意度。然而，并非所有女性平台从业人员都能轻松达到这一状态。例如，案例 10 的外卖骑手所面对的高强度工作模式影响了她的生活质量，进而降低了就业满意度。此外，职业发展与个人成长是提升其就业满意度的内在动力。平台经济为女性提供了多样化的职业发展路径，鼓励她们不断学习和进步。在访谈中，多位女性平台从业人员表示，通过平台工作不仅提升了专业技能，还实现了个人价值的增长。例如，案例 7 作为普拉提老师，在行业内不断积累经验和口碑，对自己的职业发展前景充满信心。这种职业成长和个人成就感极大地提升了她们的就业满意度。

（三）平台经济下女性从业人员的就业机遇

正如第一章所述，平台经济的核心特征在于，通过免费提供平台和服务吸引用户，随后依靠增值服务实现盈利。这种经济模式吸引了众多参与者，包括消费者、卖家、劳动者、程序员和创始人等，促使众多工作岗位经历了从实体到虚拟、从固定到灵活、从单一到多元的转型，同时也促使非全职就业人员在劳动力市场中的比例显著上升。平台经济已成为我们日常生活中不可或缺的一部分，对参与者，尤其是劳动者产生了深远的影响。近年来，众多女性借助平台经济的快速发展，展现了女性劳动者的独特力量。例如，李子柒作为平台经济中的杰出代表，通过制作并分享具有中华传统文化特色的美食视频，在国内新媒体平台积累了数千万粉丝，并以"东方美食家"的身份在某国际视频平台上获得了超过 1770 万的关注者，其网店的年销售额更是达到了亿元级别。[①] 此外，淘宝的头部女主播们也是平台经济成功案例的典型代表。这些成功案例与平台经济的内在特性紧密相关，彰显了平台经济在促进个体发展和创新方面的巨大潜力。

在平台经济的框架下，就业的进入门槛相对较低，为女性提供了更为便捷的就业途径。这里的"门槛"不仅涵盖了与信息技术相关的信息搜索成本、资源获取成本及工作匹配效率，还包括劳动者的教育背景、工作经验和个人条件，以及就业所需的学习成本或初始资金投入。与传统经济相比，平台经济对劳动力的需求更为强烈，且进入门槛较低，这为女性打破性别偏见、获取更多就业机会创造了有利条件。此外，平台经济的运营模式较为扁平化，与传统经济中的层级管理体系相比，对劳动者的管理更为简化，这有助于女性避免传统管理体制中的性别歧视，从而提高成功的概率。网络平台经济为女性提供了多样化的就业途径，包括自主创业、在网络平台公司就业，以及在受平台经济影响的实体经济中工作。跨境电子商务的发展为女性创业者和就业者开辟了国际化的发展道路，利用技术手段帮助女性店主拓展国际市场。平台经济所提供的就业机会具有"多元性"的特点，涵盖了不同的行业、领域、工作内容和工作方式，这些灵活性和自主性的特点更加契合部分女性劳动者的需求，有助于她们在工作与家庭责任之间实现更好的平衡（见表 3.4）。

---

① 冷爽. 停更两年，李子柒油管粉丝不降反升，从 1500 万增至 1780 万［EB/OL］.（2023-10-09）［2024-05-10］. https://news.ycwb.com/2023-10/09/content_52252444.htm.

表 3.4　数字经济平台释放女性"就业力"的部分情况表 [1]

数字平台	女性"就业能力"	女性价值认同
腾讯	以智力劳动为主的微信就业生态催生了一批优秀女性，生态内女性就业比例达到 47.5%	充分发挥女性在创意、设计领域的优势，在数字环境中完成内容创作
阿里巴巴	至少有超过 500 万女性通过淘宝平台实现了就业或创业	女性创业撑起了淘宝平台的半边天
鲸灵	平台上的数字团长中 80% 是女性，带动了超过 320 万的女性就业	用技术赋能女性"零门槛"轻松开店创业，实现私域流量变现
抖音	平台上直接获得收入的女性达到 1320 万人	抖音成为女性发声的平台，女性用户发布 2135 万条恋爱话题视频，也有 5306 万视频关于工作等
快手	平台女性用户大概占到六成	在短视频、直播、直播带货等数字领域，仅女性创作者人数高于男性，其整体人均发布视频数也高于男性
小红书	在小红书平台实现就业创收的女性至少超过了 1000 万人	释放女性种草的带货力量，实现女性收入

1.凸显女性在劳动力市场的独特价值

在平台经济的浪潮中，女性的个体价值得到了前所未有的彰显。平台经济的核心价值观——沟通、分享、连接——与女性的天性特质高度契合，使得女性在劳动力市场中的价值得到了显著提升。正如案例 18 的访谈者所言"以柔克刚"，女性在软技能上的优势在平台经济中得到了充分发挥。案例 16 中的主播凭借其与观众的亲密互动和出色的表达能力，实现了月收入高达 5 万元的成功。

平台经济为女性提供了一个更广阔的舞台，使她们在细心、敏感性、同理心、理解力、责任感以及忠诚度等软技能上的优势得到充分展现。这些技

---

[1]　杭州市余杭区妇女联合会，亿欧智库，鲸灵集团 . 2022 中国女性数字平台就业发展报告［EB/OL］.（2023-03-23）［2024-04-28］. https://pdf.dfcfw.com/pdf/H3_AP202303231584508683_1.pdf?1679594121000.pdf.

能在快速变化的平台经济环境中尤为重要，因为它们要求从业者具备更强的适应能力和人际交往能力。在访谈中，案例 15 的受访者表示："女性可能会更温柔，客户听到是女生的话，就会更好解决。"她提到，女性在处理售后问题时，能够以更加细致和耐心的态度去应对，这些技能在平台经济的快速变化环境中尤为重要。平台经济正是通过赋予这些软技能更高的价值，使女性在劳动力市场中占据了一席之地。

女性在洞察消费者需求和感知市场趋势方面的能力，也使她们在平台经济领域获得了更多机遇。案例 2 中的受访者通过精准把握市场需求，成功推广了多款产品，实现了可观的收入。她不仅注重产品的质量和推广策略，还非常注重与消费者的情感连接，这正是平台经济中女性独特的商业智慧所在。在访谈时，她表示："我发现女性的意志力比较好，而且比较细心，她会从买家体验出发去观察很多细节。男性则很多时候会很理性地去分析成本、利润以及怎样才能压低成本、获取利润。而女性则会更多地从买家的角度去考虑，我看到这个东西会怎样去考虑。所以在产品优化方面，我觉得女性非常有优势，优点就是注重用户体验。我们卖的其实不仅仅是产品，更多的是提供情绪价值来提升整个议价过程。所以我不认为这一点会输给男性。"此外，平台经济对传统职业，如家政服务和房产经纪，产生了积极的影响。通过平台化的组织方式，这些职业不仅规模得到了扩大，而且职业规范化和收入水平也得到了提升。

与此同时，平台经济凭借其独特的组织方式，有助于减少女性在就业过程中可能遇到的歧视问题。歧视可能源自雇主、雇员或顾客的主观偏好。平台经济通过集中组织劳动力资源，减少了这些主观偏好的影响。由于劳动者在平台经济中通常以分散的方式就业，这也降低了雇员受到歧视的可能性。总体而言，平台经济的发展在一定程度上缓解了女性在就业市场上面临的歧视问题，为她们提供了更加公平的竞争环境。

案例2（跨境电商）："我们是一般家庭出身，但是如果做一些线下的内容，我们一没关系，二没有太大的资金支持。在家里不可能给我们特别大的帮助的情况下，我们是很难超越别人或达到别人的程度的。所以在YMX做电商，我觉得自己很幸运，认为平台机制相对公平。"虽然平台倾向于买家，但"买家是上帝呀，我觉得我可以理解。如果我做这个平台，可能我也会这么做。平台只有保障了买家的利益，才能最大化地维持平台的平衡发展。但是在这个过程中，我们作为卖家的利益受到了一定的损失。比如平台规定的无条件退货，而且无条件退货的期限特别长，可能是到货几个月后依然可以再退货。即使如此，我觉得这个规则平等地针对平台的每一位卖家。我觉得一视同仁对我来讲已经是最公平的了。"

2.减少了女性在劳动力市场的性别弱势

在平台经济的背景下，女性在劳动力市场中的不利地位得到了缓解。相较于男性，女性在职场上的弱势主要源于生育导致的职业生涯中断，以及在家庭中承担的更多照顾责任，如抚养子女或照顾老人。这些因素导致了女性在人力资本积累方面与男性存在差距，如教育水平和技能掌握。由于家庭的责任，女性更倾向于选择时间灵活、便于兼顾家庭的职业。这些职业往往技术门槛较低，人力资本的折旧速度较慢，进而导致女性在某些技能和薪酬较低的职业领域集中。平台经济的兴起，打破了传统就业的时空限制，为女性提供了大量可以远程完成的工作机会。这不仅增加了女性参与市场工作的可能性，扩大了就业范围，也为她们提供了提高收入水平的机遇。如前文"育儿与生计双重驱动：女性平台就业的主要动机"段落所述，访谈时发现，女性选择平台就业的主要原因在于她们需要同时照顾子女和维持家庭生计。

据阿里研究院与中国就业形态研究中心课题组联合发布的《数字经济与中国妇女就业创业研究报告》显示，在数字贸易、电商、直播等领域，平台经济已经为女性创造了约5700万个就业机会。具体来看，电商平台上的活跃网店中，超过一半的店主是女性，特别是在服饰和美妆行业，女性的人数优势更为明显。例如，在淘宝平台上，约有2358万名女性店主，其中农村地区的女性店主有392万人。此外，平台经济还催生了新的就业形态，如淘宝和抖音上约1244万名女性主播，以及饿了么与美团平台上约18万名女骑手。这些数据表明，平台经济的发展为女性提供了更广阔的就业空间和更多元的职业选择，有助于缩小性别差异，打破了传统就业的时空限制，促进了女性在劳动力市场中的地位提升。

3.提升女性劳动者的就业与创业能力

在平台经济的推动下，女性劳动者的就业和创业能力得到了显著增强，具体内容如下。一是信息获取与资源利用能力提升。在平台经济环境下，女性劳动者能够更加便捷地获取信息资源，提高了她们对市场动态的敏感度和对行业信息的掌握度。这种信息平权为女性就业和创业提供了强有力的支持。当被问及对平台工作感到满意的方面时，案例18（音乐主播——目前在家乡县城生活）表示："最让我满意的就是信息差比较好，即使你在比较偏僻的地方照样可以赚钱，不用离家太远。"二是风险适应与应对能力增强。随着数字工具的应用，女性劳动者在面对市场变化和潜在风险时，展现出更强的适应性和应对策略，从而在职业发展中更加稳健。三是平台组织的赋能作用。平台经济通过高效的匹配机制，降低了交易成本，提高了劳动供需的对接效率。同时，平台提供的信用体系、用户体系、商品体系等服务，为女性劳动者和创业者提供了全方位的支持，特别是在增强创业者的综合能力方面发挥了关键作用。案例3（独立房产经纪人）认为："大家可以在平台上做资源共享，如果单凭原来的模式，我要推荐某套房子，可能要到各个门店或者找我熟悉的房产经纪，给他们做推荐，但这样耗时，且信息资源是有限的。但是，我把信息放在平台上，大家都可以看到，我只要做好信息完善与维护，房子的曝光度更大，更多人可以看到这套房子。"四是技术架构的风险降低。平台经济的技术架构稳定的核心模块和灵活的应用部分组成，使女性劳动者能够依托平台的稳定性，减少外部环境变化带来的不确定性和风险。五是就业质量的提升。数字化转型不仅提升了传统女性主导职业的效率和安全性，还增强了这些职业的公平性，从而提高了女性的就业质量。

根据阿里巴巴公司发布的《2019年女性创业就业研究报告》，在淘宝活跃网店的店主中，女性占据了超过半数的比例，特别是在服饰和美妆等行业，女性的商业优势尤为突出。这一趋势彰显了女性在这些领域的商业洞察力和创新才能，以及她们通过数字平台实现个人价值和职业成长的能力。报告进一步指出，数字经济为女性创造了更多的就业和创业机遇，有助于减少性别差异，并突破传统就业模式的时空限制，从而推动了女性在劳动市场中的地位提升。

4.女性在平台经济中探索新的职业路径

平台经济的兴起对劳动市场产生了深远的影响，特别是在为女性从业者开拓新的就业领域方面成效显著。这种经济模式孕育了众多以女性为主导的新职业类型，这些职业不仅不同于传统的女性主导职业，不再局限于低技能层面，而是涵盖了能够充分发挥女性优势和价值的领域。同时，平台经济催生了多种新业态和新组织形式，如社群经济、平台经济、共享经济、新在线经济、新个体经济等，为女性提供了更丰富的就业和创业机会。私域社群、短视频、社交、电商等新兴平台，为女性提供了展示才华、实现自我价值的舞台。在这些平台上，女性可以根据自己的兴趣和特长，选择成为电商商家、数字团长、短视频博主、带货主播等，实现职业发展的多元化。

案例2（外贸公司员工兼职做数字团长）是一位北漂，几年前在单身状态下，在某市买了一套房用于出租。当租客退租后，她在寻找新租客时从中介处得知，该房的价格与买入时相比已经大幅下跌，不仅首付全部损失，而且她还需要继续还贷。当时她已婚并有了宝宝，家庭开销不小，而且家中出现了一些状况，经济压力逐渐增大。这时数字团长的出现，使她不仅能够兼顾本职工作，而且还有补贴家用的额外收入。

总体而言，平台经济的发展为女性在劳动力市场中的地位带来了积极的变化。通过提供多样化的职业选择、降低性别弱势、赋能创业能力、催生新业态和新组织形式，平台经济为女性就业提供了坚实的基础。

三、平台经济下女性从业人员就业面临的挑战

在平台经济的背景下，女性从业者的整体状况远比那些少数成功案例所呈现的要复杂。以电商直播行业为例，平台的流量往往集中在少数头部主播手中，形成了一种"二八"分布现象，即20%的头部主播占据了80%的流量。这种流量的不均衡分配导致顶级主播能够更容易地获得资源和曝光，而小型主播则面临较低的关注度和较少的机会。这种现象可能会误导公众，形成一种女性在平台经济中容易获得成功的错觉。然而，实际情况是，大多数女性从业者可能并未享受到与成功者相同的待遇和机会。因此，我们必须深入和全面地了解平台经济领域女性从业者的整体状况，而不应仅依据少数成功个案来作出评价。

（一）共性问题

1.平台企业发展存隐忧、从业职业者缺乏持续性

平台经济的灵活性与不确定性并存，为劳动力市场带来了革命性的变化。工作的不可预测性如同一把双刃剑。一方面，不可预测性赋予了平台从业人员前所未有的自由选择权，使他们能够跨越传统组织的界限，以"液态"形态灵活响应市场需求。正如学者所言，"未来传统的劳动关系及组织形态被打

破，劳动者以液态形式自由流动结合，成为'液态公司'"。[①]另一方面，这种流动性与灵活性也带来了工作岗位与收入的不稳定性，使得传统的终生雇佣、长期稳定的劳动关系模式渐行渐远，取而代之的是充满变数的职业生涯轨迹。更为严峻的是，随着平台经济模式的不断创新与演变，传统的社会保障体系正遭受前所未有的冲击。集体劳动合同制度、工会的角色定位等，在面对高度分散化、个体化的劳动者群体时，显得力不从心，难以有效发挥其应有的保护作用。对于女性从业人员而言，这一挑战尤为艰巨，她们往往需要在家庭与工作之间寻求微妙的平衡，而职业的不稳定性无疑加剧了这一平衡的难度，对工资收入、福利待遇乃至家庭生活质量构成了潜在威胁。

以网约车司机为例，这一职业的兴起本是平台经济繁荣的象征，但对于许多网约车女司机而言，隐蔽且模糊的雇佣关系使她们难以享受到在传统劳动关系下的各项权益保护。一旦补贴减少或市场需求发生波动，该职业群体的收入空间将被大幅压缩，迫使更多人转向全职，以期获得相对稳定的收入来源。然而，即便如此，工作岗位与收入的不稳定性依旧如影随形，不仅影响个人职业规划与发展，更可能将负面影响延伸至家庭，乃至整个社会，增加社会结构的不稳定性。需要注意的是，这不仅关乎平台从业人员的经济发展需要，更深层次地映射了资本、劳动与市场之间可能发生的根本性转变关系。

2.职业碎片化趋势明显，就业质量有待提升

平台经济的低门槛特性和对劳动力的大量需求，形成了一种显著的就业吸引力，即所谓的"虹吸效应"。这种效应不仅吸纳了传统产业的劳动力，还在我国劳动力市场上引发了一轮新的大规模职业转移。互联网平台的用工模式通过消除中间环节，直接对接劳动力供需双方，颠覆了传统的产业分工和

① 王天玉.基于互联网平台提供劳务的劳动关系认定——以"e代驾"在京、沪、穗三地法院的判决为切入点［J］.法学，2016（6）：50-60.

生态体系。然而，这种"去劳动关系化"的平台用工模式也导致了劳动力市场的结构性失衡。哈里·布雷弗曼（1979）曾指出，随着科学管理的深入发展，工人对劳动过程的了解和对机器的控制能力逐渐减弱。在平台经济中，由于从业门槛相对较低，对劳动者的技能要求不高，且缺乏有效的技能培训和能力提升机制，因此大量零工劳动者只能从事技术含量较低的岗位。这种低技能化的趋势，可能导致劳动者在面对未来技术革新时感到力不从心，难以适应日益复杂的工作要求。

与此同时，随着新技术的不断发展，新的业态和职业需求不断涌现，对劳动力市场的技能要求提出了更高的标准。然而，平台企业在提供技能培训和人力资本积累方面的不足，可能导致劳动者在未来的职业发展中面临困境，甚至陷入所谓的"数字就业陷阱"。此外，数字技术在经济社会各个领域的广泛应用，也加剧了资本方在组织分工和劳动力需求方面的变革，进一步加剧了由阶级、性别和地理位置等因素构成的社会不平等现象。在此背景下，低技能的零工劳动者面临着被数字劳动力市场边缘化或遭受新的劳动排斥的风险。这种风险不仅影响劳动者个人的职业发展，还可能加剧劳动力市场的两极分化，导致就业机会的不均衡分布。

（二）特殊性问题

1.存在性别数字鸿沟

经济合作与发展组织将数字鸿沟定义为在不同社会经济发展水平下，个体、家庭及企业在获取信息、通信技术，以及利用互联网开展活动方面的机会差异。女性和男性在掌握信息技术及利用这些资源进行人力资本提升的能力方面存在明显的差别，这种现象被称为性别数字鸿沟。对于一部分女性群体而言，网络平台上的就业和创业活动面临诸多挑战。这主要源于女性整体在教育过程中受到专业性别隔离的影响，导致她们在新兴技术掌握和创业资源整合方面的能力不足，进而难以充分利用平台经济所提供的资源。

具体来说，尽管性别在数字接入方面的差异正在逐渐减少，但在数字设备的使用方式和目的上，性别差异仍然明显。男性通常更频繁地上网，并参与各种活动，如网络游戏，而女性则更多地利用互联网进行社交互动，如发送信息和分享照片。这种使用模式的差异，在一定程度上反映了性别刻板印象和社会性别角色分工对数字技术的接受程度、使用习惯及在数字世界中的参与程度的影响，进而导致了数字职业领域的性别分隔现象。在教育领域，这一问题同样突出，女性在科学（Science）、技术（Technology）、工程（Engineering）、数学（Mathematics）（简称 STEM）等相关专业的参与度低，毕业率低，且更容易出现退学或转专业的情况。女性对 STEM 学科的兴趣不足，更倾向于学习非 STEM 领域，这一现象进一步加剧了数字技能方面的性别差距。2018 年，经济合作与发展组织（Organization for Economic Co-operation and Development，OECD）的《弥合性别数字鸿沟》报告进一步揭示了这一问题的严峻性：在 2010—2015 年，G20 成员中女性发明的专利占比不足 9%，在信息与通信技术（information and communications technology，ICT）发明领域更是降至 7%，由女性组成的发明者团队所获得的专利授权比例仅占 4%。[①]BOSS 直聘研究院发布的《2021 中国职场性别薪酬差异报告》显示，在 2020 年，数字技术类岗位中女性占比仅为 17.9%，性别比例严重失衡。正如案例 2 中的访谈对象在从事跨境电商时遇到的困难就是互联网技术使用方面，她表示："我注意到我的配偶在利用互联网解决难题方面的能力远超于我。在日常生活中，我经常遇到电脑操作上的困扰，例如系统卡顿等问题，而他则展现出卓越的问题解决技巧。他擅长通过各种搜索引擎寻找解决方案，这种能力令我深感敬佩，并认为值得我学习。"

---

① 参一江湖 . 2023 性别平等洞察报告：供应链中的女性［EB/OL］.（2023-11-07）［2024-03-06］. https://www.sohu.com/a/734396054_121094725.

2.女性受技能短缺、岗位空缺影响更大

数字技术的迅猛发展不仅创造了新的就业机会，同时也对传统工作岗位构成了威胁，消除了一些旧有的工作角色。对于女性从业人员而言，掌握足够的数字技能并成功转型至新兴产业，以避免被人工智能等新技术所取代，成为一项艰巨的挑战。平台经济的崛起有可能加剧岗位与收入的分化现象，尤其是那些重复性、机械性的劳动任务，更容易受到人工智能和数字系统的冲击，导致中层白领和蓝领岗位显著减少。这一变化促使原本从事中等技能工作的人员不得不向下寻找技能要求更低的岗位，或是努力提升至高等知识技能的工作领域，进而造成了白领或蓝领中产工作岗位的持续空心化，劳动力市场呈现出两极分化的趋势。由于女性在教育和技能积累方面相较于男性处于不利地位，她们在向上晋升至高等知识技能岗位时面临更大的困难。因此，在岗位两极分化的过程中，女性可能会遭受更为严重的冲击。数字技术的快速变革及数字经济中商业模式的不断创新，对人力资本提出了更高的要求。然而，现行的教育和技能培训体系却未能及时适应这一变化，满足数字经济对劳动者技能的新需求。当前的高等教育和职业教育体系主要聚焦于传统行业的技能培养，未能与数字经济中多样化的就业技能需求相匹配。同时，职业技能培训体系的覆盖面也显得不足，这进一步加剧了女性在数字经济背景下技能短缺的问题。

3.女性平衡工作与家庭的压力加大

通过访谈发现，不少女性选择投身平台经济的主要动机在于寻求工作与家庭照顾之间的更好平衡。然而，实现这一平衡并非易事。社会与家庭的双重期待仍然要求女性承担主要的家庭责任，并有效协调工作与个人生活，这无疑给她们的时间管理带来了诸多挑战。家庭劳动在性别间的不平等分配，以及不同工作形式对时间安排的影响，首先且显著地影响了女性。与标准工作时间被侵蚀的现象相结合，性别不平等以新的形式表现出来。

具体来说，平台经济的灵活性在某种程度上反而加剧了女性劳动者在家庭责任上的负担。其就业的不稳定性、工作时间与非工作时间的模糊界限，可能打破生活与工作的平衡。平台经济下的劳动时间变得既开放又不确定，给女性的时间管理带来了更大的挑战。此外，平台经济的短期性和项目制特点，意味着许多在此领域的女性并不完全掌控其工作的自由度，她们往往只有接受或拒绝工作的选择。一旦接受，便可能受限于工作本身的时间要求，导致劳动者疲于奔命，正如案例10中的外卖骑手便是这一现象的典型例证。在这种非长期性和任务碎片化的工作环境下，女性的职业发展空间受限。对平台经济领域中女性工作状态与生活状况的深入研究后发现，那种既能轻松处理家务又能轻松进行网络办公的双重任务女性形象，在现实生活中并不普遍。更多的女性劳动者正面临着经济收入的不稳定性和繁重工作压力的双重困扰。

进一步而言，平台经济中的就业机会可能促使女性主动或被动地退出传统经济，从而加剧传统经济领域的性别不平等。尽管平台经济提供了多元化的就业机会，但其显著特点是低报酬、不稳定、少福利。女性因兼顾家庭而大量涌入平台就业，客观上可能扩大就业质量方面的性别差异，并可能延长女性劳动者在家务和工作上的总体投入时间。当全职工作的夫妻在生育后需决定谁来照顾家庭时，往往是女性放弃此前的全职工作，并选择进入平台打零工或创业以应对家庭收入减少的情况。由此可见，平台提供的就业机会可能成为一把"双刃剑"：一方面确实提供了多样化的职业选择；另一方面可能促使女性放弃在传统经济领域寻找就业的机会。如果更多的女性因为养育责任而退出传统经济，加入平台经济，那么可能会加剧传统经济中的性别不平等现象。[①]

综上所述，平台经济的兴起为女性从业者提供了一个重塑就业市场性别

---

① 陆海娜.大数据、人工智能与妇女工作权［M］.北京：知识产权出版社，2021：88.

动态的机遇。它不仅削弱了女性在传统劳动力市场中的性别弱势，还彰显了女性的独特价值，并在提升就业创业能力的同时，开拓了新的职业路径。这一变化为女性提供了一个更为广阔的发展空间，使她们能够在职业选择上展现出更多的灵活性和自主性。然而，平台经济固有的不稳定性、职业的碎片化以及就业质量的不确定性，构成了对所有从业者普遍存在的挑战。对于女性从业人员而言，这些挑战更具特殊性。性别数字鸿沟的存在限制了女性充分利用平台经济优势的能力。女性在平台经济中的参与规模与男性相比存在显著差异，她们更易受到技能短缺和岗位空缺的影响。此外，女性在工作与家庭之间的平衡压力也在加大，这不仅关系到她们的身心健康，也关系到她们的职业发展和生活质量。

第二节　平台经济对性别收入差距的影响研究

一、引言：平台经济扩大还是缩小了性别收入差距

性别工资收入差距一直是劳动力市场长期存在的问题，也是劳动经济学的经典研究议题。在传统劳动市场中，女性的工资收入普遍低于男性，这不仅影响家庭长期福利的改善，还制约了国家经济增长潜力的充分释放。平台经济的出现，一方面因其灵活性和便利性，为女性提供了更多参与劳动市场的机会，使她们能够更好地平衡工作与家庭，尤其在健康服务、服装配饰制造、建筑和景观服务等女性劳动力密集的行业。另一方面，平台经济也推动了线上教育和网络培训等行业的发展，为女性提升人力资本、打破职业发展瓶颈提供了新途径。然而，尽管平台经济为女性就业带来了新的机遇，但关于其在性别收入差距方面的具体影响，学界尚存诸多争议。一些研究表明，平台经济可能通过提供灵活的工作机会，有助于缩小性别收入差距；而另一

些研究则担忧，新的就业形态可能加剧性别不平等，使女性在工资水平和职业发展上依然面临挑战。特别是，平台经济中的工作往往更加不稳定，缺乏传统意义上的员工保护和福利政策支撑，这可能进一步影响女性的经济地位和收入水平。

因此，一个令人深感兴趣且亟待解决的问题是：平台经济究竟对性别收入差距产生了怎样的影响？相较于传统就业形态，平台经济中的性别收入差距是扩大了还是缩小了？隐性歧视在这一过程中是削弱了还是增强了？平台经济中性别收入差距的成因与传统就业形态相比有何异同？深入研究这些问题，不仅有助于我们更全面地理解平台经济对劳动力市场性别平等的影响，还能为政策制定者提供科学依据，以制定旨在降低性别收入差距、促进同工同酬的政策措施。

二、研究方法和文献检索

（一）研究方法

本书采用系统性文献回顾法（Systematic Literature Review，SLR）对平台经济下性别收入差距的相关研究进行深入分析与综述。该方法是一种利用先验标准，对分析同一现象的多个研究进行汇总、回顾和评价的研究方法，其目标是识别、批判性评价和总结关于已定义问题的现有证据。[①]

本节内容旨在深入探讨平台经济对性别收入差距的影响，通过系统性地梳理和分析现有文献，以期对该领域的研究现状、逻辑、内容和成果形成全面的把握，并为未来的研究方向提供清晰的指引。本书设定了明确的研究目

---

① 朱励瑶，金兼斌. 科学传播中的政治正确——基于 Web of Science 的系统性文献回顾与定性元分析［J］. 新闻与传播研究，2023，30（3）：23-39.

标，包括总结平台经济对性别收入差距影响的研究现状，提炼该领域的研究逻辑、内容与成果，并展望未来的研究方向。为了确保研究的精度和深度，本书界定了"平台经济"与"性别收入差距"的概念边界，并确定了文献检索的关键词。在文献检索与筛选阶段，本书从中国知网、万方等权威数据库中检索了相关文献，并根据既定的筛选标准（即文献必须与平台经济下的性别收入差距或数字劳动相关，并且具备一定的适用性与学术权威性）对检索到的文献进行了严格的筛选。接下来，本书采用了定性内容分析的方法，对筛选后的文献进行了编码，涉及概念、案例、方法、理论和政策建议等多个方面。为了确保编码的一致性和可靠性，本书比较了不同研究者的编码结果，并针对存在的分歧进行了深入讨论和解决。此外，本书还评估了编码效度，以确保研究结果的客观性和准确性。在结果分析与研究框架构建阶段，本书对编码后的文献内容进行了描述性统计，并构建了平台经济对性别收入差距影响的研究框架。同时，基于对现有研究的综合分析和研究框架的内容，本书提出了对未来研究方向的展望，旨在推动该领域研究的深入发展。

（二）文献检索

为确保研究的科学性和全面性，文献的检索与筛选过程遵循严格的标准。在数据库中使用"平台经济""性别收入差距""数字劳动""零工经济"作为中文检索词，通过人工剔除重复出现的文献、广告、书评、非研究性综述、会议报告等，最终获得 23 篇与平台经济性别收入差距研究相关的文献。然后，对筛选后的文献进行综合分析，通过定性内容分析和定性元分析等定性分析方法，深入挖掘平台经济对性别收入差距的影响机制。

三、平台经济下的性别收入差距研究：文献编码与内容框架

（一）文献编码过程

本文的文献编码过程遵循了严格的科学方法和系统性原则。我们借鉴了刘善仕等[①] 和刘苹等[②] 的操作方法，邀请了三名课题组成员，采用"背靠背"的方式对检索到的中英文文献进行独立编码。编码内容涵盖了文献的基本信息（如文献标题、作者、发表时间）以及关键内容特征、关注主题等。在检验过程中，我们剔除了编码结果始终存在分歧的文献，最终保留了具有代表性和一致性的 15 篇文献。

（二）内容框架构建

通过对编码结果的归纳与整理，本书将平台经济下性别收入差距的研究文献归纳为以下几个主要类别，并构建了相应的内容框架，如表 3.5 所示。

① 刘善仕，裴嘉良，葛淳棉，等．在线劳动平台算法管理：理论探索与研究展望［J］．管理世界，2022，38（2）：225-239.

② 刘苹，熊子悦，张一，等．基于数字平台的零工经济研究：多学科多视角的文献评述［J］．西部论坛，2023，33（1）：59-75.

表 3.5　内容框架

文献类别	关注主题	内容特征	文献（关键）内容示例	代表文献
第一类	聚焦于数字经济整体发展对性别收入差距的影响机制	数字经济的发展对性别收入差距的整体影响	……为城市数字经济发展对促进女性工资水平的作用更大，进而缩小性别工资差距…… 数字经济发展促进了个体劳动力的工资水平，并缩小了性别工资差距，且这种缩小性别工资差距的作用在中高劳动力技能水平、低年龄段……的组别中更为显著，而这些组别的共同特点就是劳动技能水平高……	《数字经济能收敛性别工资差距吗？——基于技能偏向型技术进步视角》①
第二类	平台经济下灵活就业的性别差异	平台经济催生的灵活就业模式对性别收入差距的影响	……新兴职业有可能改善性别收入差距，女性在大多数云工作中相比男性并没有收入劣势（反而可能略有优势），但在地理束缚性工作和平台经营类工作中女性明显处于收入劣势…… 当控制个人特征、工作特征、工作时间等一系列可观察因素之后，性别仍是收入差距的显著决定因素，但各细分职业的性别收入差距有各不相同的表现	《平台灵工经济中的性别收入差距研究》②
第三类	技能需求变化与性别工资差距	平台经济下技能需求变化对性别工资差距的影响	……数字经济既能够打破就业的时空限制，又能够带来更加契合女性特征的新业态，从而更大程度释放女性整体参与有偿劳动的潜力，进而有助于缩小性别收入差距 ……线上交易、共享经济以及零工经济的蓬勃发展释放了更多的就业需求，从而带来了更多样化的职业选择。因此，进一步从工作稳定性、便利性以及就业参与检验数字经济缓解母职惩罚的渠道	《数字经济、母职惩罚与性别收入差距》③
第四类	性别歧视与数字技术的调节作用	性别歧视在平台经济背景下的表现形式及其与数字技术的相互作用	数字技术应用通过减弱性别特征影响和减少性别歧视的途径实现灵活就业群体性别收入差距的缩减 ……数字经济平台的灵活就业方式对女性更加友好，弹性的工作时间便于女性在承担家庭事务之外参与工作，互联网平台对女性走出家庭的思想解放作用也功不可没，帮助具有一定知识水平和技能的女性通过数字平台找到了适宜的工作	《数字技术应用对灵活就业群体性别收入差距的影响研究》④

资料来源：①靳景玉，陈毕星.数字经济能收敛性别工资差距吗？——基于技能偏向型技术进步视角［J］.福建金融管理干部学院学报，2024（2）：39-53；②董志强，彭娟，刘善仕.平台灵工经济中的性别收入差距研究［J］.经济研究，2023，58（10）：15-33；③王慧敏，薛启航，魏建.数字经济、母职惩罚与性别收入差距［J］.现代财经（天津财经大学学报），2023，43（11）：30-46；④蔡宏波，郑涵茜，冯雅琨.数字技术应用对灵活就业群体性别收入差距的影响研究［J］.财贸研究，2023，34（11）：73-83.

四、平台经济下的性别收入差距研究述评

（一）总体结论

近年来，随着平台经济的快速发展，其对性别收入差距的影响成为劳动经济学领域的研究热点。多数研究表明，平台经济在缩小性别收入差距方面展现出积极作用。具体而言，平台经济通过创造灵活就业机会、提升工作弹性、优化就业结构等路径，显著促进了女性劳动者的收入增长，从而有助于缩小性别工资差距（靳景玉、陈毕星，2024；曹增栋 等，2023；蔡宏波 等，2023）。然而，也有研究表明，在某些情况下，平台经济的发展可能加剧性别工资差距，尤其在高技能群体和行业偏好依然存在的情况下（孙宁 等，2023）。

（二）数据来源和研究方法

平台经济下性别收入差距研究的数据来源主要依赖于大型社会调查数据，如中国家庭追踪调查（Chinese Family Panel Studies，简称 CFPS）、中国社会状况综合调查（Chinese Social Survey，简称 CSS）、中国劳动力动态调查（China Labor-force Dynamics Survey，简称 CLDS）等，这些数据提供了丰富的微观个体特征和就业信息（赖德胜 等，2024；曹增栋 等，2023；蔡宏波 等，2023）。在研究方法上，大多数学者采用了实证分析法，包括多元线性回归（OLS 回归）、工具变量法（Instrumental Variable，简称 IV）、倾向得分匹配（Propensity Score Matching，简称 PSM）、Oaxaca-Blinder 分解法等，以解决内生性问题并深入剖析性别收入差距的形成机制（靳景玉 等，2024；赖德胜 等，2024；蔡宏波 等，2023）。此外，分组回归、分位数回归等技术的应用，

进一步揭示了不同技能水平、不同行业及收入分位点上性别收入差距的异质性（孙宁 等，2023；乔小乐 等，2023）。

（三）实证结果

1.平台经济对性别收入差距的总体影响

多数实证研究通过定量分析，有力地支持了平台经济在缩小性别工资差距方面的积极作用。靳景玉和陈毕星（2024）基于中国家庭追踪调查数据及地级市宏观数据，通过明塞尔（Mincer）工资决定方程和分组回归等方法，经实证分析验证，数字经济的蓬勃发展显著提升了女性的薪酬水平，从而有助于缩小与男性之间的薪酬差异。该研究不仅揭示了数字技术在经济领域应用对性别收入差距的影响，同时强调了技术进步在推动社会公平方面的巨大潜力。曹增栋等（2023）则聚焦于农村电子商务的发展，利用多期双重差分法（Multi-period DID）研究发现，电子商务的参与显著缩小了农村地区的性别收入差距，这一结果强调了电子商务作为平台经济的重要组成部分，在促进农村经济多元化和性别收入平等方面的有效性。然而，孙宁等（2023）的研究提出了一个有趣的反例，在制造业中，人工智能技术的创新虽然在整体层面上扩大了性别工资差距，但在低技能群体中却意外地缩小了这一差距。这表明平台经济对性别收入差距的影响并非单一线性，而是受到行业特征、技能分布等多重因素的交互作用。

2.不同技能水平及行业的影响

通过进一步细化分析显示，平台经济对不同技能水平及行业间的性别收入差距产生了差异化的影响。靳景玉和陈毕星（2024）的研究指出，数字经济发展对脑力劳动力的工资提升效应显著高于体力劳动力，且这一效应在女性群体中更为显著。这一发现强调了在知识经济时代，数字技术的应用如何强化了知识技能的价值，从而有利于缩小性别间的工资差距。蔡宏波等

（2023）通过异质性分析，揭示了数字技术应用对中高收入群体性别收入差距的缩减作用更为显著，并且这种影响在不同行业间存在差异。具体而言，数字技术的应用为女性提供了更多在高技能岗位和新兴服务业中的就业机会，从而有助于缩小性别工资差距。

3.工作灵活性与家庭责任的平衡

平台经济通过创新就业模式，为女性劳动者提供了更加灵活的工作安排，进而促进了家庭与工作的平衡。王慧敏等（2023）、陈华帅和谢可琴（2023）的研究均表明，远程办公、弹性工作等新型工作模式不仅降低了女性参与劳动力市场的门槛，还显著提高了其劳动参与率和收入水平。这些模式使得女性能够更好地兼顾家庭责任与职业发展，从而有助于缩小性别间的工资差距。具体而言，王慧敏等（2023）通过实证分析指出，数字经济通过提高工作稳定性和便利性，显著促进了女性群体的就业参与，进而缓解了"母职惩罚"现象，缩小了性别工资差距。

（四）结论和政策建议

多数研究得出的结论表明，平台经济在缩小性别收入差距方面具有显著的积极作用，但其效果受到多种复杂因素的影响。具体而言，平台经济通过提供灵活多样的就业模式、改善女性就业条件、提升女性技能水平和人力资本等方式，促进了女性劳动者的就业参与和收入增长，进而缩小了与男性的工资差距（靳景玉 等，2024；王慧敏 等，2023；蔡宏波 等，2023）。然而，这一积极作用并非普遍存在于所有行业和技能水平中，而是受到技能水平、行业特征、就业模式等多重因素的制约（曹增栋 等，2023；孙宁 等，2023）。例如，在制造业中，人工智能技术的创新虽然整体上可能扩大了性别工资差距，但在低技能群体中却具有缩小差距的作用，这进一步证明了平台经济对性别收入差距影响的复杂性和多样性（孙宁 等，2023）。此外，研究发现，平台经济在缓解"母职惩罚"方面具有重要作用。通过提供远程办公、弹性工作等新型工作模式,平台经济降低了女性因家庭责任而面临的就业中断和收入损失的风险,从而有助于女性更好地平衡家庭与工作,提高其劳动参与率和收入水平(王慧敏 等,2023)。

基于上述结论,学者提出了一系列政策建议以进一步发挥平台经济在缩小性别收入差距方面的积极作用。首先,应加快数字经济的发展步伐,推动数字经济与实体经济的深度融合,构筑良好的数字就业政策环境(靳景玉等,2024)。其次,应优化就业结构,推动产业结构升级,开辟更多适合女性就业的新岗位和高端服务业,为女性提供更多的职业发展机会和收入提升空间(赖德胜 等,2024;曹增栋 等,2023)。应加强对女性劳动力的数字技能培训,提高其在新经济形态下的竞争力,使她们能够更好地适应平台经济的发展需求(靳景玉 等,2024)。同时,政府还应积极推广灵活就业模式,鼓励企业采用远程办公、弹性工作等新型工作模式,为女性提供更好的工作与生活平衡条件(王慧敏 等,2023)。此外,应加强对平台经济的监管,防止算法偏见等问题加剧性别歧视现象,确保平台经济的健康发展(董志强 等,2023)。在完善法律法规方面,政府应制定更加公平合理的就业政策和社会保障体系,确保女性在劳动力市场中的平等权益得到有效保障(赖德胜 等,2024)。最后,为促进性别平等观念的深入人心,政府和社会各界应共同努力开展性别平等教育和普法宣传活动,提高公众对性别平等的认知和支持力度,营造良好的社会氛围和文化环境,为女性劳动者的职业发展创造更加有利的社会条件(赖德胜 等,2024;杨兰品 等,2023)。

(五)研究评价

尽管当前关于平台经济对性别收入差距影响的研究已经取得了显著进展,但依然存在一些局限性和挑战,值得进一步反思和改进。

首先，数据来源和样本选择的差异性是当前研究面临的主要问题之一。不同研究采用的数据来源和样本范围各不相同，如中国家庭追踪调查、中国劳动力动态调查，以及国际机器人联合会（The International Federation of Robotics，IFR）提供的数据等。这种差异性不仅可能导致研究结果的可比性受限，也可能影响对平台经济影响机制的全面理解。因此，未来研究应尽可能采用标准化、统一化的数据收集和处理方法，以提高不同研究之间的可比性和可复制性。

其次，平台经济中新型就业模式的具体影响机制尚待深入探索。当前研究虽然初步揭示了平台经济通过提供灵活多样的就业模式有助于缩小性别收入差距，但对于不同类型就业模式（如远程办公、自由职业、零工经济等）的具体作用路径和效果尚缺乏深入剖析。未来研究应加强对这些新型就业模式的分类研究，通过案例分析、实地调研等方法深入剖析其背后的性别影响机制，为政策制定提供更加精准的依据。

针对当前研究的局限性，未来研究可在以下几个方面进行深入拓展。

首先，加强跨地区、跨行业的大样本研究。为了提高研究结果的普适性和可比性，未来研究应尽可能收集跨地区、跨行业的大样本数据，以全面反映平台经济在不同区域和行业中的性别影响差异。通过对比分析不同样本间的共性和差异，可以更加准确地揭示平台经济对性别收入差距的整体效应和局部特征。

其次，深入分析平台经济中不同就业模式下的性别收入差距形成机制。未来研究应关注平台经济中不同类型就业模式的性别影响差异，通过构建理论模型、实证分析等方法深入剖析其背后的性别作用机制。同时，应结合具体案例和政策实践，探讨如何通过优化就业模式和提升女性技能水平来进一步缩小性别收入差距。

再次，探索如何通过政策干预进一步促进性别平等。当前研究已经初步揭示了平台经济在缩小性别收入差距方面的积极作用，但如何通过政策干预进一步放大这一效应仍需深入探讨。未来研究应关注政策制定和执行过程中的性别敏感性分析，探索如何通过税收优惠、资金扶持、技能培训等措施提升女性在平台经济中的竞争力和参与度。特别是在高技能领域和新兴行业中，如何通过政策引导和支持促进女性职业发展和收入增长，是未来研究的重要方向之一。

最后，持续关注数字技术对性别收入差距的动态影响。随着数字技术的不断发展和普及，其对性别收入差距的影响也将持续演变。未来研究应密切关注这一动态变化过程，及时跟踪和分析新技术、新模式对性别就业和收入的影响。通过持续性地跟踪研究和数据积累，为政策制定提供更加精准有效的科学依据。

总体而言，未来关于平台经济对性别收入差距影响的研究，应在加强跨地区、跨行业大样本研究的基础上，深入探索不同就业模式下的性别影响机制，并通过政策干预促进性别平等。同时，应持续关注数字技术的动态影响，为制定更加精准有效的政策提供有力支持。

第四章 道阻且长：女性平台从业人员的劳动与社会保障权益

在第四次科技革命的浪潮中，女性从业人员正面临着由共享经济、平台经济和互联网经济引领的新型就业形态所带来的巨大变革。这些新型业态不仅为女性提供了前所未有的就业机会，同时也带来了工伤、健康和养老等多重风险。在这一背景下，现行社会保险制度的刚性与新就业形态的灵活性之间出现了显著的"错位"，使得女性从业人员在社会保险参保方面遭遇了前所未有的挑战。

为了应对这一挑战，我们必须从女性特有的视角出发，重新审视和设计社会保障制度。通过构建融入性与共享型的保障机制，更好地适应女性从业人员的需求，确保她们在新经济形态下能够获得充分的劳动权益保护。这不仅需要政策制定者深入理解女性在新业态中的就业特点和需求，更需要社会各界共同努力，打造一个更加包容、灵活和女性友好的社会保障体系。

本章将从微观的视角出发，深入探讨平台就业对女性劳动保障权益的影响。我们将采用扎根理论，结合第一手的调查资料，通过实证研究方法，详细分析平台经济中女性社会保障的影响因素。这一分析不仅关注女性从业人员的就业现状，更着眼于她们在社会保障体系中的边缘地位，以及这一地位对她们生活质量和社会地位的长远影响。

第一节 女性平台从业人员的劳动与社会保障问题

一、研究背景与意义

随着数字化的发展，平台经济的快速发展为全球劳动力市场带来了显著的变革。特别是灵活就业岗位的大量涌现，为众多寻求工作机会的劳动者提供了新的就业途径。从劳动性质来看，它不仅涵盖了知识密集型的复杂劳动岗位，这些岗位要求从业者具备较高的专业知识和技能，如在线教育和软件设计等；也包括了熟练型劳动岗位，这些岗位依赖于从业者的操作熟练度和服务态度，如网约车司机、外卖骑手等。据 2021 年国家统计局的数据，我国灵活就业人数已达到约 2 亿，在全部就业人员中的占比为 27% 左右。[①]

在当前经济转型与技术革新的大背景下，灵活就业的兴起可归因于多重因素的共同作用。首先，我国产业结构与劳动力人口结构的深刻变革，为灵活就业提供了广阔的发展空间。其次，数字技术的突飞猛进与平台经济的蓬勃发展，为灵活就业的实践提供了技术支撑与平台基础。最后，市场对灵活就业模式的逐渐认同，无论是从供给方还是需求方的角度来看，均显示出对该就业形态的积极接纳。对于女性而言，灵活就业的兴起在一定程度上缓解了她们在生育与职业发展之间的冲突。随着平台经济的蓬勃发展，女性获得了更多样的就业选择，降低了她们在就业与创业过程中的机会成本。这不仅有助于激发女性的潜能与创造力，更增强了她们在经济领域中的自主权与话语权。

---

① 国家统计局 . 2021 年国民经济运行情况答记者问［EB/OL］.（2022-01-17）［2024-07-28］. https://www.stats.gov.cn/zt_18555/zthd/lhfw/2022/lh_hgjj/202302/t20230214_1903463.html.

然而，灵活就业在为女性带来机遇的同时，也伴随着一系列挑战。在制度层面，灵活就业女性在假期、福利等方面面临着制度保障不足与政策支持缺失的问题。这种保障的缺失，不仅影响了她们的工作稳定性，也可能对她们的身心健康造成不利影响。此外，灵活就业的不稳定性容易引发女性的迷茫与焦虑，对她们的心理健康构成潜在威胁。对于女性平台从业人员而言，缺乏充分的社会保障不仅加剧了她们在劳动力市场中的边缘化，更成为制约她们全面发展的重要障碍。

女性的发展水平历来被视为衡量社会进步的重要因素。正如马克思所指出的："没有女性的酵素，就不可能有伟大的社会变革。社会的进步可以用女性的社会地位来精确地衡量。"[①] 女性作为生育的主体，在社会人口再生产中承担着不可替代的、举足轻重的作用。当大量女性平台从业人员的社会保障水平低下，尤其是生育福利得不到保障时，她们往往会出于对失业的担忧而选择少生，甚至不生。这种现象对于我国目前面临的人口老龄化和生育率下降问题来说，无疑是雪上加霜。此外，女性的贫穷具有代际传递性。在平台经济中，部分女性从业人员面临着就业环境较差、职业发展困难、收入水平较低等问题。如果没有完善的社会保障机制来改善她们的生存状况，那么她们的经济地位和社会地位将会持续下降，并逐渐走向相对贫困。作为母亲，女性的贫困会直接影响到下一代的成长和发展，这不仅不利于社会人口素质的提高，也不利于人力资本的积累。因此，提高女性平台从业人员的社会保障水平，已经成为政府部门和学术界迫切需要解决的问题。这不仅关乎女性的个人发展，更关乎家庭幸福、社会稳定，乃至国家长远发展。

---

① 马克思.马克思致路·库格曼.马克思恩格斯全集（第32卷）[M].中共中央马克思恩格斯列宁斯大林著作编译局.北京：人民出版社，1956：571.

二、研究综述

（一）劳动关系的认定分析研究综述

在平台经济发展过程中，平台与劳动者之间呈现了契约关系多元化、支配关系隐蔽化、博弈关系复杂化的新特征。劳资契约关系不再局限于传统的雇佣关系，而是出现了合作分成、众包等新型契约。而在平台经济用工诞生之初，劳动法学界大部分注意力开始集中于平台从业者的法律地位及相伴而生的劳动关系认定问题。[①] 当前关于劳动关系的认定研究涵盖了劳动关系认定的指导思想、认定标准、认定的具体要素、平台经济中劳动认定的困境及出路分析等方面。朱军认为，在反思从属性理论之前，应先揭示统领劳动关系认定的指导思想，个别劳动关系认定的指导思想"为资方劳动丧失自主经营的可能"。[②] 这一思想源自德国学界的探索，并被广泛接受。它强调，劳动者因将劳动力提供给资方使用，从而放弃了在市场上自主经营的可能性，因此需要通过劳动法获得保护。

随着平台经济的快速发展，与互联网平台有关的劳动争议案件日益增多，由于平台用工的具体方式各不相同，加上劳动关系判断标准具有一定的弹性，因此司法实践对平台用工劳动关系的认定并不统一，形成了二分法与三分法两种主要学说。二分法认为，平台用工对现行劳动法构成了挑战，主张将平台用工界定为非标准或非典型劳动关系，并相应地通过"劳动法做减法"剔除某些保障制度，实现劳动法的部分适用。这种做法可以基于现有法律规定和概念

① 罗褰昕.算法控制视域下平台用工劳动关系认定的困境与出路［J］.交大法学，2023（2）：74-88.

② 朱军.劳动关系认定的理论澄清与规范建构［J］.法学研究，2023，45（6）：135-154.

为司法提供一种裁判方法，减少法院因对平台用工创新模式的合同定性分歧而出现的"同案不同判"结果。[①] 例如，谢增毅（2018）认为，传统劳动关系概念和判定理论具有很强的弹性和适应性，仍能包容网络平台用工关系。因此，不应轻易放弃传统的劳动关系理论和判断方法。但为了适应网络平台用工的新特点，应改进劳动关系的判定方法，在劳动关系认定上更加注重实质从属性，考虑平台工人的工作时间、收入来源以及社会保护的必要性等因素。肖竹（2018）通过对英美法系和大陆法系等典型国家设立的第三类劳动者在制度设计和理论构造的分析，认为第三类劳动者设计存在规则构建的模糊性及制度效用和实践结果的非预期性等困难。而我国特殊的制度背景与相对薄弱的理论基础，使得该制度在我国缺乏一定的适用性和可行性。因此，应将思路从设立第三类劳动者制度转向劳动权利对更广泛的劳动者群体的具体化扩展上。三分法则认为，平台用工的实践形态明显不符合劳动法的对象假设和制度设计，应以"民法做加法"的策略确立权益保障底线，并逐步构建"类雇员法"的规范体系，以填补现行二分法下的制度空白，促进劳动法律框架的转型。[②]

总体而言，劳动关系认定通常基于从属性理论，包括人格从属性、经济从属性和组织从属性。这些理论试图界定劳动者与用人单位之间的关系，以及劳动者对用人单位的依赖程度。劳动关系认定的核心在于评估劳动者是否丧失了自主经营的可能性，即是否将劳动力交由用人单位支配使用。

（二）对平台经济从业人员的社会保障研究

除了对平台经济从业者与平台关系的重新界定之外，社会保障领域对于新就业形态劳动者的社会保障问题也屡屡发声。[③] 岳经纶、刘洋（2021）和

---

① 王天玉.互联网平台用工的合同定性及法律适用［J］.法学，2019（10）：165-181.

② 王天玉.平台用工的"劳动三分法"治理模式［J］.中国法学，2023（2）：266-284.

③ 陈诚诚.平台经济从业者的类型化和社会保险问题研究［J］.学习与实践，2022（7）：115-125.

乔庆梅（2020）提出，社会保险关系的建立不应局限于传统的劳动关系框架，而应拓展其内涵，以适应新型就业形态的特点。鲁全和曾勉则主张从社会保险权的视角出发，重新审视从业者的社会保障问题，强调权利保护的普适性和适应性。[①] 我国学术界对典型劳动关系中的工伤保险制度研究较多，这些研究大致从以下几个方面展开。

从宏观层面来看，学者普遍认识到新业态从业人员在职业伤害保护方面与传统劳动者存在显著差异，主张应根据其独特的职业特征提供特别保护的措施。在初始阶段，研究多聚焦于将职业伤害保险作为工伤保险制度的延伸，提出参照现行工伤保险模式进行适应性改进（郝玉玲，2018；翁仁木，2019）。随后，研究逐渐深入，提出建立专门针对新业态从业人员的职业伤害保险制度，以解决劳动关系界定困难、缴费主体不明确、工伤认定与取证难度大等问题（关博，2019；张军，2017）。在探讨新业态从业人员职业伤害保险制度的具体构成时，学者以部分地区的制度化文件为基础，明确了保险的覆盖范围、参保方式、缴费标准和待遇支付等关键要素（沈宇红，2019）。同时，基于对职业伤害保险需求的细致分析，提出了在宏观理念指导下，通过专门规定或补充性特别规定来确立制度的基本原则、保障范围、资金筹集、伤害认定与待遇支付等具体内容（李坤刚，2019；王全兴 等，2019；赵晓燕等，2019）。尽管在新业态从业人员职业伤害保险制度的设计上，学术界对于是否纳入现行工伤保险体系进行改革，还是建立独立的制度运作模式存在争议，但越来越多的研究倾向于根据新业态从业人员的实际需求，在制度设计上进行合理创新和变革。

① 鲁全，曾勉. 平台经济从业者的社会保险问题研究——基于社会保险制度逻辑的分析框架［J］. 杭州师范大学学报（社会科学版），2021，43（6）：67-73.

（三）灵活就业女性社会保障影响因素研究

学术界普遍认同灵活就业女性社会保障水平的不足是由一系列制度性因素（如经济、政治和教育文化等）综合作用的结果。针对这一问题，提出的解决策略主要聚焦于这些制度性因素的改革。经济层面的策略包括促进非正规就业女性向正规部门的过渡，并重新规划城市空间以保护和鼓励非正规经济的发展，旨在提升非正规就业女性的经济收入和福利水平。在政治层面上，主张加速建设和完善非正规就业的社会保障制度，并动员工会、妇联、社区等社会力量参与。在文化层面上，有建议提出根据新时代城市女性非正规就业的特点，塑造新的社会就业文化，增强正规就业的工作时间灵活性，并将儿童福利与女性福利相结合，以减少单一女性福利可能带来的负面外部性（丁煜 等，2016）。此外，一些创新观点认为政策制定应考虑女性的时间分配模式，确保她们能够平衡家庭与工作的利益。还有学者提出建立性别赋权的社会支持实践模式，以保护城镇非正规就业女性的福利权益，并主张将性别意识纳入政策主流，加强非正规就业的性别统计，以提高国家和社会对此群体的关注度。

关于非制度性因素，现有研究较为有限，主要强调心理因素的重要性。例如，有研究运用行为经济学理论，分析心理因素对女性非正规就业者的影响，强调在发展女性非正规就业时不可忽视心理因素的影响。同时，也有观点提出女性需要克服传统的性别角色观念，进行准确的自我认知和定位，积极展现自己的能力。

综合现有文献，可以看出社会保障水平的不足是制度性和非制度性因素共同作用的结果。尽管制度性因素被视为根本原因，但目前缺乏深入的实证分析。

三、研究范围与方法

与第三章相同，本章主要结合扎根理论开展实证研究，研究聚焦于女性平台从业人员，具体包括网络主播、平台家政工作者、独立房产经纪人、电商从业者，以及独立普拉提老师等。研究对象来自 2024 年 3 月至 2024 年 8 月对 18 位女性平台从业人员的田野调查（详见第三章）。

此外，在了解女性平台从业人员的劳动与社会保障状况时，不可避免地需要关注平台从业人员与平台企业发生纠纷时，司法机关是如何认定和处理的；鉴于当前平台从业人员社会保障的严重缺失，特别是职业伤害需求的迫切性，各地开展了哪些试点项目。因此，本章还对人民法院系统近年来发布的典型案例、地方针对平台从业人员的社会保障相关规定进行了文本分析。

第二节 现状概述：国家关注与个体困境

一、政策对女性平台从业人员的支持与关注

正如第一章所述，我国在调整劳动法之前，已相继出台多项政策，以保障平台从业人员的劳动权益。本书运用 nvivo11 软件，分析了 2019 年《国务院办公厅关于促进平台经济规范健康发展的指导意见》、2021 年国家市场监督管理总局等多部门《关于落实网络餐饮平台责任切实维护外卖送餐员权益的指导意见》、2021 年人力资源和社会保障部等八部门发布的《关于维护新就业形态劳动者劳动保障权益的指导意见》，以及 2023 年人力资源和社会保障部办公厅《关于印发〈新就业形态劳动者休息和劳动报酬权益保障指引〉

〈新就业形态劳动者劳动规则公示指引〉〈新就业形态劳动者权益维护服务指南〉的通知》等政策文件发现，在包容审慎监管的政策导向下，政府职能部门对平台从业人员的劳动和社会保障权益进行了规范，特别是在用工规范、纠纷处理、职业安全和职业伤害保障、社会保险，以及工会作用的发挥等方面。利用 nvivo11 软件分析发现，上述政策文本中高频出现的词汇，除了"劳动者""平台""企业""就业外""管理""依法评价""促进调解""保护"等也较为突出。

进一步对上述文件进行编码分析发现，政策明确了劳动权益的内容规范，强调平台企业应与工会或劳动者代表平等协商，制定合理的劳动报酬规则，确保劳动者获得与其劳动相匹配的收入。对于不完全符合确立劳动关系情形的劳动者，也应适用实际工作地的小时最低工资标准。在劳动关系的认定上，政策提出了明确用工关系和主体责任的要求。此外，政策还特别关注了劳动纠纷的处理机制，鼓励平台企业建立健全内部沟通和申诉机制，为劳动者提供便捷的维权途径。社会保险的规定也是政策关注的重点，政策督促平台企业为劳动者参加社会保险，并探索提供多样化的商业保险保障方案，以提高劳动者的保障水平。其中，尤其重视职业安全和职业伤害保障的建立，要求平台企业加强劳动安全教育和培训。社会公共服务的优化同样被纳入政策考量，政策鼓励支持新业态发展，推动设置外卖送餐员临时驻留点，推广智能取餐柜等设施，营造良好的从业环境。政策还强调了加强组织建设，推动建立适应新就业形态的工会组织，积极吸纳女性平台从业人员参与，维护其劳动权益。同时，政策要求平台建立外卖送餐员诉求反映的直接渠道，明确诉求处置程序和时限，加强民主协商和平等沟通（如表 4.1 所示）。

表 4.1　近年来平台从业人员劳动保障政策分析表

类别	名称	政策中含有该项目数	参考点举例
明确用工关系	公平合同	1	推动将不完全符合确立劳动关系情形的新就业形态劳动者纳入制度保障范围
	劳动关系认定	1	符合确立劳动关系情形的，企业应当依法与劳动者订立劳动合同。不完全符合确立劳动关系情形但企业对劳动者进行劳动管理（以下简称不完全符合确立劳动关系情形）的，指导企业与劳动者订立书面协议，合理确定企业与劳动者的权利义务
	劳务派遣用工规范	1	平台企业采用劳务派遣方式用工的，依法履行劳务派遣用工单位责任
劳动关系处理	平等协商相关事宜	2	企业与工会或新就业形态劳动者代表要根据法律法规精神和行业管理规定，结合行业特点和企业实际，平等协商合理确定新就业形态劳动者连续最长接单时间和每日最长工作时间
	权益知情权	4	在制定调整考核、奖惩等涉及外卖送餐员切身利益的制度或重大事项时，应提前公示，充分听取外卖送餐员、工会等方面的意见
	合理诉求听取与回应	1	新就业形态劳动者可向平台企业反映对平台劳动规则的意见建议或其他合理诉求，平台企业要认真听取并作出回应
	纠纷处理及时	2	要畅通外卖送餐员诉求渠道，明确诉求处置程序、时限，加强民主协商和平等沟通，满足正当诉求。坚持抓早抓小，对于客观因素造成送单超时等常规问题，一般在 24 小时内合理解决，防止矛盾升级，有效处置纠纷
	企业内部劳动纠纷化解机制	1	平台企业要建立健全与新就业形态劳动者的常态化沟通机制和新就业形态劳动者申诉机制，畅通线上和线下沟通渠道
	工会作用	6	工会组织要对平台企业、平台用工合作企业履行用工责任情况进行监督
	信息公布	2	及时发布职业薪酬和行业人工成本信息等
社会保险	社会保险	2	平台及第三方合作单位要依法为建立劳动关系的外卖送餐员参加社会保险，鼓励其他外卖送餐员参加社会保险
	养老保险和医疗保险	1	完善基本养老保险、医疗保险相关政策，各地要放开灵活就业人员在就业地参加基本养老、基本医疗保险的户籍限制
	优化社会保险管理	1	优化社会保险经办，探索适合新就业形态的社会保险经办服务模式，在参保缴费、权益查询、待遇领取和结算等方面提供更加便捷的服务
	职业安全和职业伤害保障	6	按照国家规定参加平台灵活就业人员职业伤害保障试点，防范和化解外卖送餐员职业伤害风险

续表

类别	名称	政策中含有该项目数	参考点举例
商业保险		2	鼓励平台企业通过购买人身意外、雇主责任等商业保险，提升平台灵活就业人员保障水平
社会救助		2	新就业形态劳动者生活困难需要救助的，可向有关部门申请救助
教育		1	保障符合条件的新就业形态劳动者子女在常住地平等接受义务教育的权利
公共服务与文化	强化公共服务设施	1	推动在新就业形态劳动者集中居住区、商业区设置临时休息场所，解决停车、充电、饮水、如厕等难题，为新就业形态劳动者提供工作生活便利。
	公共环境融入度	1	提高公共环境融入度，营造外卖送餐员与餐饮商户、消费者之间的和谐关系
	公共文化	1	推动公共文体设施向劳动者免费或低收费开放，丰富公共文化产品和服务供给
	社会的尊重和职业认同	1	积极倡导网络餐饮平台加强团队建设，丰富外卖送餐员文化生活。加大宣传力度，营造良好氛围，引导社会对外卖送餐员形成身份尊重和职业认同
	没有歧视	1	落实公平就业制度，消除就业歧视。企业招用劳动者不得违法设置性别、民族、年龄等歧视性条件

在地方层面的实践探索中，工伤保险的实施模式呈现多样性。一些试点地区采纳了"单独工伤保险＋商业补充保险"的"1+1"保障机制。具体做法是，新业态企业以当地上年年度职工月平均工资为基准，单独为从业人员投保工伤保险，并额外购买商业保险，形成工伤保险、商业保险和企业三方共担风险的格局。衢州市、湖州市等地便是这种模式的代表。与此同时，另有一些试点地区则将新业态从业人员完全纳入工伤保险体系。这些地区通过税务部门设立"新业态工伤"专项目录或允许从业者自行缴纳工伤保险费，专门设定了职业伤害保险的缴费基数、金额和费率。成都市、嘉兴市嘉善县等地采取了这种规制方式。

在公平方面，2021年人力资源和社会保障部等八部门发布的《关于维护新就业形态劳动者劳动保障权益的指导意见》强调要落实公平就业制度，消除就业歧视，企业招用劳动者不得违法设置性别、民族、年龄等歧视性条件。值得注意的是，2024年6月1日起施行的《福建省妇女权益保障条例》（以下简称《条例》）是全国范围内首次对新就业形态下的女性劳动者权益保障进行了明确规定。《条例》第三十九条提出："省人民政府应当积极探索参加职工基本医疗保险的灵活就业和新就业形态人员同步参加生育保险，加强对灵活就业与新就业形态女性劳动者的生育保障。"这一规定体现了对女性平台从业人员在生育权益方面的特别关注和保障，有助于减轻她们在生育期间的经济和心理压力。《条例》第四十条明确："企业、行业协会与工会可以就灵活就业和新就业形态女性劳动者的特殊权益保护和相关待遇开展协商，依法合理确定假期时间与工资、社会保险、健康体检等待遇标准。"这不仅保障了女性劳动者在收入和工作条件上的权益，也促进了性别平等和工作场所的公平。此外，《条例》的出台还强化了对妇女的劳动和社会保障权益保障，鼓励和支持妇女就业创业，重点防范和纠正就业性别歧视，强调用人单位的规章制度或者涉及女职工的劳动保护、福利待遇、社会保险等事项的相关规定不得含有歧视妇女的内容。《条例》还在多个层面上为女性平台从业人员提供了更为全面和具体的保护措施，展现了对女性平台从业人员权益保障的前瞻性和责任感，不仅是对女性权益的一次重要推进，更是对整个社会公正与进步的有力推动。

二、女性平台从业人员的劳动和社会保障分层情况

平台经济重新定义了工作的灵活性与自主性。然而，这种变革并非全然赋予劳动者完全自由的工作状态，而是依据工作的多样化特性，展现出了各异的劳动面貌。

（一）女性平台从业人员的劳动情况分析

通过调研发现，在主播行业中，女性从业人员表现出高度的灵活性和自主性。例如，案例 17（抖音聊天主播）提到她的工作时间相对自由，每天工作六七个小时，且没有固定的休息日，这种灵活性让她能够根据自己的需求来安排工作与生活。案例 15（电商主播）同样指出，尽管工作时间较长，但自主创业带来的成就感和自由是她坚持的动力。然而，工作的灵活性也意味着劳动强度和压力的增加，尤其当面对流量不稳定、观众互动需求高等挑战时。在家政行业中，女性从业人员的工作模式因平台不同而有所差异。案例 4（家政卫生阿姨）和案例 5（家政育儿阿姨）均通过微信群接单，工作时间和休息日虽然较为固定，但也存在不稳定性，同时也面临订单量波动的问题。她们的工作内容往往需要高度的责任心和细致入微的工作态度。如案例 6 提到，在月子中心工作，需要应对复杂多变的工作环境和多样化的客户需求。

案例 6（月嫂兼育儿嫂），曾经与友人在地级市开美容店，因投资失败，加之年龄渐长，为了能够保障有较高收入来源，经朋友介绍开始从事月嫂工作。在访谈中，她表示："我原来开美容店，赚了不少钱，那时候经常带我父亲出去玩，比如青海、北京、中国香港。后来跟亲戚投资，亏了很多，就出来当月嫂。开始在 RQ 月子中心工作，不过那里有的同行会欺负人，我就离开那个月子中心了。后面就开始微信接单，现在主要接 BD 这边的单，BD 这边的单不是固定的，需要在微信群里接单，他们缺人的时候，也会直接联系我们。在 BD 月子中心，（因为场所有限）每天吃饭、洗澡都要抢。我牙不好，吃饭慢，如果到食堂吃饭稍微晚点儿，就没有什么吃的了。有几次，我因为带宝宝，所以去吃饭的时间比较晚了，食堂只有饭跟几片菜叶。每天傍晚洗澡都要排队，而且需要等很久。我们不能用户主的卫生间，只能到公共区域去。月嫂这个行业赚的是辛苦钱，户主交的钱，月子中心要抽成。有时候介绍的人也从中间拿一笔，我有一笔工钱在一位介绍人那儿，至今她还没有还给我。那时候在微信群认识的一个朋友，她帮我介绍了一单，那单的宝爸跟她熟，把我的工钱付给她，我向她要了很久，她都以各种理由推脱没有还给我。现在她看到我催她还钱的信息，就假装没有看到，甚至有时候找我借钱。"在谈到未来规划时，她表示："我也不清楚，很多宝妈劝我重回美容业，但我害怕，不知道现在回去时机对不对？如果是几年前，我可能就不干月嫂了。毕竟月嫂这个行业有时候不太受人尊重，以前我在美业的时候，每天接触的客人对我的态度相对比较友好。"

在外卖和网约车行业，女性从业人员同样面临高强度的工作压力。案例10（外卖骑手）提到她每天工作超过8小时，没有固定休息日，而且订单不稳定导致收入波动较大。案例11（网约车司机）则提到每天工作八九个小时，虽然时间灵活，但恶劣天气和交通拥堵增加了工作难度。她们都强调了平台派单机制和评价体系对工作体验的重要影响。在跨境电商和社区团购领域，女性从业人员的工作更多依赖于线上操作和客户维护。

（二）女性平台从业者与平台的关系分析

平台与从业者之间的关系在不同行业中呈现出多样性。在主播行业，平台往往通过流量分配、收益分成等机制来激励和约束从业者，如案例17和案例18提到的与平台五五分成。这种关系更接近于合作伙伴关系，从业者依赖平台获取流量和变现机会，并享有较高的自主性。在家政行业，平台主要扮演信息中介的角色，如通过微信群发布订单信息。从业者（如案例4和案例5）与平台之间的关系相对松散，更多是基于信任和口碑建立合作关系。然而，这种关系也带来了订单不稳定和收入波动的问题。在网约车和外卖行业，平台对从业者的管控程度较高。例如，案例11提到的滴滴平台的派单机制和评分系统对她的工作产生了直接影响。从业者需要遵守平台的规则和标准，以获得稳定的订单和收入。这种关系更接近于雇佣关系，但从业者往往缺乏正式的劳动合同和全面的社会保障。在跨境电商和社区团购领域中，平台主要提供技术支持和市场渠道，从业者（案例2和案例9）需要自主管理店铺、处理订单和客户关系。这种关系同样依赖于双方的信任和合作，但从业者需要承担更多的经营风险和市场不确定性。

（三）女性平台从业者"五险一金"的参保情况

通过调查发现（见表4.2），绝大多数受访者（除案例7外）均享有某种形式的社会保险，显示出社会保险在从业人员中的普及率较高。多数全职工作者（如案例1、案例2、案例3、案例12和案例18）通过公司或挂靠方式缴纳社保；以灵活就业人员身份参保（仅案例5）的情况相对较少且可能不受认可；兼职工作者（如案例8、案例9、案例12和案例13）的社保情况则较为多样，有的通过本职工作单位缴纳（如案例8），有的则自行处理或依赖城乡居民保险（如案例9和案例12）。总体而言，住房公积金的覆盖率相对较低，仅少数受访者（如案例3、案例8、案例14、案例15和案例18）明确提到拥有公积金。拥有公积金的受访者多为全职工作者，且多在公司或平台有稳定的就业关系。兼职工作者和学历较低的受访者中，缴纳公积金的从业人员较少，反映出这部分群体在住房公积金方面的保障较为薄弱。对于女性从业者而言，社会保障的缺失意味着在面对疾病、工伤和养老等风险时缺乏必要的应对能力。特别是在高强度和高风险的工作环境中（如外卖和网约车行业），从业者对工伤保险和医疗保险的需求尤为迫切。例如，案例10提到的恶劣天气出车风险及收入波动带来的经济压力都凸显了社保的重要性。

表 4.2　调查对象的"五险一金"参保情况表

序号	年龄	学历	就业方式	职业	社会保险情况
案例 1	50 岁	本科	全职	社交电商	社保挂靠在本职业相关公司
案例 2	34 岁	本科	全职	跨境电商	有社保（社保挂靠在证书公司），无公积金
案例 3	40+ 岁	本科	全职	独立房产经纪人	社保挂靠朋友公司，有公积金
案例 4	40+ 岁	小学	全职	家政卫生阿姨	有城乡居民医保，无公积金
案例 5	50 岁	小学	全职	家政带娃阿姨	自己以灵活就业人员交城镇职工基本养老保险，无公积金
案例 6	53 岁	小学	全职	平台月嫂阿姨	有城乡居民养老和医疗保险，无公积金
案例 7	35 岁	本科	全职	普拉提老师	曾缴过社保，已断缴，有商业保险
案例 8	38 岁	本科	兼职	社区团购团长	本职工作的企业缴纳五险一金
案例 9	37 岁	高中	兼职	社区团购团长	城乡居民养老和医疗保险，无住房公积金
案例 10	45 岁	初中	全职	外卖骑手	城乡居民养老和医疗保险，无住房公积金
案例 11	43 岁	高中	全职	网约车司机	城乡居民养老和医疗保险，无公积金
案例 12	27 岁	本科	兼职	音乐主播	家里实木地板店交社保，计划交公积金
案例 13	21 岁	本科	兼职	舞蹈主播	城乡居民医疗保险，父母帮忙交
案例 14	30 岁	大专	全职	带货主播	公司办理五险一金
案例 15	31 岁	本科	全职	电商与带货主播	公司有缴五险一金，公积金代办
案例 16	21 岁	本科在读	全职	网络女主播	城乡居民医疗保险，未来需自己考虑
案例 17	24 岁	大专	全职	聊天主播	城乡居民医疗保险，父母交
案例 18	36 岁	高中	全职	音乐主播	找公司挂靠五险一金

　　由此可见，女性从业者在平台劳动社会保障方面面临的情况复杂且充满挑战；她们与平台之间的关系因行业差异而异，但普遍缺乏正式的劳动合同及全面的社会保障，导致参保状况不尽如人意，并且迫切需要解决这些现实问题。

三、女性平台从业人员的劳动权益与社会保障的意识与覆盖现状

（一）劳动权益意识的缺失：认知差异与权益维护障碍

通过调查发现（见表4.3），许多受访者（如案例1、案例2、案例10和案例11）表示"没有特别留意协议"或"对协议主要内容有一定了解"，显示出对协议内容的忽视或了解不足。学历较高的受访者（如案例2和案例8）与学历较低的受访者（如案例4和案例5）在协议认知上存在显著差异，前者更可能意识到协议的重要性，而后者往往因缺乏法律知识而忽略。没有签订或保存协议（如案例3、案例6、案例7和案例12）导致在纠纷处理时缺乏法律依据。即使签订了协议，部分受访者（如案例2、案例8和案例9）也未妥善保存，同样影响个人权益的维护。

同时，调查时发现，多数受访者选择自行解决纠纷（如案例2、案例6、案例7），反映出对正规纠纷解决途径的不了解或不信任。部分受访者（如案例12）意识到可以寻求法律帮助，但整体而言，受访者的法律意识普及程度较低。由于缺乏有效的纠纷解决机制，部分受访者（如案例6）认为解决效果不好，甚至不知道如何操作。平台提供的售后帮助有限（如案例8），且往往侧重于非质量问题，对于劳动权益的维护帮助不大。

表 4.3　调查对象合同签订和纠纷处理情况表

序号	职业	所属平台	协议或者合同签订情况	纠纷处理情况
案例 1	社交电商	微信、官网等多渠道	已经从业多年，没有注意协议具体内容，但对品牌的运营模式熟悉	没有发生过纠纷
案例 2	跨境电商	亚马逊	平台有协议，但没有保存，对平台协议主要内容有一定了解	自己解决，必要时第三方平台解决
案例 3	独立房产经纪人	贝壳平台	与店主没有协议，自由经纪人形式	无具体描述
案例 4	家政卫生阿姨	微信群	与家政公司、户主、个人的三方协议，一般签一年	无纠纷
案例 5	家政带娃阿姨	社区空间	与家政公司、户主、个人的三方协议，一般签一年，放在家政公司，自己未有保存	无纠纷
案例 6	平台月嫂阿姨	微信群	没有协议，微信接单后直接上工	自己解决，但解决效果不好，其他解决方式不知道如何操作
案例 7	普拉提老师	普拉提馆	无协议，个体	沟通解决
案例 8	社区团购团长	快团团、麦芽飞飞	平台有跳出，但没有保存	平台提供售后帮助，自己处理非质量问题
案例 9	社区团购团长	美团优选平台	平台有跳出，但没有保存	沟通解决
案例 10	外卖骑手	饿了么平台	没有特别留意协议	通过平台客服或与客户沟通解决
案例 11	网约车司机	滴滴平台	没有特别留意协议	与平台沟通解决
案例 12	音乐主播	荔枝 App	无签订协议或合同	与平台沟通或寻求法律帮助
案例 13	舞蹈主播	抖音、小红书	不清楚	无纠纷
案例 14	电商主播	淘宝	不清楚	禁言或拉黑不当言论观众，粉丝支持
案例 15	电商与带货主播	淘宝、阿里巴巴、抖音	不清楚	视情况自己解决或平台出面
案例 16	网络女主播	抖音	不清楚	平台客服或自己处理
案例 17	聊天主播	抖音、小红书、得物	没有注意平台协议	曝光或沟通解决与广告商纠纷
案例 18	音乐主播	抖音	有跳出协议，但未保存	曝光或沟通解决

（二）社会保障覆盖的不足：制度缺陷与实际保障需求差距

在现行社会保险体系中，灵活就业者参与的保险种类主要限于基本养老保险和基本医疗保险。根据《中华人民共和国社会保险法》的规定，个体经营者、非全日制工作人员及其他灵活就业人员必须依法缴纳养老保险费用，这些费用将分别计入社会统筹基金和个人账户。同时，这些人员也有资格加入职工基本医疗保险计划，相关费用由个人全额负担。在养老保险的参与过程中，灵活就业人员可以在本省全口径城镇单位就业人员平均工资的60%—300%的范围内自主选择缴费基数。根据国务院的相关规定，缴费基数应以当地上一年度在岗职工的平均工资为基准，总缴费比例设定为20%，其中个人账户部分占8%。退休时，养老金的发放将依照企业职工养老金的计算方法执行。至于基本医疗保险，存在统账结合模式和单建统筹模式两种，各自有不同的费率，由参保人员根据个人情况选择。医疗保险的缴费基数通常基于当地上一年度职工的平均工资或其一定比例，具体的缴费比例则按照统筹地区的相关规定执行。缴费基数的确定方法因地区而异，可能包括设定缴费基数的上下限、提供多个缴费档次以供选择，或按照平均工资的固定比例来确定。

与建立明确劳动关系的企业职工相比，灵活就业人员需自行承担全部社会保险费用。尽管灵活就业人员可根据自身情况选择缴费档次，但由于收入不稳定且普遍较低，缴费基数与实际收入之间存在较大差距，使得许多低收入者面临断保、弃保的困境，或转向选择保费额较低、政府补贴的城乡居民社会保险，从而影响了参保的积极性。

2023年，中国青年报社社会调查中心联合问卷网进行的一项调查显示，灵活就业者在参与社会保险时面临的首要难题是个人缴费成本高昂，其次是难以保持连续缴费，容易产生断缴情况。受访的灵活就业者中有55.7%认为个人缴费费用过高，感到经济负担沉重；50.0% 的受访者表示收入不稳定导致难以保证持续缴纳社保。此外，57.8% 的受访者希望降低灵活就业者参保的缴费基数或比例；55.7% 的受访者期望打破地区和户籍的限制，允许在就业地参保；54.4% 的受访者建议设置多个参保缴费档次供灵活就业者选择。[①]笔者在调查过程中发现，挂靠交社保成了很多女性平台从业人员的选择。同时，对于年龄较大、学历较低的受访者（如案例 4、案例 5 和案例 6），她们多从事家政、月嫂等职业，社保多依赖于自行缴纳或城乡居民保险，公积金则几乎未提及。年轻且学历较高的受访者（如案例 12、案例 13 和案例 16），虽然部分人为兼职的在校大学生，但他们对社保和公积金的关注度较高，有的已计划未来加入公积金计划（如案例 12）。由此可见，在平台经济背景下，女性平台从业人员的社会保障存在着制度缺陷与实际保障需求不相符的状况。

第三节　共性问题：平台用工下从业人员劳动保障权益面临的挑战

近年来，我国"三新"经济（即新产业、新业态、新商业模式）的快速发展，其在国民生产总值中所占比重逐年上升，新业态经济的商业模式不断拓展，用工规模也随之增长。新技术和新模式的兴起对传统产业产生了冲击，促使传统产业更多地采用"互联网+"线上经营模式，同时也显著改变了消费者的消费习惯。这两种因素的叠加导致新业态从业人员数量快速增长，随之也增加了纠纷数量。本节将选取人力资源和社会保障部与最高人民法院联合发布的《第三批劳动人事争议典型案例》，以及广西壮族自治区高级人民法院发布的新就业形态劳动争议等典型案例进行文本分析，进一步揭示在平台经济模式下，平台从业者劳动保障权益所面临的挑战。

---

① 王志伟，丁香雪钰．中青报整版关注：为何灵活就业人员成社保难覆盖的"死角"［EB/OL］．（2023-08-03）［2024-08-28］．https://www.thepaper.cn/newsDetail_forward_24095182．

一、平台经济用工纠纷案件审理的主要情况

随着平台经济的蓬勃发展，新业态用工模式迅速崛起，成为劳动力市场的重要组成部分。然而，这一新兴领域的劳动争议也与日俱增。通过分析广西壮族自治区高级人民法院发布的六起新就业形态劳动争议典型案例，以及人力资源和社会保障部与最高人民法院联合发布的第三批劳动人事争议典型案例，可以看出平台经济用工纠纷案件审理的一些主要情况。

（一）平台经济背景下用工纠纷的总体概况

平台经济用工纠纷通常围绕劳动关系的认定、劳动报酬的支付、劳动合同的解除与经济补偿、工伤保险待遇等方面展开。这些纠纷揭示了劳动关系界定的模糊性、用工双方权利义务的不明确性，以及劳动报酬和社会保障的缺失问题。申请人的诉求普遍集中于确认劳动关系、索取未结劳动报酬、追求违法解除劳动合同的经济补偿，以及工伤保险待遇的支付，这些诉求直接反映了平台从业人员对劳动权益保障的迫切需求。涉及的申请人职业多样，包括网络配送员、网约车司机、网络主播、家政服务人员等。这些职业作为平台经济的典型代表，虽然工作性质具有高度的灵活性和多样性，但也带来了劳动权益保障的不确定性。审理结果的多样性体现了人民法院对不同案件具体情况的审慎考量：有的案件支持了申请人的诉求，确认了劳动关系并要求支付相应的经济补偿或劳动报酬；而有的案件则因不存在劳动关系或诉求不符合法律规定而驳回了申请人的诉求。案件的争议焦点往往集中在劳动关系的认定、用工模式的实质、劳动报酬与经济补偿的合理性，以及工伤保险待遇的支付等方面。在案件分析时，人民法院和仲裁机构会综合考虑劳动管

理的事实、双方的权利义务关系、工作的性质和特点、报酬的支付方式等因素，特别关注平台运营方式和算法规则，以确定是否存在劳动管理行为。在审理过程中，人民法院和仲裁机构参照《中华人民共和国劳动合同法》《关于维护新就业形态劳动者劳动保障权益的指导意见》等法律法规和政策精神，显示出对新就业形态下劳动权益保护的重视（如表 4.4 所示）。

表 4.4　劳动人事争议典型案例情况一览表

案例编号	被申请人	申请人诉求	原告职业	处理结果	争议焦点
人社部案例 1	某信息技术公司	支付解除劳动合同经济补偿	网约货车司机	仲裁委员会裁决支付经济补偿	是否构成劳动关系
人社部案例 2	某科技公司	确认劳动关系，支付解除劳动合同经济补偿	网约配送员	仲裁委员会驳回请求	是否构成劳动关系
人社部案例 3	某货运代理公司、某劳务公司	确认劳动关系	网约配送员	仲裁委员会确认存在劳动关系	是否与两家公司存在劳动关系，与哪家公司存在劳动关系
人社部案例 4	某物流公司	确认劳动关系，支付违法解除劳动合同赔偿金	配送站点工作人员	仲裁委员会确认存在劳动关系，支付赔偿金	个体工商户名义下是否存在劳动关系
人社部案例 5	某文化传播公司	确认劳动关系，支付解除劳动合同经济补偿	网络主播	法院判决不存在劳动关系	是否属于劳动管理
人社部案例 6	某员工制家政公司	确认劳动关系	家政保洁员	法院判决存在劳动关系	是否符合订立劳动合同的情形
广西案例 1	柳州某配送公司	确认与柳州某配送公司存在劳动关系	网络配送员	确认存在劳动关系	外卖平台区域承包商与网络配送员是否存在劳动关系认定
广西案例 2	某电子商务有限公司	确认与电子商务有限公司存在劳动关系	外卖配送骑手	不存在事实劳动关系	外卖配送员与平台企业之间是否存在劳动关系认定
广西案例 3	广西某传媒公司	确认劳动关系，支付解除劳动关系的补偿金及未签订书面劳动合同的二倍工资差额	网络主播	存在劳动关系，支付补偿金	网络主播与传媒公司之间的劳动关系认定

续表

案例编号	被申请人	申请人诉求	原告职业	处理结果	争议焦点
广西案例4	某文化传播有限公司、某科技有限公司、某科技有限公司桂林分公司	确认存在劳动关系，三公司共同赔偿其各项损失	网约车平台司机	不存在劳动关系	网约车平台与驾驶员之间的劳动关系认定
广西案例5	某运输公司	确认林某与某运输公司存在劳动关系	货物配送员	确认存在劳动关系	货物配送员与平台物流配送公司之间的劳动关系认定
广西案例6	某科技公司	支付相应工资报酬及违法解除劳动合同的经济补偿金、未签书面劳动合同的双倍工资差额	业务员	双方达成调解协议	陈某龙与某科技公司劳动关系纠纷

（二）平台经济用工纠纷的劳动关系认定

平台企业与劳动者之间的法律关系性质成为争议的核心。笔者通过分析上述12个典型案例，发现均涉及了劳动关系的认定问题。在界定劳动关系时，原劳动和社会保障部发布的《关于确立劳动关系有关事项的通知》（劳社部发〔2005〕12号）提供了明确的指导。该通知第一条明确指出，即使未签订书面劳动合同，只要满足以下条件，劳动关系即告成立：一是用人单位与劳动者均应具备法律规定的相应主体资格；二是劳动者应受用人单位的劳动管理，遵循其规章制度，并从事有报酬的劳动；三是劳动者所提供的劳动应构成用人单位业务的一部分。基于此规定，劳动关系的确立主要基于劳动者对用人单位的人格从属性、组织从属性和经济从属性。尽管互联网平台用工模式在管理方式和生产资料配置上与传统用工模式有所区别，但劳动关系的判定仍需基于事实，考察双方是否满足劳动关系的核心特征。若双方均为合法主体，且劳动者在经济上主要依赖于平台企业，其工作受平台企业的指挥与管理，且为平台企业的业务提供持续性和稳定性的劳动，则应认定双方存在劳动关系（见表4.5）。此外，即便劳动者应平台企业的要求注册为个体工商户，或自行提供部分生产资料，或薪酬由第三方代发，或双方已就身份关系的性质达成了预先约定，这些因素均不应影响对劳动关系的认定。关键在于是否存在实质性的劳动管理行为，以及劳动者的工作是否构成平台企业业务的组成部分。这些因素共同构成了劳动关系认定的实质标准。

表 4.5　典型案例平台对劳动关系管理情况与处理结果对比分析表

案例编号	平台对劳动者的管理内容	处理结果
人社部案例 1	1. 每日签到并接受平台派单；2. 全程跟踪订单完成情况；3. 设定每日接单量要求；4. 奖惩制度（加单奖励、扣减服务费）；5. 工作时间、工作量要求	确认存在劳动关系
人社部案例 2	1. 配送服务规则；2. 订单完成时间、客户评价作为结算依据；3. 自主决定工作时间及工作量；4. 扣减服务费（配送超时、客户差评）	不存在劳动关系
人社部案例 3	1. 站点工作制度；2. 考勤（开早会）；3. 工作时间、接单时长要求；4. 监督配送任务执行情况；5. 扣减服务费（高峰时段不服从调配、拒单、超时、差评）	确认存在劳动关系
人社部案例 4	某物流公司对孙某进行劳动管理，包括规定时间、指定区域执行配送任务，按月支付劳动报酬，且管理方式未发生变化	确认存在劳动关系
人社部案例 5	某文化传播公司对李某的管理主要体现在直播培训和推广宣传上，直播时间和内容由李某自行决定，双方存在平等协商的特点，不属于劳动管理	不存在劳动关系
人社部案例 6	某家政公司对宋某存在较强程度的劳动管理，包括安排工作、培训、配备工具、支付报酬，并通过奖惩制度控制其工作时间和接单行为等	确认存在劳动关系
广西案例 1	通过微信工作群督促签到、接单、送单；需向管理人员请假	确认存在劳动关系
广西案例 2	自带交通工具，按平台指引和要求送餐，无直接管理和固定的报酬结构	不存在事实劳动关系
广西案例 3	规定工作时间、迟到旷工罚款、休息休假规定等	确认存在劳动关系
广西案例 4	选择是否从事服务、接单时间、数量、服务起讫点等自主决定	不存在劳动关系
广西案例 5	规定工作时间、内容、要求，按月支付工资，提供运输工具	确认存在劳动关系
广西案例 6	按月支付工资，未明确提及管理内容，但发生争议后通过法院调解解决	双方达成调解协议

二、平台经济用工纠纷存在的主要问题

（一）劳动关系的模糊化对认定标准的影响

在分析人力资源和社会保障部发布的典型案例 1 与案例 2 时（见表 4.6），可以发现，尽管裁判结果相反，但案件的实际情况却呈现出众多相似之处。特别是在案例 2 中，尽管最终未认定存在劳动关系，但劳动者对平台的从属性在用工过程中仍然显而易见。这种从属性的表现形式在两个案例中均有所体现，包括平台通过规则设定和算法管理对劳动过程的控制、对劳动者所需数据信息的掌控、服务费用结算标准的制定，以及劳动者以平台名义提供服务等。平台企业为了向用户提供迅速高效的服务，必须对服务人员进行一定程度的管理，而劳动者则需要在一定程度上放弃自主性以获得收入和工作保障。在平台用工模式下，劳动者对平台的从属性是难以完全消除的。在实际司法操作中，从属性是判定劳动关系的关键因素，但判定标准并非绝对明确。特别是考虑到平台用工的特殊性质，某些从属性特征，如平台对劳动过程的控制和对数据信息的掌握等，是不可避免的。而其他从属性特征，如对工作时长或工作量的控制、报酬支付的频率和形式等，则可能存在被弱化或消除的情况。因此，存在标准不统一的问题。虽然，选取的 12 个典型案件中多数案件被确认为存在劳动关系，但这并不具有统计学意义。根据南京法院的数据显示，2021—2023 年在确认平台从业人员的劳动关系的案件中，法院最终确认劳动关系的案件为 35 件，认定率为 33.98%。

表 4.6　人社部发布典型案例 1 和案例 2 中平台企业与劳动者从属情况表

属性		人社部案例 1	人社部案例 2
人格从属性		劳动者自备生产工具（车辆）	—
		劳动者须通过平台接受在某一特定区域内的订单	劳动者按照平台发送的信息自主抢单
		平台对劳动者的每日最低按接单量有要求	平台对每日工作时间和订单量未提出要求
		平台对订单完成情况进行跟踪，接单量不足、超时、差评时按照内部规章制度进行处罚	平台对订单完成情况进行跟踪，超时、差评时按照内部规章制度进行处罚
经济从属性		平台上有用户派单信息	平台上有用户派单信息
		平台单方制定服务费用结算标准	平台单方制定服务费用结算标准
		平台向劳动者按月支付服务费和奖励金	服务费按单结算
组织从属性		劳动者以平台名义对外提供服务	—
		劳动者是平台企业的稳定成员	
		劳动从事的业务是平台企业业务的组成部分	劳动者从事的业务是平台企业业务的组成部分

（二）行业用工的"去劳动关系化"倾向明显

"去劳动关系化"是指在平台经济下，用工单位通过各种手段减少与劳动者之间的直接劳动关系，转而采取更为灵活的合作、承揽等形式，以规避劳动法规所规定的用人单位责任。这种趋势在新业态的不同行业中均有体现，尽管具体操作模式存在差异。平台合作商在这一过程中扮演了关键角色，它们通常将业务分包给多个业务外包公司，从而在物理和法律层面上与劳动者分离。通过对 12 个典型案例的分析可以看出，劳动者与用工单位签订的协议或合同几乎都换了不同的名称，如《车辆管理协议》《网约配送协议》《项目转包协议》等，建立了一种表面上的民事合作关系，而非传统的劳动关系（见表 4.7）。

表 4.7　典型案例签订协议或合同情况表

案例编号	签订协议或者合同名称	案例编号	签订协议或者合同名称
人社部案例 1	《车辆管理协议》	广西案例 1	《用工证明》
人社部案例 2	《网约配送协议》	广西案例 2	《项目转包协议》
人社部案例 3	《外卖配送服务协议》	广西案例 3	《3V 传媒主播合作协议书》
人社部案例 4	劳动合同、《项目承包协议》	广西案例 4	《网约车服务合作协议》
人社部案例 5	《艺人独家合作协议》	广西案例 5	协议书
人社部案例 6	《家政服务协议》	广西案例 6	未签订书面劳动合同

　　通过分析人力资源和社会保障部发布的案例 3 与案例 4，裁审机构揭示了平台企业在实际操作中可能采取的两种规避劳动关系认定的策略：劳务外包与要求劳动者注册为个体工商户。平台企业曾普遍要求劳动者注册成为个体工商户，并与之签订承包协议；另一种模式则是平台企业要求劳动者与劳务外包公司签订服务合同，随后平台企业再与该外包公司签订服务外包协议。由此可见，新业态的用工模式普遍展现出一种"去劳动关系化"的趋势。以外卖行业为例（见图 4.1），平台合作商倾向于将配送任务外包给多个业务外包公司，从而延长了用工链条。这种做法不仅导致招工与用工的分离，还使得工作管理和薪资发放成为两个独立的环节。此外，一些平台合作商还诱导从业者注册为个体工商户，通过"承揽费"或"服务费"的形式发放工资，进一步模糊了责任主体，增加了从业者在维权时的难度和成本。

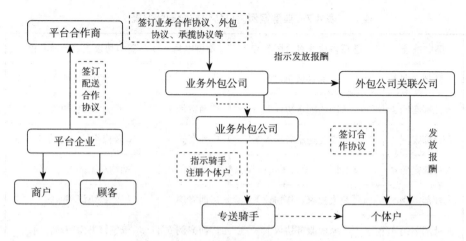

图 4.1　南京某外卖企业用工流程示意图

资料来源：新华网 . 南京发布新业态用工纠纷案件审判白皮书［EB/OL］.（2024-04-29）［2024-07-28］. http://www.js.xinhuanet.com/20240429/b6b0432a340d4db7afe6a0b0a21f3680/c.html.

（三）从业者普遍存在超时工作情形

在数字经济时代，平台企业利用大数据和云计算技术，通过智能优化算法实现对从业人员与用户需求的精确匹配和高效派单。这种技术在提高工作效率的同时，也对平台从业人员的工作模式和劳动权益带来了深远影响。平台企业通过算法原则和用户评分机制对平台从业人员实施控制，通过缩短任务完成时间和扩展工作空间与时间，加速工作节奏，增强劳动强度，并在无形中延长了劳动时间。信息和权利的不对称性为平台对从业人员的控制提供了基础，而数字技术与算法控制系统进一步加剧了这种不平等关系。为了满足平台的要求，从业者不得不加快工作节奏，延长工作时间。与此同时，平台通过定价机制对从业者进行间接管理，设定不同的服务费用和奖励政策，激励从业者接受更多的任务以获得更高的收入。这种定价策略在一定程度上导致了从业者超时工作的现象。为了获得更高的积分和奖励，从业者往往不得不牺牲休息时间，增加工作时间。而在审判实践中，由于新业态从业者的工作特点，如上线时间的灵活性、等待时间的不均衡性及早晚高峰时段工作量的不均衡现象，使得他们在主张加班工资时往往难以获得支持。

（四）从业者举证能力弱、维权难

在平台经济背景下，从业者面临的维权挑战尤为显著。由于平台用工模式的新颖性和发展迅速，相应的快速维权机制尚未完全建立，导致从业者在维权过程中障碍重重。平台经济下的用工纠纷往往涉及金额不大，但矛盾冲突激烈，若选择诉讼途径，从业者将面临高昂的成本投入和冗长的诉讼周期。一方面，如前文所述，平台经济的劳动关系界定趋向模糊，导致从业者在确定责任主体时遇到难题。行业的"去劳动关系化"现象使得从业者难以明确合法的责任主体，这种模糊性不仅增加了从业者在维权时的不确定性，也使得他们在法律程序中难以定位适格的诉讼对象。另一方面，新业态从业者在诉讼中的举证能力普遍较弱。由于业务高度依赖"互联网＋"，相关的用工记录和证据多以电子数据形式存在，而这些数据往往由平台或用工方控制。从业者缺乏对这些关键数据的访问权和控制权，导致在调查取证时面临重重困难，取证过程耗时高且效率低。与此同时，当前平台对数据的保存期限没有统一的法律标准，保存期限的不一致性及缺乏强制性规定，使得在纠纷发生后长时间才采取行动的从业者可能面临数据丢失的风险。一旦数据被覆盖或删除，将严重影响事实查明的过程，增加案件的复杂性和司法审查的难度。

三、平台经济下从业人员的社会保障主要问题

随着平台经济的蓬勃发展，平台从业人员在享受灵活就业带来的自由与机遇的同时，也面临着传统社会保险制度未能充分覆盖的困境。现行的社会保险体系建立在稳定的雇佣关系和持续收入的基础之上，这与平台经济下工作性质的流动性和不确定性形成了鲜明对比。平台从业人员往往在多个平台间流转，缺乏正式的劳动合同，这不仅使他们在遭遇职业伤害时难以获得法律保护，也使得该群体的社会保险参保变得复杂和困难。

（一）现行制度与平台经济的矛盾：制度设计的时代局限性与平台经济特性

首先，传统单位参保模式不适用于多元雇佣关系的新型业态员工社会保险参与。在平台经济背景下，工作性质由固定岗位向任务导向转变，雇佣关系更为分散。从业人员可能在多个平台上接受任务，而无须与任一平台建立正式的劳动契约。在这种情况下，一旦发生工作相关的安全事故，从业人员的劳动权益难以在法律层面获得充分保护，导致他们可能面临缺乏保障的不利局面。现行社会保险体系建立在国家、用人单位和劳动者三方共同参与的基础之上，其中用人单位扮演着参保的关键角色。然而，在新业态的冲击下，传统的稳定单一雇佣模式正在向更为灵活和分散的模式转变，从"一对一"的雇佣关系演变为"一对多"或"多对多"的模式。新业态从业人员的工作具有不确定性、短期性和灵活性等特点，这使得他们难以适应传统规范的社会保险体系。[①]

---

① 席恒.融入与共享：新业态从业人员社会保险实现路径［J］.社会科学，2021（6）：3-11.

《中华人民共和国社会保险法》规定了个体工商户和灵活就业人员可以通过个人缴费参与养老和医疗保险，但在实际操作中，存在手续复杂、缴费负担重、最低缴费年限长，以及异地转移接续困难等问题，这影响了他们的参保意愿和参保率。在工伤保险领域，由于劳动关系的不明确性，平台灵活就业人员难以被纳入工伤保险体系。现行法规尚未对灵活就业人员的工伤保险参与作出明确规定，导致他们在遭受职业伤害时缺乏必要的保障。灵活就业人员的工作模式，包括自雇、劳务合作和多平台就业等，与传统的劳动模式有显著区别。加之缺乏现场指挥和监督，以及劳动报酬的直接分成特性，使得他们难以满足工伤保险的参保条件。在司法实践中，人民法院通常因灵活就业人员与平台间较弱的人身和经济从属性，判定无法确认劳动关系，从而影响了他们获得工伤保险补偿的可能性。

其次，现行属地化的社会保险管理体系在应对新业态从业人员的流动性方面存在局限。这一群体通常由外地务工人员构成，他们作为流动人口，频繁变动工作地点。当这些从业人员在户籍所在地开始缴纳养老和医疗保险后，迁移至工作地并继续缴费时，便面临社会保险的转移和接续难题。我国社会保险体系中存在的城乡、地域及人群分割问题，可能导致劳动者在跨城乡、地区、行业流动时社会保险权益受损。特别是非正规就业者，由于劳动关系的约束，可能被迫退保，这在养老保险的持续缴费权益计算中断和医疗保险异地结算的困难中表现得尤为明显。社会保险关系跨省转移的流程烦琐，涉及多个环节，通常需要2—3个月时间才能完成。企业向社保经办部门报告人员变动的延迟，可能使就业人员在职业转换期间遭遇脱保问题。新业态下，工作需求导向的特性打破了传统的长期雇佣模式，增强了就业人员的流动性和迁移性。然而，我国社会保险制度的统筹层次较低，养老保险尚未实现全国统筹，企业职工与灵活就业人员之间、跨区域流动人员在转移接续方面仍面临障碍。"六个统一"的目标尚未完全实现，全国统一的社会保险公共服务平台尚未有效运作。在转移接续过程中，各统筹地区在养老保险政策和经办管理方式上的差异，增加了新业态从业人员了解所需手续资料的难度，也导致养老保险经办服务人员缺乏统一的经办规程和执行标准。这种复杂性可能导致新业态从业人员对转移接续手续感到畏惧，甚至放弃自己的社会保险权益，选择不进行转移接续。

最后，以工资为基础的社会保险缴费机制在适应新业态从业人员收入波动性方面面临挑战。城镇职工社会保险制度依赖于员工持续稳定的缴费行为，通过定期记录参保者的收入申报，实现数据的集中处理，以降低运营成本。然而，新业态从业人员由于工作性质的灵活性和流动性，其收入波动较大，难以适应这种缴费模式。此外，平台经营者因参保而增加的经济负担，也可能导致参保率降低。新业态从业人员中不乏兼职工作者，其兼职收入往往未被计入缴费基数，且在实际操作中，其具体收入的统计也存在难度。随着新经济的快速发展，新业态从业人员数量不断增加，传统的以城镇职工工资为缴费基数的社会保险制度已不适应其收入的不稳定性。

（二）女性从业人员在社会保障中的边缘化：社会保障体系的性别盲点

1.性别不平等在社会保障政策中的显性表现

显性歧视，即可直接观察和感知的性别不平等，因其易于识别而在社会中更易受到关注、批评和纠正。尽管我国尚未建立完善的性别划分统计数据体系，导致社会保障资源获取的性别差异难以明确表述，但性别差异在政策执行中导致的显性歧视是显而易见的。根据相关历史资料，自20世纪以来，我国城乡社会保障覆盖率存在显著的性别差异。例如，男性的失业保险覆盖率显著高于女性，医疗保险和养老保险的覆盖率也呈现出类似的性别差异。此外，在"城乡二元体制"的影响下，农民工尤其是女性农民工难以获得失业保险、养老保险和医疗保险，这使得她们在社会保障体系中更加边缘化。

这些数据显示，社会保险的性别差异明显，城乡差距突出，农村女性的社会保障状况令人担忧。在社会保障政策的演变过程中，显性歧视问题日益凸显，加之社会阶层的双重压力，使得农村女性及流动女性成为社会保障领域的边缘群体。

2.社会保障政策执行中的性别偏见与隐性不平等

隐性歧视通常体现为对所有人实行统一标准的做法，而这种统一标准往往以男性作为默认的客观参照，从而在现实中忽视了性别差异所带来的影响。这种深层次的不平等源于将生理性别差异不恰当地延伸至社会生活的各个领域，导致在政策执行时不自觉地对女性施加双重标准。[①]

在政策制定过程中，男性常常被视为客观和标准的基准，而女性特有的情况则被视为需要特别考虑的因素。这种以男性为标准的性别中立政策，实际上忽视了女性的需求和特点，从而导致政策在执行过程中存在性别盲点。社会保障政策中的性别歧视引发的隐性歧视是多方面的。例如，在工伤保险政策中，由于以男性为标准，女性因工作导致的特殊健康问题，如流产、生育能力丧失或生育畸形儿等，其工伤待遇往往受到限制。失业保险政策同样存在性别盲点，对女性不利。政策中规定"非因本人意愿中断就业"是享受失业保险待遇的条件之一，但这一规定并未充分考虑怀孕母亲的工作环境需求，从而加剧了女性在生育期间的经济风险。这种政策本质上是以男性为主要参照，未能充分考虑女性的特殊需求。

3.反向性别偏见与社会保障政策的失衡

反向性别偏见是一种隐性歧视形式，它通过赞美女性特质和功能的同时，过分强调女性的生理特性和弱点，将女性的角色限定在特定领域内，从而制约了女性的全面发展。这种表面上的保护实际上破坏了女性生存与发展的平衡，其负面影响常常被社会所忽视，但对女性的心理和身体健康可能造成深

---

① 苏映宇.社会性别视角下的社会保障政策公平性研究［D］.福州：福建师范大学，2010.

远损害。

在我国社会保障政策的执行中，性别差异问题引发的反向性别偏见现象确实存在。例如，在新中国成立初期，基于生理和身体差异而制定的男女不同退休年龄政策，导致了现行养老保险政策中养老金利益的性别差异。女性退休后的待遇普遍低于男性，随着养老金替代率的下降，女性退休后的保障水平进一步降低。鉴于女性群体平均预期寿命通常高于男性，因此，该政策中的性别差异存在，导致老年女性群体在生存状况上遭遇了更多挑战。

第四节　个性特征：女性特有的劳动与社会保障需求

一、生理特点与劳动权益

（一）生理周期对工作的影响：工作连续性与生理健康的平衡

生理周期，亦称月经周期，是成熟女性因卵巢周期性排卵而伴随的子宫内膜周期性脱落及阴道出血的生理现象。通常，一个生理周期的起始点被定义为出血的首日，而两次出血的间隔时长即为一个周期的跨度。尽管每位女性的生理周期时间存在个体差异，但健康女性的生理周期仍然遵循一定的规律性。根据已有数据，女性的平均生理周期约为 28 天，周期长度在 23 天至 35 天之间波动均被视为正常范围。在生理周期内，月经期定义为出血开始至结束的阶段，通常持续 1 天至 6 天，女性在其一生中大约会经历 40 年的月经期。生理激素水平的周期性变化是生理周期的关键特征。在月经期间，女性体内的激素水平普遍偏低，包括雌二醇、孕酮、尿促卵泡激素以及黄体生成素。尽管如此，相较于其他激素，尿促卵泡激素的水平仍相对较高。随着卵泡期的进展，即月经结束后，雌二醇和黄体生成素水平逐渐上升，尿促卵泡激素水平迅速上升，并在排卵前一天达到峰值，而此时孕酮水平依然保持在较低水平。进入黄体早期（大约第 15 天至 17 天），雌二醇水平开始缓慢下降，尿促卵泡激素和黄体生成素急剧下降至最低点，并持续至月经期前一天，而孕酮水平则逐步上升。在黄体中期（大约第 18 天至 23 天），孕酮水平达到峰值，雌二醇水平也有所回升形成次高峰。到了黄体后期（大约第 24 天至 28 天），雌二醇和孕酮水平迅速下降，标志着下一个周期的开始。生理周期的这些激素变化对女性的身体和心理状态有着深远的影响，不仅关联着生育能力，还与情绪波动、疼痛感知等密切相关。

随着女性大量进入劳动力市场，特别是平台经济的兴起，女性从业人员面临着工作与生理需求之间的冲突。经期作为女性特有的生理现象，对她们的身体和情绪都会产生显著影响。因此，对平台女性从业人员的经期等生理周期的劳动保护，不仅是一种对母性机能的社会支持，也是对女性健康和权益的重要保障。根据最新的人口出生率统计数据，我国已进入低生育率陷阱的高风险期。这一现象提示我们，促进生育的措施不仅要关注生育政策的调整，还应关注女性生育环境的改善。经期劳动保护措施，如提供带薪休假、经期卫生服务以及规范禁忌劳动等，可以减轻女性在生育过程中的身体负担，提高生育意愿和能力，从而对提升生育率产生积极作用。

（二）孕期、产期和哺乳期的特殊劳动保护需求：特殊时期的权益保障与支持措施

女性在孕期、产期和哺乳期（简称"三期"）面临特殊的生理变化，这些变化对她们的体力、情绪和健康状态有着直接的影响。在孕期，女性体内的激素水平会发生显著变化，伴随着胎儿的发育，她们的体态和生理需求也随之改变，可能会出现恶心、呕吐、疲劳等早孕反应，以及随着孕期的发展可能出现的腰痛、下肢水肿等不适现象。产期是对女性生理和心理承受能力的

极大考验，分娩过程可能伴随着剧烈疼痛和体力消耗，产后恢复需要时间来调整身体状态和应对心理变化。哺乳期则需要女性为新生儿提供营养和免疫力支持，这不仅增加了女性身体上的负担，还对她们的休息和营养提出了更高要求。合理的劳动保护措施，如减轻工作强度、提供休息时间和哺乳设施等，有助于减轻女性在"三期"时的身体负担，降低职业风险，保障她们的劳动权益和身心健康。此外，劳动保护措施还有助于减少因生理因素导致的工作中断，维护劳动队伍的稳定性和提高生产效率。

为了缓解和改善女性职工因生理因素在职场中遇到的特殊困难，我国持续致力于积极的立法和政策制定，以保障女性职工的劳动权益。自20世纪50年代以来，关于女性职工权益的保护性法规已有明确的法律依据。《中华人民共和国劳动法》明确规定，用人单位不得无故解除与处于孕期、生产期、哺乳期的女职工的劳动合同，并限制了孕期女职工的工作强度和时间。《中华人民共和国劳动合同法》对此作了相似规定，并明确了"三期"内女职工权益受损时的法律救济途径，如在非法解雇情况下，女职工有权要求继续执行劳动合同或向公司索取赔偿。1988年，国务院颁布的《女职工劳动保护规定》首次系统性地规范了女职工的劳动权益。随后，2012年发布的《女职工劳动保护特别规定》在原有基础上进一步完善，详细规定了孕期女职工的工作限制、产假的计算方法、生育津贴的发放标准以及产后复工的哺乳安排，并首次附录了女职工禁忌从事的劳动范围。《中华人民共和国妇女权益保障法》同样为权益受损的女职工提供了法律救济途径，包括向妇女组织投诉、请求相关部门依法处理或通过仲裁和诉讼等法律手段维权。与此同时，各地也根据本地实际情况修订和完善了相关法规，出台了针对"三期"内女职工的保护措施和实施意见。这些法规与政策的颁布，彰显了我国在构建全面而系统的法律框架以保护女性职工特殊劳动权益方面的努力与进步。

在数字化和平台经济迅猛发展的今天，女性平台从业人员的劳动保护问题显得尤为突出，特别是在孕期、产期和哺乳期这三个特殊时期，她们所面临的困境更为复杂和严峻。一些平台企业为了追求经济效益和运营效率，往往忽视了怀孕女职工的生理特点和健康需求，导致超负荷的工作压力和长时间工作成为常态，这不仅对女性职工的身体健康构成威胁，也侵犯了她们的合法权益。此外，为了防止支付经济补偿金，一些用人单位不同意"三期"女职工请假、休假，或者以"内部规定"限制她们行使其合法权益，导致部分女职工面临被迫转岗、减薪，甚至不得不选择主动辞职下岗的窘境。同时，即便法律规定了女性职工的产假权益，一些平台企业仍以生产经营需要为借口，不完全落实女职工的产假政策，影响了女职工的产后恢复和新生儿的健康成长。哺乳期的女性职工在平台工作中同样面临哺乳权难以实现的问题。部分工作要求哺乳期女性员工全天候、满负荷地工作，未能充分考虑她们哺乳的需求，或者以计件工资为由，使女职工应享有的哺乳时间或工资待遇无法兑现。这些问题的存在，不仅影响了女性职工的身心健康和工作表现，也影响了平台经济的可持续发展和社会公平。

二、社会角色与劳动权益

（一）家庭责任与职业发展的冲突：角色期望与劳动参与的协调

在探讨女性平台从业人员的劳动与社会保障权益时，家庭责任与职业发展的矛盾是一个不容忽视的议题。根据生命历程理论，个体的生命历程是由众多生命事件构成的序列，而这些事件在不同时间点的发生顺序及其相互作用，对个体的人生轨迹产生深远影响。对于女性平台从业人员而言，这一理论尤为贴切，因为她们常常需要在职业生涯的不同阶段面对家庭责任的重大调整，如结婚、生育和抚养子女等。当前，随着数字经济的蓬勃发展，越来越多的女性选择加入平台经济，成为自由职业者或兼职工作者。然而，这一职业选择往往伴随着高度的灵活性和不确定性，使她们在平衡家庭与职业方面面临巨大挑战。智联招聘发布的《2024 中国女性职场现状调查报告》显示，尽管职场女性展现出积极的学习态度和行动力，积极提升数字化技能，但她们在职业晋升路径上仍面临诸多障碍。特别是当女性进入婚育期后，家庭责任显著增加，如照顾子女、承担家务等，这些责任往往与职业发展的时间需求产生矛盾，导致许多女性不得不减少工作时间或放弃晋升机会。具体来说，首先，社会普遍期望女性同时扮演好母亲、妻子和职业女性的多重角色，这种双重乃至多重角色期望给女性带来了沉重的心理负担和实际压力。当家庭责任与职业责任发生冲突时，女性往往被期望做出牺牲，这在一定程度上限制了她们的职业发展空间。其次，虽然平台经济提供了相对灵活的工作方式，但并非所有平台都能提供足够的灵活性和支持措施来满足女性员工的特殊需求。例如，育儿假、弹性工作时间的实施情况参差不齐，使得女性在面临家庭责任时难以有效协调职业参与。最后，当前社会对于女性家庭与职业平衡的支持体系尚不完善，包括托幼服务、家政服务等资源不足且成本高昂，进一步加剧了女性平台从业人员的困境。

（二）社会对女性职业角色的期待与压力：文化因素与职业发展的制约

如第二章所述，社会性别理论强调，除生物性别外，人的性别还包括后天建构的社会性别，这种社会性别受文化、制度等多种因素的影响。在探讨女性平台从业人员的劳动与社会保障权益时，社会对女性职业角色的期待与压力同样是一个重要议题。尽管现代社会对性别平等的呼声日益高涨，但传统性别角色的刻板印象仍然根深蒂固。在平台经济领域，女性从业者往往被贴上"辅助性""支持性"的标签，难以获得与男性同等的职业认可和晋升机会。这种文化因素不仅制约了女性的职业发展空间，也影响了她们的社会保障权益。社会普遍认为女性更适合从事某些特定职业领域（如服务、教育等），而对女性在科技、管理等领域的潜力缺乏足够认可。这种刻板印象导致女性在平台经济中的职业选择受限，晋升机会减少。即使在平台经济中，女性管理者和高层领导者的比例仍然远低于男性。这种"玻璃天花板"现象不仅制约了女性的职业发展，也影响了她们在薪酬、福利等方面的待遇。由于职业地位的不平等，女性平台从业人员在享受社会保障权益方面也面临诸多障碍。例如，在失业保险、工伤保险等方面，女性可能因职业类别的限制而难以获得充分的保障。

第五章 何以可能：女性平台从业人员
的劳动保障存在问题及原因分析

　　平台经济作为"六保"政策中保障居民就业的重要路径，对女性劳动者而言，既是机遇也是挑战。一方面，平台经济提供了以互联网为依托、无固定合同、临时性和弹性工作等灵活多样的就业机会，减轻了性别歧视对就业的影响，使部分女性能够更好地平衡家庭与工作。另一方面，新业态下的女性劳动者也面临着职业性别隔离、收入差距、文化规范限制以及劳动保障不足等问题。

　　为深入探讨这些问题，本章将深入剖析女性平台劳动者在就业与劳动保障方面所面临的挑战，并基于劳动关系系统论，从环境、主体、机制三个维度揭示问题的根源和内在逻辑。总体而言，经济增速下滑、平台经济的引领作用、劳动法治环境的现状以及技术发展的双刃剑效应等因素，共同构成了女性平台劳动者所面临的复杂外部环境。这些因素不仅影响平台企业的运营策略，也直接关系到女性劳动者的就业保障。在主体维度上，政府、平台企业和女性劳动者之间的互动与博弈，是决定女性劳动者权益保障状况的核心。政府需在促进平台经济发展与保护劳动者权益之间寻求平衡，但现有的监管制度和政策可能存在不足。平台企业追求利润最大化，往往忽视劳动者权益。

而女性劳动者在议价能力和组织化维权方面相对较弱，难以有效维护自身权益。在机制维度上，传统劳动关系协调机制在平台经济中面临诸多不适应。现行劳动法难以涵盖平台经济中的新型用工形式，平台化劳动模式也削弱了女性劳动者的联合性，使其难以形成有效的组织力量来维护权益。

第一节　女性平台从业人员的劳动保障：陡增的职业风险与缺位的劳动权益保障

随着科技革命的推进，特别是移动互联网、大数据和云计算等信息技术的广泛应用，平台经济迅速崛起，成为推动就业形态变革的重要力量。这种经济模式不仅为劳动者提供了灵活的就业机会，还在促进就业、提升收入、助力脱贫、推动产业升级和拓展消费市场等方面发挥了积极作用。[①]然而，在平台经济的繁荣背后，从业者依然面临着各种职业风险，其中劳动权益保障问题尤为突出。

在现行劳动法规体系下，劳动关系的确立是劳动权益保障的前提。然而，平台经济的用工特点与传统劳动关系存在显著差异，导致从业者难以获得法律意义上的劳动权益保障。这种现象并非源于平台经济本身的发展状况，也并非单纯的劳动关系问题，而是在当前政治、经济、社会环境背景下的劳动保障权益问题。解决这一问题，需要对现行劳动法规体系进行调整，以适应平台经济的用工特点。造成从业者劳动权益保障缺位的根源在于，平台企业为了降低成本，将从业者排除在雇员身份之外，形成了一种新型的劳资关系。这种模式与传统劳动关系法规不相适应，导致从业者的劳动权益难以得到有效保障。政府、平台企业和从业者自身在这一问题上均承担了相应的责任。

---

① 岳经纶，刘洋."劳"无所依：平台经济从业者劳动权益保障缺位的多重逻辑及其治理 [J].武汉科技大学学报（社会科学版），2021，23（5）：518-528.

政府在监管职能和政策制定上可能存在不足，平台企业为了追求利润最大化而忽视了对从业者权益的保护，而从业者在缺乏有效维权途径的情况下，往往难以维护自身权益。这种多方参与的"共谋"现象，使得从业者劳动权益保障问题更加复杂。

女性平台从业人员构成了社会劳动群体的一个重要组成部分。她们不仅承受着平台从业人员普遍面临的挑战，如平台经济下的工作强度与健康问题、平台企业的社会保险责任规避行为、当前法律对新型雇佣关系的保护不足、平台从业人员的职业风险责任界定模糊以及权益诉求表达机制缺失等问题，还面临着女性特有的社会和职业困境。这种双重压力使得她们在劳动市场中的地位更为复杂和脆弱。因此，研究女性平台从业人员的劳动权益保障问题，不仅需要关注一般平台从业人员的普遍问题，还应深入探讨其作为女性所面临的特殊挑战。

一、女性平台从业人员劳动保障面临的一般问题

在现代劳动市场中，以外卖骑手、快递员和网约车司机为代表的平台经济从业人员，常常面临高风险的工作环境。理论上，这些群体应当享有完善的保护机制，以确保其基本的生命权和健康权得到保障。然而，现实情况是平台企业运用算法对其进行控制，这不仅限制了从业人员的经济自由，也对其身体健康产生了影响。同时，平台企业往往利用现行法规在新型雇佣关系方面的缺失，通过模糊劳动关系的界定，巧妙规避了为从业者缴纳社会保险费用的责任。这种做法导致从业者在面临职业风险时，难以明确责任主体，有时不得不诉诸非正式渠道来维护自己的权益，这种现象反映出平台经济中劳动关系的复杂性和不稳定性。

（一）算法控制与过劳现象：平台经济下的工作强度与健康问题

在现代技术驱动下，平台经济的用工模式及其对劳动者的潜在影响已成为社会关注的焦点。2021 年，一篇名为《北大博士为做研究送半年外卖：骑手开始内卷，平台在试探人的极限》的文章在社交媒体上引发广泛讨论。该文章的作者陈龙副教授通过实际研究揭示了平台算法系统对骑手的深远影响。他认为平台企业通过重新定义控制权，将管理职责部分转移给平台系统和消费者，从而影响骑手的日常运作。随着"数字控制"的深入，控制手段从传统的物理机械设备扩展至更为隐蔽的软件和数据分析。平台系统通过持续收集和分析骑手的动态数据，如地理位置、工作表现和客户反馈，再将这些数据用于调整骑手的工作模式和行为，从而在无形中形成了一种新的劳动秩序。这种控制机制不仅降低了骑手对劳动条件的抗拒意愿，限制了他们自主权的发挥空间，还使他们不自觉地参与到自我管理的过程中。数字控制已从传统的直接控制逐渐转向更为隐蔽的、通过数据和算法实施的隐性控制。这种转变不仅涉及控制方式的升级，也体现了资本对劳动者劳动过程的更深层次介入和影响。[①]

网络平台上的新就业形态劳动者虽然在表面上享有较高的工作灵活性，能够根据个人意愿安排工作时间，但实际上，一旦接受任务或项目，他们必须遵守平台的规则并执行客户的指令。根据广东省幸福家庭促进会、简知、问卷网联合发布的《平台经济下的新业态——女性灵活就业现状与需求调研报告》显示，仅有 27% 的灵活就业女性能够保证每周两天的休息时间。针对北京市共享经济平台从业人员的就业情况的研究表明，许多劳动者因承受

---

① 陈龙.“数字控制”下的劳动秩序——外卖骑手的劳动控制研究［J］.社会学研究, 2020, 35（6）：113-135.

生存压力而缺乏足够的休息时间。相关数据显示，86.81% 的专职从业者每周工作时长超过 6 天，更有 31.6% 的从业者每周连续工作 7 天。家政服务员普遍缺乏自主安排休息时间和休假的权利，他们渴望能够在法定节假日获得休息。①

平台对劳动者的控制不仅限于劳动过程，还体现在收入分配上。无论是外卖平台还是网约车平台，劳动者虽然可以控制工作过程，但平台掌握着工资收入的分配权。平台单方面设定佣金费用和薪酬标准，劳动者对于影响其劳动收入的关键条款几乎没有谈判权和发言权。这种控制机制不仅限制了劳动者的经济自由，也对他们的劳动权益构成了挑战。

（二）社会保险责任规避行为：平台企业的策略与影响

在平台经济领域，企业通过模糊化用工关系，避免与从业者建立正式的劳动关系，进而规避社会保险费用的缴纳义务。据相关调研报告和统计数据显示，平台企业与从业者之间签订的合同类型多样，包括承揽合同、合作合同、劳务合同，乃至承包合同等，这些合同与正式的劳动合同在法律性质上存在本质差异。然而，由于对合同性质的误解，从业者往往错误地认为自己所签订的合同即为劳动合同，从而忽视了其中潜在的权益风险。实际上，平台企业为了实现"去劳动关系化"，常通过外包、代理、加盟等手段，将传统的稳定劳动关系转变为非标准的劳动关系。这种做法不仅模糊了劳动关系的性质，也使得从业者面临有劳动关系而无劳动合同的困境，导致社会保险等基本权益的缺失。

而在现行的劳动权益保护体系中，诸如法定工作时间、最低工资标准、失业保险和员工福利等制度，均构建于传统的"雇主—雇员"关系之上。

---

① 于凤霞.基于劳动者保护视角的平台经济规范与发展［J］.中国劳动关系学院学报,2021,35（5）:27-35.

这种关系明确界定了劳动关系，为劳动者权益的保障提供了基础。在我国，现行的《工伤保险条例》规定参保者必须与雇主建立劳动关系，由雇主负责缴纳保险费用。这使得网络平台上的新业态从业人员，如灵活就业者或自我雇佣者，难以满足现行工伤保障制度的参保条件。北京市多个共享经济平台从业人员的就业情况调查显示，平台专职从业者的社会保险缴纳不足，尤其是专职人员和外地户籍从业人员，他们的社会保障覆盖率更低。在被问及"从事平台就业最担心的问题"时，45.49%的专职人员和38.96%的外地户籍从业人员表达了对未缴纳社保的担忧，担心这会带来后续的保障问题。①

此外，我国公共就业服务主要针对具有传统劳动关系的专职工作人员，中央与地方政府在职业培训及其他政策性就业补贴方面的资金投入，主要支持传统用人单位。这种现状导致了那些缺乏明确劳动关系的新就业群体，在职业发展福利方面处于不利地位。

（三）法律适应性不足：对新型雇佣关系的法律保护缺陷

在新就业形态下，从业人员面临的法制保障不足是其合法权益易受侵害的关键因素。在平台经济背景下，我国劳动法律体系的不适应性主要体现在以下几个方面。

首先，劳动关系认定标准的不适应。我国现行的劳动关系认定体系以"三标准"（即人格从属性、经济从属性和组织从属性）为核心原则。②然而，在平台经济催生的新就业形态中，用人单位与劳动者之间的关系发生了根本性变化，出现了加盟、众包等非传统劳动关系形式。这些新形态中，短期或

---

① 于凤霞.基于劳动者保护视角的平台经济规范与发展［J］.中国劳动关系学院学报,2021,35（5）:27-35.

② 徐新鹏，袁文全.新就业形态下灵活就业群体劳动权益保障研究［J］.中州学刊, 2023（1）: 61-69.

无合同的工作取代了长期稳定的劳动合同。在实际操作中，多数平台认为自己仅提供居间或信息服务，促成服务提供者和使用者之间的交易，并在必要时为劳动者提供技能培训。因此，几乎所有平台均否认与通过平台提供服务的劳动者之间存在劳动关系。这种认识上的分歧对现行劳动关系认定标准提出了挑战，而在制定认定标准时，面临着平台经济发展与从业人员保护之间的平衡困境。平台经济作为新型经济业态对经济增长具有重要作用，如果劳动法律制度的保护范围过于狭窄，将使从业人员失去法律保护，合法权益受损；若保护范围过宽，过高的用工成本可能限制平台经济的发展。

其次，劳动保护主体的制度僵化问题。现行劳动法律采取了一种普遍适用的方法，未能充分考虑劳动用工领域的多样性和劳动者之间的差异。在平台经济模式下，平台从业人员的类型是多元且复杂的，但现有的劳动政策和法规对这部分群体的定义和范畴尚未给出明确的界定，更不用说讨论他们应享有的劳动保护待遇。因此，单一的劳动保护主体设置模式使得这一群体在劳动保护方面处于相对边缘化的处境。

最后，劳动保护法律制度的整合不足。虽然《中华人民共和国劳动法》和《中华人民共和国劳动合同法》为劳动者提供了基本保护，但这些法律在覆盖从业人员方面显得力不从心。如《中华人民共和国社会保险法》主要针对传统劳动关系下的劳动者，对新型灵活就业群体的保护力度不足。尽管该法第60条允许非全日制从业人员直接缴纳社会保险费，但其覆盖范围仅限于养老和医疗保险，而且待遇可能因身份问题而有所区别。此外，尽管我国实施了最低工资标准上调、低保金上涨、居民医保全覆盖等社会保障政策，但这些政策往往未能涵盖新型灵活就业群体，导致他们在待遇享受上与标准劳动关系下的劳动者存在差异。

（四）职业风险责任界定模糊：从业者的权益保护困境

在平台经济中，从业者在遭遇职业风险时的责任主体界定问题复杂且模糊。这种模糊性可以从两个维度进行理解：一是从业者作为受害者寻求劳动权益保护的情况；二是从业者可能作为事故责任方时的权利保障。

平台经济涉及多方利益主体，包括平台企业、代理商、保险公司及劳动者。在这种模式下，传统的雇佣关系和利益主体的角色定位变得不明确。尽管平台企业对从业者实施一定程度的劳动控制，却常将自己定位为信息提供者，避免与从业者建立正式雇佣关系，从而推脱雇主责任。事故责任主体的不明确性在兼职从业者中尤为突出。他们可能与平台企业下属的代理商存在用工关系，同时受到平台企业的管理和控制。这种多元化的用工形式和模糊的劳动关系导致从业者在执行工作任务过程中遭遇意外时，责任主体难以界定。平台企业、代理商等管理方和受益方往往拒绝承认从业者在执行工作任务时发生的意外，导致责任归属和责任程度难以确定。

现行法律对劳动关系的界定不够明确，导致平台企业倾向于通过为从业者购买商业保险来转移潜在的雇主责任。例如，一些外卖平台承诺为每天接单的众包骑手提供高额意外保险。然而，即便有商业保险的存在，一旦发生事故，保险公司、平台企业、代理商及从业者之间在责任认定上往往会出现相互推诿的现象，尤其是保险公司可能寻求在保险责任范围内减少或免除赔偿。网约车平台亦是如此，它们定位为基于互联网技术的服务平台，通过整合供需信息并由乘客在线预约车辆，来界定与司机之间的合作关系而非雇佣关系。此外，网约车司机在经营过程中需要自行承担多项费用，如油费、车辆维修费等，还包括在行车事故中可能发生的伤、残、亡等费用。平台企业通过这种方式，将部分经营风险和管理成本转嫁给从业者，而从业者则需要在缺乏充分保障的情况下自行应对各种费用和风险。

（五）权益诉求表达机制缺失：非正式渠道的挑战与改进

在劳动关系领域，建立制度化的沟通协商机制对于保障从业者权益至关重要。这种机制不仅能够平衡各方利益，还能减少冲突带来的负面影响。然而，当现有制度化渠道不足以满足需求或运作不畅时，从业者可能会诉诸非正式手段，如罢工、示威等集体行动，以表达其利益诉求。

根据相关学者通过案例研究法搜集的数据显示，2017—2018 年间我国发生了 87 起与从业者权益相关的罢工和抗议事件（岳经纶，刘洋，2021）。这些事件中，包含不同外卖平台骑手在内的抗议者通过横幅和标语等形式，明确表达了他们的诉求，如要求对在工作期间发生的交通事故给予合理补偿、依法支付工资、反对平台企业擅自变更合同条款和规则等。这些集体行动揭示了平台经济中存在的若干问题，包括合同合法性争议、劳资关系的潜在剥削性，以及平台企业的社会责任问题。从业者选择非制度化手段表达诉求，通常是因为他们认为自己缺乏有效的劳动合同保护，无法通过正规司法途径维权。面对平台企业的市场优势，即使从业者尝试通过正规渠道沟通，往往也面临响应迟缓或无效响应的困境，这迫使他们转向非正式手段以期获得关注。通常，这类行动的组织者会先在线上发起动员，待参与者人数达到一定规模后再转移到线下行动，同时利用社交媒体扩大影响力，吸引更多从业者加入。通过非制度化的表达方式，从业者试图向平台企业施加压力，以争取获得实质性的反馈和改善。

二、女性平台从业人员劳动保障面临的群体问题

根据第三章的研究发现，在平台经济背景下，女性群体对灵活就业模式展现出显著的偏好。该模式的吸引力主要源于其对时间安排的高度灵活性，为女性提供了在育儿和家务劳动中获得更多自主权的机会。此外，平台经济所提供的就业机会，能够满足女性在职业生涯中断后重新进入劳动力市场的需求，尤其在经济衰退期间，女性往往面临比男性更为严峻的就业挑战。

然而，这种灵活就业模式是否真正为女性创造了实质性的发展机遇，还是仅仅复制了传统劳动市场中的性别不平等，是一个值得深入探讨的问题。随着平台经济在劳动力市场中的比例增加，这一问题的答案不仅对当前参与灵活就业的女性群体具有深远影响，还对未来社会生产方式中性别平等的实现具有重要意义。

（一）数字化时代的性别鸿沟：对女性群体的系统性影响

在平台经济时代，性别差异在信息通信技术的获取和应用中逐渐突出，形成了"数字性别鸿沟"。[①]2018 年，经济合作与发展组织发布的《弥合数字性别鸿沟技术报告》深入探讨了这一现象，指出其根源在于国家、地区、部门及社会经济群体间在有效获取信息通信技术资源和数字技能水平上的性别差异。具体而言，男性在互联网使用率和在线活动频率上普遍高于女性，而女性则更多地将互联网用于社交目的。在教育和技能获取方面，女性在科学、技术、工程和数学等学科，以及信息和通信技术领域的入学率和获得教育机

---

① 宋月萍.数字经济赋予女性就业的机遇与挑战［J］.人民论坛，2021（30）：82-85.

会受限，这不仅限制了她们在数字专业领域的发展潜力，也加剧了性别间的技能差距。此外，在数字工具和技术的商业应用领域，女性的参与度相对较低，这不仅限制了她们在平台经济中创业的机遇，也对其获取创业资金的能力产生了不利影响。融资难题与就业歧视进一步妨碍了女性在科技领域的职业成长，从而加剧了数字性别鸿沟。

技能水平的差异同样体现在就业困境上，尤其对女性在传统性、常规性工作中的影响。智联招聘发布的《2020 年中国女性职场现状调查报告》显示，女性在职能类岗位的占比更大，主要从事客户服务、财务和相关业务，而男性则在生产、加工等技术岗位上占据优势。随着大数据、物联网、云计算和人工智能等数字技术的发展，传统职业的调整和革新将对女性的传统就业造成冲击，而数字行业的兴起虽然创造了新的就业机会，但对个人的信息素养和数字技能提出了更高要求。数字性别鸿沟的存在使得女性在这些新领域、新职业的竞争中处于不利地位，阻碍了她们在数字信息领域的发展。

值得注意的是，平台经济并非简单地延续传统性别分工模式，而是通过社会技术性的重构，形成了一种更为隐蔽的性别职业隔离现象，这种重构在一定程度上加剧了现代女性的劳动异化问题。[①] 以美团外卖为例，其数据显示，每 100 位骑手中仅有 10 位是女性，反映出男女比例高达 9 : 1。此外，家政服务平台天鹅到家的数据显示，从事家政服务的女性占比超过 99%，男性占比不足 1%，显示家政服务领域几乎成为女性的专属领域。以上数据表明，在互联网平台劳动中，性别分工的传统模式依然根深蒂固。尽管服务业的用工模式发生了变化，但互联网平台在社会技术层面对性别分工进行了重新构建和调整。这种重构不仅影响了劳动者的职业选择和发展空间，也对性别平等和劳动权益保护提出了新的挑战。

---

① 骞真. 平台劳动中性别分工问题及其现实出路 [J]. 学习与探索，2023（3）：27-32.

（二）平台经济中算法的性别盲点：加剧女性就业机会不平等

互联网平台利用大数据算法接收和分析劳动者信息及服务需求，评估劳动者的工作能力、业务表现等，并据此匹配劳动任务，以确保劳动者的就业与报酬获取。算法通常被视为价值中立的工具，然而，在现实应用中，算法的自动决策过程可能会无意中融入设计者的偏见及人类社会的歧视因素，导致性别歧视问题以更隐蔽的方式存在，进而使得个体层面上的歧视行为更难以被察觉和证实。随着信息技术的发展，劳动要素数据化，决策生成于算法劳动人事的"黑箱"之中，算法设计者和雇主的固有性别偏见可能无意识地被嵌入其中。具体而言，当前的经济社会数据集存在显著的不完整性问题，特别是关于女性的数据严重不足，这导致了性别偏见的产生，其中男性往往被默认为标准参照，而女性相关的数据在各个领域普遍缺失。例如，在职场环境中，标准劳动者的设定通常未将女性承担的怀孕与育儿责任纳入考量，导致在数据采集及标准制定的初始阶段，便已对女性群体形成了系统性的歧视。以外卖行业为例，在该行业的算法管理实践中，技术监管呈现出明显的性别倾向性。智能算法通过深度学习劳动者的历史数据，其设计和管理基础往往以男性劳动者为标准，这在无形中增加了女性从业者的参与成本。尽管技术逻辑和劳动过程看似性别中立，实则隐藏着性别差异的问题。黄岩和庄丽贤（2023）调查研究了30位女性外卖骑手，发现仅有少数在生理期会选择休息，而大多数为了维持工作表现和完成平台任务指标，不得不忽视生理需求。例如，一些女性骑手在人手紧张时，即使身体不适也必须接单。部分工作者甚至因为工作过于忙碌而无法及时更换卫生用品，或者在找不到厕所的情况下不得不忍受不便。梁萌（2021）的研究则聚焦于互联网家政工，探讨了金融资本和互联网技术如何共同塑造了家政平台的劳动用工模式。研究发现，平台的轻资产战略延续了家政行业的弱契约传统，而多元化的管理角色则加强了平台对个体家政工的控制。此外，平台管理实施的"去灵活化"策略破坏了家政女工之间的"姐妹情谊"，甚至导致了她们之间的隔离。

（三）工作与家庭角色界限的模糊：女性角色冲突的加剧及其影响

数字经济的发展为女性就业带来了前所未有的灵活性，但同时也引发了新的挑战。数字信息技术的应用使女性得以跨越地理和物理空间的限制，拓展工作与生活的场景，开启职业发展的新途径。然而，这种灵活性在一定程度上模糊了工作与家庭的界限，导致工作时间延长，对女性健康产生潜在的负面影响。研究指出，与标准工时相比，超时工作对女性身心健康的损害更为严重，这要求女性更高效地利用时间，提升工作效率。

此外，在数字经济背景下，女性在家庭角色和职业发展之间的冲突愈发显著。尽管灵活的工作模式允许女性在工作时兼顾家庭照料，避免了因职业发展牺牲家庭生活或出现完全退出劳动力市场的情况，但这种双重角色的平衡并未减轻女性在家庭中承担的责任。《平台经济下的新业态——女性灵活就业现状与需求调研报告》显示，22%的女性选择平台就业的主要原因是需要照顾家庭，无法从事正规工作。麦肯锡发布的《新时代的半边天：中国职场性别平等现状与展望》专题报告指出，超过六成的女性在求职时被问及婚姻和生育计划，而男性中只有三分之一的人遭遇同样的问题。这种差异性的提问不仅侵犯了女性的隐私权，还可能因真实回答而减少她们的就业机会。同时，该报告还指出，中国女性在家庭无偿劳动上的投入是男性的2.4倍。成为母亲后，女性可能会遭遇职业发展和经济收入的双重损失。一些女性在生育后不得不中断职业生涯，这不仅影响了她们的进修和晋升机会，还可能导致工资水平下降。中国女性每生育一个子女，其工资收入平均会下降约7%，而且这一负面影响会随着生育子女数量的增加而加剧。由此可见，女性在职场的参与往往伴随着大量的无酬家务劳动，这不仅加剧了工作与家庭角色的冲突，还可能增加女性的负担，引发新的就业问题。

第二节　女性平台从业者劳动保障缺失的深层致因

劳动关系系统理论为我们提供了一个全面分析女性平台从业者劳动保障缺失的框架。根据这一理论，女性平台从业人员的劳动保障缺失并非单一因素所致，而是多方面因素相互作用的结果。在当前的法律、经济、技术和社会文化背景下，政府、平台企业和劳动者三方主体的互动，共同推动了这一问题的动态发展。

一、外部环境因素：女性平台从业者劳动保障权益的系统性输入分析

从历史和社会发展的角度来看，人类社会管理和制度规范的进步往往呈现出渐进性，而平台经济及其衍生的新就业形态的出现，则显示出一种突变性特征。面对这种突变，人们往往会感到困惑和不适应，这种不适应性源于突变的不可预测性和复杂性。因此，对其所处的外部环境进行深入分析和研究，有助于梳理女性平台从业者劳动保障权益的系统性输入。

（一）经济增速低于潜在增速，平台经济成为引领发展的重要引擎

近些年，我国经济增速持续低于潜在增速，早在 2020 年就已形成经济增速持续下行的态势。[①] 自 2010 年以来，国内生产总值（GDP）增长率呈现

———————
① 清华大学中国经济思想与实践研究院（ACCEPT）宏观预测课题组，李稻葵，厉克奥博，等. 稳中求进以进促稳先立后破——当前中国经济形势分析与 2024 年展望［J］. 改革，2024（1）：23-39.

逐年下降的趋势。即使不计入 2020—2022 年的外部冲击，GDP 增长率也从 2010 年的 10.6% 下降至 2019 年的 6.0%，年均降幅约 0.5 个百分点。与此同时，消费者物价指数（CPI）和生产者价格指数（PPI）均显示出持续低迷的态势，这在很大程度上反映了国内消费需求和生产企业投资需求的不足。

当前，我国经济正迅速恢复，但复苏基础尚需巩固，发展信心有待进一步增强。在此过程中，平台企业的引领作用尤为关键。近两年来，得益于政策的协同效应和平台企业的自我创新，我国平台经济已迈入规范化、健康化、可持续发展的新阶段，成为推动经济增长的重要动力。[①]2022 年，我国数字经济规模突破 45 万亿元，稳居世界第二位。消费互联网平台在激发内需活力方面发挥了重要作用。据统计局数据显示，2022 年全国网上零售额达到 137853 亿元，同比增长 4.0%，其中实物商品网上零售额增长 6.2%。同时，我国工业互联网核心产业规模已超过 1 万亿元，具有行业和区域影响力的工业互联网平台超过 150 个。此外，平台经济在稳定就业和促进就业方面发挥了显著作用。截至 2022 年 7 月，我国已认定 97 个数字职业；据中国工业互联网研究院预测，2022 年工业互联网将带动新增就业 105.02 万人。

需要注意的是，网约车和外卖配送作为吸纳灵活就业的主要行业，2023 年已出现饱和迹象。网约车司机数量从 2020 年末的 289.1 万人快速增长至 2023 年 12 月的 657.2 万人，多地交通部门发布运力饱和预警。外卖配送行业也面临人员饱和、人均接单量下降的现象。据 2023 年 2 月中华全国总工会发布的数据，外卖骑手数量已达 1300 万人，接近饱和。这些行业就业趋于饱和，表明经济吸纳新增就业的能力下降，尚未达到实现充分就业的潜在水平。这些经济环境对女性平台从业者的劳动保障权益产生着深刻的影响。

---

① 夏杰长，杨昊雯 . 平台经济：我国经济行稳致远的重要力量［J］. 改革，2023（2）：14-27.

（二）平台女性劳动者权益保障初步形成，劳动法制生态环境有待改善

女性平台从业人员所处的劳动法律环境是以《中华人民共和国宪法》为最高指导原则，以《中华人民共和国劳动法》《中华人民共和国劳动合同法》《中华人民共和国妇女权益保障法》《中华人民共和国社会保险法》《中华人民共和国劳动争议调解仲裁法》《中华人民共和国工会法》和《中华人民共和国就业促进法》等为核心内容，辅以《关于维护新就业形态劳动者劳动保障权益的指导意见》《女职工劳动保护特别规定》《关于进一步规范招聘行为促进妇女就业的通知》等具体指导性文件[①]，以及行政法规、国务院相关部门规章、地方性法规、政府规章和最高人民法院的司法解释等补充性规定构成的综合体系。该体系的完整性对于保障劳动法制生态的平衡至关重要，任何环节的缺失都可能导致整个体系的失衡。

在劳动法制体系内部，对女性平台从业人员，尤其是存在隐性雇佣关系的劳动者，不能仅依赖单一的《中华人民共和国劳动合同法》，需要多部法律法规的协同作用，形成合力。然而，目前劳动关系领域的相关法律之间协调性不足，存在法律条文冲突的现象，尚未形成有效的制度化生态环境。在法制体系外部，政务环境、劳动者及资方的劳动法律意识等因素也对劳动法制生态产生显著影响。例如，一些地方政府在处理劳动者维权活动时，可能将其视为维稳问题，为了招商引资的需要，有时对企业侵害劳动者权益的行为视而不见。在劳动争议发生时，可能会利用行政权力干预劳动裁判。此外，部分地区劳动监察执法队伍力量薄弱，面对众多劳动执法监察对象，执法监察效果受限。同时，执法人员的劳动法律教育专业化程度不高，进一步影响了执法质量。

---

① 叶静漪. 新就业形态女性劳动者权益保障研究［J］. 人民论坛·学术前沿，2023（16）：50-59.

（三）技术发展成为女性平台就业的双刃剑

技术进步是推动平台经济发展的重要力量，但同时也带来了新的挑战。数字技术的应用使得工作更加灵活，但同时也加剧了劳动关系的复杂性。在数字经济时代，平台用工模式下的性别差异呈现出新的特点，可称之为"性别歧视3.0"。[①] 这种性别不平等具有隐蔽性，表现为更难以察觉的歧视行为、难以量化的损害结果、加剧的性别隔离现象，以及女性在劳动市场中更为弱势的地位，特别是在兼职化就业趋势的背景下。[②]

在平台经济背景下，算法成为更隐性的性别歧视手段。

首先，任务分配中的性别偏见。算法自动化决策可能在任务分配阶段就对女性劳动者产生不利影响。算法在对劳动者进行画像和任务分配时，倾向于优先考虑符合"完美劳动者"标准的员工。研究发现，构建于公司现行及过往员工数据之上的机器学习算法，在学习过程中可能产生对孕妇及潜在怀孕女性的歧视现象。该歧视效应已在网约车平台的任务分配机制中得到验证。

其次，议价能力的削弱。当公司将员工绩效评估和薪酬发放等决策权交给算法自动化决策时，女性劳动者的议价能力可能受到限制。公司可能声称其仅是算法决策的执行者，而非决策者，从而在与劳动者的议价过程中占据优势。

再次，劳动监控与绩效评估。随着可穿戴设备和数字化工具的普及，劳动者的工作表现被更广泛地监控和数字化。算法自动化决策在评估劳动成果

① 张凌寒.共享经济平台用工中的性别不平等及其法律应对 [J].苏州大学学报（哲学社会科学版），2021，42（1）：84-94.

② 张凌寒.共享经济平台用工中的性别不平等及其法律应对 [J].苏州大学学报（哲学社会科学版），2021，42（1）：84-94.

和绩效时，通常以性能和效率为标准，忽视了女性在情感沟通和工作灵活性方面的优势。这可能进一步边缘化女性，使她们难以获得同等的工作机会、报酬和晋升机会。同时，算法自动化决策中的性别歧视往往难以被女性劳动者所察觉。她们可能对算法的存在及其潜在的歧视性决策过程一无所知。① 例如，某些企业在未告知员工的情况下，将电梯中的监控设备与算法系统相连，而根据《中华人民共和国个人信息保护法》第十三条规定，企业在人力资源管理中收集员工个人信息并不需要征得员工的同意。这导致劳动者对个人数据的收集和算法决策过程缺乏必要的知情权，更难以意识到可能存在的性别歧视问题。同时，平台经济的性别歧视多为间接形式，雇主可能利用工作量和工作表现的相关性来证明其合理性，除非有确凿证据证明算法决策存在性别歧视，否则难以启动相关的法律救济程序。

最后，算法自动化决策中的性别歧视在实际操作中难以得到证实。尽管表面上看起来男性和女性在算法决策下的劳动参与和报酬是公平的，但由于算法监控和考核标准不公开，劳动者即使感受到歧视也难以通过数据证实。例如，美国学者对优步（Uber）司机的数据进行分析，揭示了男女司机薪酬不平等的现象。而在"谷歌职位广告歧视案"中，研究人员通过建立专业工具"广告钓鱼"（AdFisher），经过大量数据分析才证实了性别歧视的存在。②

更严重的是，算法中无意识嵌入的性别歧视可能会加剧既有的性别不平等现象。以谷歌公司为例，其广告推送机制在向用户展示高薪职位时，明显偏向于男性用户。该机制对男性用户推送的年薪超过 20 万元的职位广告高达1852 次，而对女性用户的推送次数仅为 318 次。③ 这一现象可能反映了算法

① 张凌寒.算法自动化决策中的女性劳动者权益保障［J］.妇女研究论丛，2022（1）：52-61.

② CHURCHILL B, CRAIG L. Gender in the Gig Economy: Men and Women Using Digital Platforms to Secure Work in Australia［J］. *Journal of Sociology*, 2019, 55 (4): 741-761.

③ 安妮特·拉鲁.不平等的童年［M］.宋爽、张旭，译.北京：北京大学出版社，2018：801

设计中潜在的性别偏见，即系统默认男性更有可能符合高薪职位的要求。这种性别化的推送策略不仅可能加剧职业性别隔离，还可能限制女性接触和发展高薪职业机会，从而在无形中强化了性别不平等。

（四）传统观念与现代舆论对女性平台从业人员自我认知的共同塑造

在我国，悠久的文化传统与现代舆论共同塑造了女性对自身角色的认知。国家将性别平等确立为一项基本政策，并在法律层面予以保障，使得"妇女能顶半边天"这一观念深入人心。自新中国成立以来，女性积极参与社会生产，其在职场的活跃已成为社会共识。尽管如此，职场女性的角色期待与自我价值定位仍受到传统观念的影响，如"男主外女主内"和"女性应从事稳定工作"等。在当前社会环境与教育观念的潜移默化影响下，部分女性更倾向于将工作视为实现稳定生活而非追求职业发展的途径。有研究显示，在儒家文化较为盛行的地区，随着数字经济的兴起，妻子的工作时间及丈夫承担家务的时间均有所减少。进一步分析发现，尽管数字经济的发展仅在边际上显著，但丈夫的工作时间实际上有所增加。与此同时，妻子在家务上的投入并未出现明显减少。而在儒家文化影响较弱的地区，无论是工作时间还是家务时间，数字经济的发展并未在性别上表现出显著的时间分配差异。这表明了数字经济与儒家文化的相互作用，可能会进一步巩固"男性主导外务，女性负责内务"的家庭分工格局。[①]

此外，性别刻板印象等传统社会文化观念仍然广泛存在。性别刻板印象认为男性在技术领域拥有与生俱来的优势。这种观点影响了父母对子女教育方向的选择，他们往往倾向于鼓励女孩投身于人文社会科学，而非数字技术领域。这种根深蒂固的性别偏见不仅潜移默化地塑造了女性对数字

---

① 张勋，杨紫，谭莹.数字经济、家庭分工与性别平等［J］.经济学（季刊），2023，23（1）：125-141.

技术的态度和使用习惯，还降低了她们在这一领域的自我效能感，进而可能导致在数字专业领域的性别职业隔离现象，这在某种程度上加剧了"性别数字鸿沟"。

（五）女性平台从业者的社会支持系统面临挑战

社会支持系统，包括家庭、社区和非政府组织等，对女性平台从业者的劳动保障具有重要作用。在我国当前社会结构中，女性平台从业人员面临着家庭、社区和非政府组织支持不足的困境。传统性别角色分配导致女性在家务和育儿等方面承担更多责任，这影响了她们对平台工作的投入和职业发展。同时，由于资源配置和社会服务体系的不均衡，女性从业者往往难以获得有效的职业培训和心理支持。此外，尽管一些组织致力于促进性别平等和女性权益，但其影响力和覆盖范围相对有限，难以满足广大女性平台从业人员的多样化需求。

此外，女性在平衡育儿与职业发展之间面临显著挑战。研究发现，超过三分之一的母亲因育儿压力选择回归家庭生活，在全职在家的女性中，仅约三分之一始终未参与职场，而约 66.43% 的女性在生育后因现实压力而退出职场。另外超过 80% 的二孩家庭母亲认为生育二孩对其职业发展产生了影响，其中 54.98% 认为有一定影响，26.29% 认为影响严重。此外，该项研究还显示，仅有 17.8% 的父亲在家庭婴幼儿照护中发挥了积极作用。[1]

---

[1] 洪秀敏，朱文婷.全面两孩政策下婴幼儿照护家庭支持体系的构建——基于育儿压力、母职困境与社会支持的调查分析 [J].教育学报，2020，16（1）：35-42.

二、主体互动框架：政府、平台企业与女性从业者间的协同和博弈

在劳动关系系统中，政府、平台企业和劳动者是三个核心主体。政府在制定和执行劳动保障政策方面发挥着关键作用；平台企业作为劳动关系中的雇主，其对劳动保障的重视程度直接关乎女性从业者的权益；而女性从业者在劳动关系中的议价能力也直接影响其劳动保障的实现。这三方之间的动态协同和博弈，共同塑造着我国女性平台从业人员的权益保障格局。

（一）政府层面：新事物成长中的包容性政策与治理挑战

面对新兴业态，政府展现出对创新的包容性，但在相关法规构建上，政策关注尚显不足，导致劳动权益保障的法律框架存在空缺。因此，当从业者权益受损时，往往难以找到法律依据来寻求保护，劳动权益保护显得相对薄弱。为推动平台经济有序发展，国务院办公厅于2019年8月发布了《关于促进平台经济规范健康发展的指导意见》。该指导意见倡导对新兴业态实施"包容审慎监管"，主张在监管中设置"观察期"以避免过度干预，同时鼓励平台经济新业态的发展，并致力于优化其发展环境。这一政策体现了中央政府对平台经济的宽容立场，并为其提供了政策上的支持，为互联网平台企业推动新业态发展提供了广阔空间和强劲动力。然而，这种宽容态度在一定程度上可能忽视了对从业者劳动权益的充分保护。尽管指导意见中也强调了平台企业在劳动者权益保护上的责任，以及对社会保障政策的研究和完善，但现有政策更多聚焦于平台经济对经济增长、创业就业及产业升级的推动作用，对从业者劳动权益的保障尚未给予足够重视和具体政策支持。平台经济作为一

种新兴经济形态，其发展历程持续演进，最终形态尚未明确。

首先，在劳动权益保护方面，平台经济对雇佣关系的界定提出了新挑战。平台经济的多样性和灵活性使得界定平台中的劳资双方及其权利义务关系变得复杂。这一挑战部分源于政府对这一新兴业态采取的包容性监管策略，导致政府未能及时关注平台经济中出现的新型劳动关系。因此，当从业者面临劳动权益问题时，难以找到适用的法律依据。

其次，针对平台从业人员的社会保障制度尚未建立健全。当前，我国部分地区的社会保障体系仍受限于户籍制度，导致平台从业者难以纳入城市社会保障体系。这种政策限制对他们的生活、就业、劳动安全等多个方面构成了潜在威胁。由于现行政策将正规部门就业与社会保障紧密联系，而平台从业人员则缺乏相应的职工社会保障机制。户籍制度的限制性规定使得平台从业人员在某些地区无法享受与本地户籍居民同等的社会保障待遇。这不仅影响了他们获取医疗、养老、失业等基本社会保障，也增加了他们在面临生活和劳动风险时的脆弱性。

再次，政府对女性平台从业人员的劳动权益监管存在不足。主要表现为对女性平台从业人员的数据掌握不够全面，导致劳动监督管理部门在执行监督职责时缺乏针对性和有效性。在平台运营过程中，涉及工商、税务等多个政府部门，这些部门在履行管理职责时缺乏集中统一的管理机构和政策指导，容易出现政策不一致和管理混乱的情况。例如，直播行业尚未明确主责管理部门，直播过程中涉及多个部门的管理权限，一旦出现问题，容易出现责任推诿和管理空白。

最后，政府对女性平台从业人员的公共服务体系尚不完善。这一群体由于其独特的就业形态，难以获得政府政策的及时更新，同时在获取技能培训服务方面也存在障碍。此外，由于缺乏专门针对非正规就业人群的利益维护机制，他们的合法权益和合理诉求往往难以得到有效响应和满足。具体而言：

一是她们获取政策导向的渠道较为有限，这限制了该群体对政策变动的适应能力；二是针对女性平台从业人员的专业技能培训服务不足，影响了其职业技能的提升和就业竞争力的增强；三是缺乏有效的利益表达和维护渠道，使得她们在面临权益受损时难以获得及时援助和支持。

（二）企业层面：资本效率追求与社会责任缺失的矛盾

企业战略在本质上是由资本驱动的，其核心目标在于追求效率与利润的最大化。在平台型经济组织的背景下，这一逻辑尤为突出。从表象上看，平台企业与从业者之间的合作关系建立在自愿原则之上，并通过契约形式予以确认。然而，在实际操作中，这种自愿性往往掩盖了资本方与劳动方之间存在的权力与地位不平等现象。由于劳动者个体在议价能力上的弱势，他们通常处于相对不利的地位。与此同时，平台企业与从业者之间的契约往往呈现出"弱契约"的特征，这主要由于平台经济的高流动性、工作时间的灵活性及工作地点的不确定性所导致。这些特征显著增加了平台从业者的职场风险。此外，平台企业为了追求更高的利润，常常利用劳动法律保护的灰色地带，采取"去劳动关系化"的策略，以规避为员工提供必要的劳动权益保障，将风险转嫁给缺乏议价能力的从业者，从而忽视了其应承担的社会责任。

随着智能手机的普及、移动支付技术的广泛采用及大数据技术的持续创新，互联网经济领域迎来了新的增长机遇。众多互联网企业积极拓展平台经济领域，以期在市场份额的争夺中占据有利地位。作为资源配置的核心主体，企业的终极目标在于实现利润的最大化。因此，企业在成本控制与销量提升两个方面均需付出努力。在这一发展过程中，消费者对市场的影响力逐渐提升，为平台企业带来了新的挑战。为了在竞争激烈的市场环境中生存并实现发展，平台企业必须通过创新的管理策略和技术手段来提升自身的竞争力，并争取更大的市场份额。在这一过程中，从业者往往成为平台企业降低运营成本和提高效率的关键因素。

在成本控制方面，平台型企业倾向于不与从业者建立正式的劳动关系，而是选择将业务外包给代理商，以减少劳动成本。具体而言，在外包模式下，代理商与从业者之间通常签订的是商业合作协议，平台企业据此主张与从业者之间不存在劳动或雇佣关系，从而规避了社会保险缴纳和最低工资支付等法律责任。然而，这种用工模式导致从业者丧失了基于劳动关系所应享有的权益，如医疗保险、工伤保险、最低工资保障及带薪休假等。通过代理和转包机制，平台型企业将本应承担的风险转嫁给从业者，从而规避了雇主责任。

在效率提升方面，平台型企业采取了严格的"强考核"制度，对从业人员在产品送达时效、顾客满意度及服务质量等多个维度上设定了高标准的考核指标。对于未能满足这些标准的从业人员，可能会遭受工资扣减、服务权限暂停乃至职业资格撤销等惩戒措施。此类考核体系不仅增加了从业者的压力，也反映出平台型企业对效率的极端追求。平台型企业对效率的极致追求，进一步加剧了从业人员所面临的职业风险。以外卖平台为例，通过算法优化缩短了配送时间，从而提升了配送效率。然而，这种算法的应用实际上是一种风险转移，企业通过算法优化实现利益最大化，却将相应的负担和风险转嫁给个体从业人员。这导致从业人员所承受的工作压力和风险持续增加，如外卖配送员为了追求效率而采取的闯红灯、逆行和超速等高风险行为，正是这种风险转移的直接体现。

（三）女性从业者层面：个体利益关注与组织化维权能力的不足

平台经济以其就业的灵活性、低门槛和相对较高的收入潜力，吸引了众多求职者加入劳动力市场。尽管平台企业未能提供全面的劳动权益保障，但求职者在权衡风险与收益后，往往选择接受这一就业形态，并承担相应的职业风险。这种选择在一定程度上为企业提供了一个拒绝提供劳动权益保障的借口，从而加剧了从业者合法权益保护的难度。

从"推—拉"理论的视角分析，从业者选择加入平台经济主要是受到个人社会经济状况的推动。他们通过就业以获得足够的收入，满足自身及家庭成员的基本生活需求。例如，滴滴出行的数据显示，大多数网约车司机依赖平台收入作为主要的生活来源，其中大多数人是家庭的主要经济支柱，背负着债务，需要抚养子女和赡养老人。美团研究院的报告也指出，在2020年上半年，美团平台上有近四成的骑手同时从事其他工作，其中一部分拥有多份灵活职业。面对生活成本的上升、家庭责任的增加、负债压力，以及不可控因素导致的失业问题，部分社会个体在职业选择过程中面临局限性。对他们而言，及时就业并获得收入成为当下最迫切的需求，即使这些工作可能伴随较高的职业风险。

拉力因素在平台经济中扮演着关键角色，包括就业的灵活性、低门槛、收入潜力及平台企业在服务信息提供方面的优势。平台经济的就业模式为求职者提供了高度的自主选择权，包括服务供给的自由选择、工作时间的相对自由及较低的人身管理约束，这些因素共同构成了求职者加入平台经济的强大吸引力。《平台经济下的新业态——女性灵活就业现状与需求调研报告》的数据显示，54%的女性认为平台就业满足了自己追求自由工作的愿望，50%的女性受访者认为通过平台就业能够获得经济收入，从而增强了自身的价值感。由此可见，女性将平台就业视为追求自由、实现自我价值的方式。同时，笔者在访谈过程中发现，由于平台企业对求职者的性别、年龄、学历、专业技能等个人条件要求较低，行业准入门槛不高，且提供了相对有竞争力的薪资水平，使得平台经济对求职者的吸引力超越了许多传统行业。

尽管平台企业和从业者之间存在"弱契约"关系，但从业者对平台企业发布的服务需求信息高度依赖。在网约车领域，司机和消费者均需依赖平台企业来完成订单的发出与接收、服务的提供与接受。一旦脱离平台，司机在寻找乘客方面可能遭遇困难，或在市场竞争中处于劣势，因此不得不依赖于平台。然而，平台经济所提供的诱因往往掩盖了劳动权益保障的不足。许多从业者更关注职业的收入水平，而非劳动权益的保障。他们可能选择放弃社会保险费的缴纳以换取更高的收入，而劳动权益保障的缺失并非他们的首要关注点。这种现象部分源于劳动法执行力度不够及社会保险体系的碎片化。具体来说，平台企业实施的管理考核机制、维权程序的复杂性，以及就业的分散化特点，共同导致了求职者对劳动权益保障的忽视。外卖平台通过积分等级体系，激励骑手提高准点率、服务量和顾客满意度，进而增加收入。然而，在年末考核中，排名靠后的配送站可能面临淘汰，导致骑手收入减少，同时承受来自同事的压力。这种评价体系促使骑手在追求更高收入的同时，不得不面对潜在的职业风险。即便在遭遇意外时，平台企业设定的维权渠道也较为烦琐，要求从业者逐级申请，复杂的流程导致一些骑手不得不放弃维权。有调查显示，大多数受伤的外卖员选择不采取任何行动，部分原因是担心维权行为可能导致被开除或账号被封。此外，一些从业者担心主张保险权利会影响积分，进而影响收入，因此往往选择不报告轻微事故，也不向平台索赔。

这种低反抗的姿态使得平台企业对劳动权益保障的忽视变得更加合理。由于从业者在地理上高度分散，个体差异大，劳动供给呈现出原子化和匿名化特征，加剧了从业者之间的竞争。这导致从业者难以形成群体认同和集体维权意愿，难以参与到平台经济的劳动市场规则制定中。然而，平台经济中多元主体的逻辑是相互交织而非孤立的。平台经济在促进就业和推动经济增长方面具有积极作用，赢得了政府的信任。这种信任促使政府对追求效率最大化的企业采取较为宽容的政策，从而使平台企业能够通过模糊劳动关系的界定来逃避其应承担的雇主责任。在企业和从业者之间，权力的不对等导致从业者缺乏足够的话语权。从业者的低抵抗或不抵抗的态度，进一步助长了企业的自满和傲慢。这种态度的形成，部分是由于政策法规的不完善或缺失所导致的。实际上，从业者劳动权益保障的缺失，是多元主体相互作用的结果。每个主体都基于自身利益最大化的预期，从理性人的角度出发做出选择。这些不同主体的行为选择相互作用，最终导致了从业者权益保护不足的状况。

三、转换机制评估：传统劳动关系协调机制在平台经济中的不适应

（一）女性身体特征在劳动保障中的忽视：保障机制的不完善

如前所述，我国现行劳动法主要采用一种全有或全无的劳动关系认定模式，以此来确定劳动关系中的责任。根据《中华人民共和国劳动合同法》，劳动关系的建立应通过书面劳动合同来明确。然而，在平台经济中，由于其就业模式的灵活性，许多平台企业并未与从业者签订正式的劳动合同。根据《关于确立劳动关系有关事项的通知》，即使未签订书面劳动合同，只要满足一定的条件，劳动关系依然可以成立。但平台经济模式下，非全日制工作、非固定工作场所和工作时间等特点与现行劳动关系认定标准存在差异，导致现行标准未能涵盖平台经济中的新型用工形式。此外，即使从业者与第三方公司签订了劳动合同，由于合同通常由公司保管，从业者无法获得纸质版，这增加了劳动关系的界定难度，导致权责不明确，加剧了劳动关系的不稳定性。平台经济从业者的工作时间、地点和人事管理的灵活性与传统劳动模式存在显著差异，现行劳动法难以完全适应平台经济中的新型雇佣关系，从而在一定程度上为互联网平台企业规避社会保障义务提供了机会。

由此可见，在平台经济的背景下，平台从业人员正在努力争取基本的劳

动权利，该群体在工资、工作时间和职业伤害保障等方面表现出迫切的社会保护需求。而社会对他们的保护尚未充分扩展到性别平等的层面。虽然我国已经开始制定相关政策以解决灵活就业中的社会保障问题，但现行政策和法律在性别平等问题上的关注仍然不足。相较于传统雇员，灵活用工劳动者的保护措施较为有限，尤其对女性劳动者而言，缺乏产假和哺乳假等劳动保护措施。这种保护的缺失不仅损害了女性劳动者的权益，也阻碍了性别平等的进程。

同时，平台经济中存在的性别不平等往往是间接的，表现为看似中立的劳动规则实际上对女性产生了不利影响。当前我国法律中有一些禁止性别歧视的规定，但主要是针对直接歧视，女性平台就业过程中面临的间接歧视在现行法律中并未得到足够的重视。此外，平台就业中的性别歧视难以证明，法院在认定性别歧视造成的损害结果时标准严格，导致许多职场性别歧视案件被作为劳动纠纷而非侵权纠纷处理。平台经济中的歧视行为由于其匿名性和缺乏面对面交流的特点，使得歧视行为更难以被证实。同时，平台用工歧视的故意性也难以证实，因为平台通常通过算法设定规则，而算法的技术性使得平台可以主张其规则是中立的。总体而言，我国在就业中的性别歧视保护方面尚显不足，缺乏明确的法律规定来禁止就业中的间接性别歧视。

（二）平台化劳动模式对女性劳动者联合性的影响：潜在的负面效应

平台经济的兴起对传统工会组织的构建提出了挑战。工会作为集体劳动关系中的关键组织基础，其功能是通过劳动者基于共同利益的组织化行动，与雇主进行有效的协商，以平衡劳动力市场的议价能力。从理论视角审视，一个有效的"团体"组织应具备成员间的相互依赖、以满足成员需求为目标、成员的心理认同感，以及对团体的长期依附等特征。[①] 然而，平台经济的工作模式转变，特别是在某些行业中，已经对传统团体组织的形成造成了影响。平台企业的劳动者主要通过移动智能软件与平台的数据信息对接技术，直接向劳务需求者提供服务。在这一过程中，劳动者的工作场所实际上是一个虚拟的网络平台。劳动者在提供服务时通常独立作业，从接单到完成订单主要依靠移动通信设备，鲜有协作需求。此外，在平台用工模式下，劳动者享有较高的工作自由度，他们可以自由选择加入或退出平台。这导致参与平台劳动的群体在工作目的、频率和稳定性上呈现出明显的差异性，有的视其为全职职业，有的作为兼职补充收入，还有的则出于个人兴趣。总体而言，这种基于互联网技术的用工模式，正从"以岗位为导向"走向"以任务为导向"。这使得平台从业人员更加分散化、个体化，甚至无法确定他们是否为同一个平台企业工作，因而难以形成传统意义上的组织归属感和认同感，也难以形成劳动者集体组织。

同时，在平台经济下，平台从业人员与平台企业之间的法律关系界定尚不明确，这导致平台从业人员在法律资格上面临参与工会的障碍。平台企业通过利用电子格式合同将双方关系定义为"劳务关系"或"合作关系"，这种界定方式使得该群体的工会会员资格变得更加模糊。

根据我国《中华人民共和国工会法》第三条的规定，所有在我国境内以工资收入为主要生活来源的体力和脑力劳动者，无论其背景如何，都依法享有参加和组织工会的权利。然而，该法律文本并未明确解释"工资"和"劳动者"是否专指传统劳动关系下的概念，留下了解释空间。与《中华人民共和国工会法》相比，《中国工会章程》在表述上更为宽泛。其第一条提到，无论是以工资为主要生活来源的劳动者，还是与用人单位建立了劳动关系的劳动者，只要承认工会章程，都可以成为工会会员。这种表述在字面上区分了

---

① 班小辉．超越劳动关系：平台经济下集体劳动权的扩张及路径［J］．法学，2020（8）：160-175.

两种类型的劳动者，暗示了对"以工资为主要生活来源"的劳动者并不要求必须有劳动关系的存在，从而为工会会员资格的宽泛解释提供了可能性，但也带来了理解上的模糊性。例如，一些地区的工会改革实践已经体现了对劳动者概念的扩展：在浙江、重庆等地成立的货车司机联合工会，并未将货车司机与平台之间的"劳动关系"作为入会的前提条件，而是基于一种松散或半松散的合作关系。然而，也有观点认为，由于货车司机大多数未与企业签订劳动合同，未建立明确的劳动关系，而且其收入来源于运费而非劳动报酬，因此不符合入会的资格条件。这种立法上的模糊性使得平台从业人员参与工会的合法性存在疑问。尽管实践中对工会会员资格的开放性为平台从业人员提供了参与的可能性，但仍面临标准不明确的问题，导致平台从业人员的入会往往依赖于外部政策的推动。

第六章 他山之石：国外女性平台从业人员的劳动和社会保障

随着数字化时代的发展，平台经济迅速崛起，为全球经济注入了新的活力。然而，在此过程中，女性平台从业者的身影却往往被忽视。她们在享受平台经济带来的就业灵活性与机遇的同时，也面临着收入不稳定、职业安全与健康风险、社会保障缺失等诸多挑战。那么，全球范围内的其他国家是如何应对这些问题的？又有哪些成功经验值得我们借鉴？本章将进一步探索国外女性平台从业者的就业和社会保障状况。

第一节 国外女性平台从业人员的就业及其保障状况

从当前的国际状况看，技术变革深刻地影响着女性的工作和生活。随着平台经济的发展，女性平台从业人员的就业机会和就业形态也随之发生改变，但在收入、职业安全和健康、劳动权益保障等方面仍存在一些差距。为了改善这一状况，各国政府和相关机构已经采取了一系列措施，致力于为女性平台从业人员提供更多样的工作机会和更好的保障。

一、国外平台经济的发展现状

技术进步正重塑着我们的工作生活，深刻地影响着劳资关系。近年来，全球范围内数字劳动力平台增长迅速，平台在创造机会的同时也带来一些挑战。

（一）国外平台经济的发展

技术进步和科技创新的速度史无前例。自20世纪90年代起，信息与通信技术领域的技术变革推动了平台经济的迅速发展。数字平台在各大经济领域中呈现了多样化和迅猛发展趋势，包括为个人用户提供数字和产品的平台、为不同用户提供交易服务的平台（数字劳动力平台）、企业服务交易平台等（如图6.1和6.2所示）。其中，数字劳动力平台即为本书所研究的对象。国际劳工组织将数字劳动力平台分为基于在线网络平台（工作任务由从业人员在线执行或远程执行）和基于指定位置平台（如出行平台和配送平台）两种类型。截至2020年12月，脸书的月活跃用户达28亿。2023年，亚马逊（Amazon）公司实现了5748亿美元的年销售额，并获得304亿美元的净利润。Meta Platforms，即脸书（Facebook）的母公司，在同一年的全年收入为1349亿美元，净利润高达391亿美元。优步（Uber）科技公司的年收入为372.8亿美元，净利润为18.87亿美元。贝宝（Paypal）作为支付服务的提供者，2023年的净销售额为297.71亿美元，净利润为42.46亿美元。爱彼迎（Airbnb）在2023年的营收为99.17亿美元，净利润达到47.92亿美元。[①]

---

① 全球企业动态. 亚马逊、谷歌、Meta、优步、奈飞、贝宝等22家美国互联网公司2023年第四季度财报汇总［EB/OL］.（2024-03-01）［2024-08-25］. https://caifuhao.eastmoney.com/news/2024030108 2830020612710.

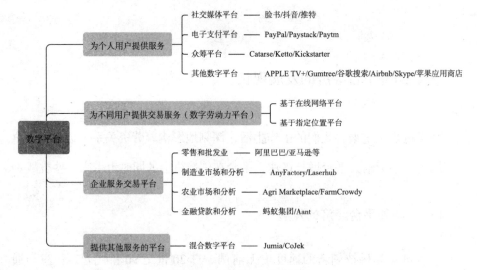

图 6.1　数字平台的发展概况

资料来源：国际劳工组织.2021年世界就业和社会展望——数字劳动力平台在改变工作世界中的作用［M］.北京：中国财经出版集团经济科学出版社，2022：12.

图 6.2　数字劳动力平台的类型

资料来源：国际劳工组织.2021年世界就业和社会展望——数字劳动力平台在改变工作世界中的作用［M］.北京：中国财经出版集团经济科学出版社，2022：43.

从全球分布来看，英国牛津大学互联网研究院开发的"线上劳动指数2020（Online Labour Index 2020）"的数据显示，从2016年9月到2022年10月，全球在线工作中的项目主要集中在北美与欧洲（约占53%），其次是亚洲（约占18%）。[①] 国际劳工组织研究显示，在G20国家中，对数字平台的投资，美

---

① 许怡，邢玉姣.全球南-北方视角下的零工经济与平台劳动——现状、挑战与启示［J］.工会理论研究（上海工会管理职业学院学报），2023（5）：67-80.

国占据了主导地位，达到了 44%，中国紧随其后，占 27%，而欧盟则为 9%；在年收入方面，美国同样位居榜首，占比 54%，中国以 25% 的份额位居第二，欧盟则以 9% 的份额位列第三。该研究进一步指出，远程工作平台的主要购买者大多来自北美、西欧以及澳大利亚等地区。平台从业者则主要来自东欧、南亚（尤其是印度、巴基斯坦和孟加拉国），以及菲律宾等地区。[①]

（二）国外平台经济的规模和平台从业人员数量

2018 年，全球平台经济的市场规模估计为 2040 亿美元，并预计到 2023 年将增长至 4550 亿美元。[②]2020 年，欧盟国家或地区的平台从业人员占比介于 1.6% 至 7%，而同一时期曾从事平台工作或从平台上赚取收入的工人占比介于 9%—22%，2021 年 1 月，美国有 22% 的劳动年龄人口以数字平台为媒介提供商品或服务。[③]这些岗位以灵活的工作时间、非固定的工作地点和不稳定的薪酬为显著特点，并且正逐渐成为这些劳动者的主要收入来源。据观察，平台劳动所得在他们总收入中的占比高达 70%，有时甚至更高。[④]从分类来看，2020 年基于在线网络平台和基于指定位置平台的平台公司数量显著增长，从 142 家激增至超过 777 家。在 2011—2020 年的十年间，纯在线网络平台的数量翻了两番，而出行和配送平台的增长更是达到了 10 倍。在这些新兴的平台中，部分主要集中在美国（占 29%）、印度（占 8%）及英国（占 5%）。

① BRAESEMANN F, STEPHANY F, TEUTLOFF O, et al. The Global Polarisation of Remote Work ［J］. *PLoS One*, 2022, 17 (10).

② 许怡，邢玉姣. 全球南—北方视角下的零工经济与平台劳动——现状、挑战与启示 ［J］. 工会理论研究（上海工会管理职业学院学报），2023（5）：67-80.

③ 国际劳工组织. 2021 年世界就业和社会展望——数字劳动力平台在改变工作世界中的作用 ［M］. 北京：中国财经出版社集团经济科学出版社，2022：18.

④ FORDE C, STUART M, JOYCE S, et al. The Social Protection of Workers in the Platform Economy ［R］. Study for the EMPL Committee, Brussels, Belgium, 2017.

（三）国外平台从业人员的管理与劳动者的工作自由

与传统的人机互动不同，数字劳动力平台依赖于自动化系统来分配工作任务，即平台从业人员与消费者需求自动匹配。数字劳动力平台通过智能匹配系统将客户与不同技能水平的从业人员联结起来，这些从业人员执行的任务范围广泛，从高技能的软件编程到低技能的外卖配送或其他简易任务不等。该平台采用了一种盈利策略，包括收取服务佣金、订阅费用及为获取工作机会所需的其他费用，这在一定程度上给从业人员带来了经济压力，特别是在劳动力市场供大于求的情况下。数字劳动力平台的业务模式高度依赖于那些通过平台获得工作机会的自由职业者，而非传统意义上的雇员。这些平台从业人员通常被定义为"自雇者"或"独立承包商"，这种模式的转变对未来工作结构产生了深远影响。

数字劳动力平台的另一个显著特点是其算法驱动的管理方式，这从根本上塑造了工作流程和绩效评估体系。匹配算法在考虑任务分配时会综合从业人员的评分、专业背景、技能水平、客户反馈、可用性、时区差异，以及小时费率等一系列关键指标来决定工作分配。在这些指标中，从业人员的评分和客户的评价是决定工作分配的两个核心因素。特别是在出行和配送服务领域，工作分配主要依赖于平台从业人员的评分，而这一评分则是基于客户评价、订单取消率和接受率等多个指标综合计算得出的。平台从业人员通常只有有限的时间来决定接受或拒绝任务。平台的算法绩效管理系统在很大程度上取代了传统的人力资源监督，它仅根据评分、客户反馈和其他评估指标来评价工作表现，而对于如何计算和确定从业人员等级的具体方法却缺乏透明度。与此同时，许多在线平台使用键盘输入追踪或屏幕截图等监控工具，这可能会限制从业人员的工作自由度和自主性。在出行服务领域，GPS 追踪、接受率和取消率等指标可能会影响从业人员的评分，进而影响他们获取工作的机会，严重时甚至可能导致账户被封禁。平台通过单方面制定的服务协议条款进行治理，赋予了平台对从业人员工作自由的较大控制权，并通过设置排他性条款等手段限制客户或企业与从业人员之间的互动。

二、国外女性平台从业人员的工作和保障

对于女性从业人员而言，数字劳动力平台带来了机遇，在平台经济不断发展的情形下，呈现出了与传统雇佣关系、与男性从业人员不同的特点。

（一）国外女性平台从业人员的人口统计学特征

2019 年以来，全球的就业形势不容乐观，女性在劳动力市场上的处境明显恶化。根据国际劳工组织的调查数据显示，2022 年，全球女性参与劳动力市场的比例为 47.4%，而男性则高达 72.3%，两者之间的差距达到了 24.9 个百分点。这表明，在经济活动中，在劳动力市场中，每有一位未参与工作的男性，就相应地有两位未参与工作的女性。[1] 相应地，全球未参与劳动市场的适龄女性人数比男性多出 7.5 亿。此外，2022 年的数据显示，女性所获得的工作岗位中有 80% 属于非正式性质，相比之下，男性从事非正式工作的比例则为 66.67%。[2] 从工作时长来说，在全球范围内，女性就业者每周工时比男性就业者少 7 个小时。就业率性别差距已经很大，而女性有偿工作时间减少将进一步扩大这种差距。[3]

在 2017—2020 年间，国际劳工组织实施了一系列跨国界和多行业的研

---

① 国际劳工组织.世界就业和社会展望 2023 年趋势［M］.北京：经济科学出版社.2023：2.

② 国际劳工组织.世界就业和社会展望 2023 年趋势［M］.北京：经济科学出版社.2023：22-23.

③ 国际劳工组织.世界就业和社会展望 2023 年趋势［M］.北京：经济科学出版社.2023：24.

究。这些研究涵盖了来自 100 个国家的 2900 名参与者，他们分别参与了 2017 年的微任务平台、2019—2020 年的自由职业者平台和竞争性编程平台的全球调研；在 2019—2020 年间，该组织进一步拓展了对基于位置服务的数字平台的调研范围，调研对象涵盖约 5000 名参与者，其中包括来自 9 个国家的应用程序出行服务从业者，以及来自 11 个国家的应用程序配送服务从业者。

国际劳工组织的系列调研结果揭示，发达国家在线网络平台的工作者中有大约 40% 是女性，但在发展中国家，这一比例下降到 20%。这一现象反映出线上劳动市场与传统劳动市场在性别分布上存在相似性，女性在就业方面面临的挑战并未因工作环境的转变而有所缓解。在 62 名参与竞争性编程平台调研的受访者中，女性仅占 1 人，这一数据凸显了信息技术行业中的职业性别隔离现象。出行和配送行业主要由男性主导，这些行业中女性工作者的比例不足 10%，而在一些传统行业中，这一比例甚至低于 5%。尽管如此，部分国家的数据显示，在这些行业中女性工作者的比例相对较高。例如，在印度尼西亚，基于应用程序的出行服务中，由于女性客户倾向于选择女性司机以降低遭受暴力和骚扰的风险，女性工作者的比例达到了 13%。而在肯尼亚，基于应用程序的网约车司机中女性的比例仅为 5%。[①]

（二）国外女性平台从业人员的受教育水平

根据国际劳工组织开展的系列调研结果显示，在线网络平台的从业人员普遍具有较高的教育背景，特别是在发展中国家。在参与在线工作的调查对象中，超过六成的男女工作者都拥有大学学位。在自由职业平台，这一比例更是达到了 83%，而微任务和编程竞赛平台的相应比例分别为 64% 和 50%。在发展中国家，女性在线工作者中拥有高等教育背景的比例甚至高达 80%，

① 国际劳工组织. 2021 年世界就业和社会展望——数字劳动力平台在改变工作世界中的作用［M］. 北京：中国财经出版社集团经济科学出版社，2022：95.

这可能归因于线下劳动市场机会的稀缺及女性面临的多重障碍，包括社会对女性承担家庭责任的期待及性别角色的固有刻板印象。尽管在基于应用的出行和配送服务行业中，女性从业者相对较少，但她们中拥有高等教育的比例（分别为 42% 和 29%）仍然高于男性（分别为 24% 和 20%）。此现象反映出一个事实：尽管女性在特定领域的参与度有待提高，但她们的教育水平已经具备了相当的竞争力。同时，这也表明了女性平台从业人员在就业上存在"高能力、低配置"的发展困境，尽管她们拥有较好的教育背景，但在实际工作中却常常遇到职位不匹配、资源匮乏或发展机会有限等挑战。

（三）国外女性平台从业人员的参与工作的动机

许多女性选择平台工作出于经济原因，尤其对于那些寻求额外收入来源或无法找到传统全职工作的妇女。同时，平台工作通常具有高度的时空灵活性，这吸引了许多希望自主安排工作时间和地点的女性。这种灵活性对于需要照顾家庭和孩子的女性尤为宝贵，它使得她们能够更好地平衡工作与家庭责任。在某些文化背景中，女性被期望承担家庭照顾者的角色，而平台工作符合这一角色期望。调查发现，赚取额外收入是在线网络平台工作者选择该行业的主要驱动力，占比 39%。之后是对在家工作或工作灵活性的偏好或需求，占比 29%，而将工作视为一种休闲活动或因工作过程带来愉悦感的动机占 18%。在家工作或工作灵活性尤其对女性工作者具有重要意义。无论是在发达国家还是发展中国家，出于对在家工作或工作灵活性的偏好或需求而选择在线网络平台工作的女性比例为 35%，普遍高于男性的 25%。在这些女性工作者中，约 23% 的人育有 6 岁以下的孩子。[①] 面对"母亲就业惩罚"的挑战，她们的就业率在全球范围内相对较低。

———————

① 国际劳工组织. 2021 年世界就业和社会展望——数字劳动力平台在改变工作世界中的作用［M］.
北京：中国财经出版集团经济科学出版社，2022：99.

（四）国外女性平台从业人员的收入

性别薪酬差距在在线数字劳动力平台上同样存在。国际劳工组织的调查表明，女性平台从业人员的平均时薪（含无薪工作时间）为 3.4 美元，略低于男性的 3.5 美元。在发达国家，女性的时薪（4.2 美元）同样低于男性（4.8美元）。然而，在发展中国家，女性的时薪（3.4 美元）却高于男性（2.6 美元），这可能与女性的教育水平普遍高于男性有关，使她们能够获得更高薪酬的工作。

进一步分析数字劳动力平台的不同职业的从业人员收入可以发现：在自由职业者平台上，发达国家和发展中国家的男性和女性受访者的时薪（含无薪工作时间）并没有显著差异。然而，针对自由职业者平台的国家层面的调查分析显示，性别差异仍然存在显著的薪酬差距，如乌克兰女性的薪酬比男性低 26%。在某些国家，特定类型的在线平台显示出性别间的收入差异。尽管女性在基于应用程序的出行和配送行业中参与度较低，但性别收入差异的现象依然存在。例如，在阿根廷和智利，基于应用程序的配送行业存在显著的男女收入差距，女性的收入比男性低 17%，而在乌克兰则没有显著的男女收入差距。在某些发达国家，如美国，也存在男女间的收入差距，一项涵盖 100 多万名基于应用程序的优步司机的调查表明，男性的收入比女性高约 7%。

与此同时，在线工作已成为从业人员重要的收入来源，尤其对女性而言。调查显示，约三分之一的受访者将在线工作视为其主要收入来源，自由职业者平台上的这一比例更是高达 59%。在发展中国家，约 44% 的从业人员，其中有 52% 的女性从业人员，将在线工作视为其主要收入来源。

三、国外女性平台从业人员的劳动保障状况

通过上述分析可以看出，数字劳动力平台为女性从业人员提供了更为多元和灵活的就业机会。然而，挑战与机遇并存，数字劳动力平台的灵活发展也将更多女性劳动者置于传统的劳动保障体系之外，使她们在职业安全和健康、社会保障、自主权和控制权等方面面临一系列挑战。

（一）国外女性平台从业人员的职业安全和健康

在数字化网络平台的经济模式下，非正常工作时间的需求显著限制了劳动者在自主选择工作时间方面的灵活性，并对其工作与个人生活的平衡产生了负面影响，进而增加了潜在的社交孤立风险。根据国际劳工组织对乌克兰自由职业者平台的调查，61% 的受访者表示，他们的工作与生活平衡相较于以往并无明显改善。此外，针对基于应用程序的出行和配送平台的调研显示，有相当比例的从业人员（出行平台为 79%，配送平台为 74%）表示工作本身及工作条件对他们构成了压力。这主要源于交通拥堵、收入不稳定、工作机会匮乏、长工时、工伤风险，以及高速驾驶的压力。

数字劳动力平台从业人员的活动受到平台的密切监控，同时客户也可以进行实时跟踪。这种机制进一步加剧了他们想要迅速到达目的地的压力，以确保订单或行程不被取消，并获得消费者较好的反馈评价。这种情况对从业人员的职业安全和健康都可能产生严重影响。因此，对于基于应用程序的出行行业和配送行业的从业人员，尤其是女性从业人员，存在一系列职业安全和健康风险。在相关调查中，约 83% 和 89% 的出行行业和配送行业的从业人员表达了对工作安全的担忧，这些担忧通常与道路安全、盗窃和人身伤害有

关。部分国家的调查结果显示，在基于应用程序的出行行业中，女性比男性更担心人身伤害问题。这表明，安全问题以及工作中的暴力和骚扰问题仍有待解决。

（二）国外女性平台从业人员的社会保障

在数字化网络平台工作中，只有一小部分从业人员享有社会保障。根据国际劳工组织的调查结果显示，在医疗保险方面的性别差异并不显著，大约40%的受访者表示拥有医疗保险。然而，在不同类型的在线平台中，医疗保险的覆盖情况存在显著差异。例如，在微任务平台上，61%的受访者表示他们拥有医疗保险，这可能是通过他们的主要工作或配偶获得的；而在自由职业者平台和竞争性编程平台上，分别只有16%和9%的受访者表示拥有医疗保险。

此外，在基于在线网络平台的工作中，只有不足20%的受访者表示他们已经获得了工伤、失业和残障保险，或者养老金或退休金保障。这一覆盖范围在不同类型的平台上都相对较低。研究发现，在发达国家与发展中国家，社会保障对网络平台工作者的覆盖范围普遍不足，此问题具有普遍性。

在从事基于应用程序的出行行业和配送行业的受访者中，普遍缺乏社会保障体系的覆盖。在这些行业的受访者中，享有失业保险和残障保险的比例不足10%，享有养老金或退休金的受访者比例则低于20%。尽管大多数从业人员表示在出现严重健康问题时可以获得医疗服务（出行行业受访者的94%，配送行业受访者的80%），但实际拥有医疗保险的受访者比例仅约为50%。尽管面临着很高的职业安全和健康风险，但在基于应用程序的出行行业和配送行业中，只有约30%的受访者享有工伤保险。这一比例明显低于其他行业，凸显了在线网络平台工作中存在的社会保障问题。

（三）国外女性平台从业人员的自主权和控制权

数字劳动力平台为相关从业人员提供了更广泛的自主权和更强的自我控制。然而，平台拥有大量关于从业人员个人信息及其所从事工作的数据，但从业人员通常无法访问或控制这些数据。平台的算法管理如前文所述（国外平台从业人员的管理与劳动者的工作自由）正在利用从业人员在平台上工作时生成的数据来塑造他们的日常工作经验、绩效和成就，同时，也影响了她们接收到的反馈、评分、纠纷解决，以及是否有薪酬的工作条件。

国际劳工组织的系列调查显示，基于应用程序的配送行业 72% 的受访者和出行行业 65% 的受访者表示，评分影响他们获得的工作量和工作类型。58% 的平台从业人员认为评分受到客户和平台算法的影响。例如，即便客户对服务提供者的工作表现给予较低评价或拒绝接受工作成果，可能并非基于公正或真实情况，而是存在偏见或误导性因素，此类评价仍会被纳入算法评估体系，从而对劳动者的综合评价产生影响。86% 的微任务平台受访者和 34% 的自由职业者平台受访者表示工作成果被客户拒绝过，只有少数人认为这种拒绝是合理的。尤其在微任务平台中，高比例的不公平拒绝率凸显了工作监管主要依赖于算法，而非人工监管。约一半的自由职业者平台受访者表示不知道如何正式申诉或寻求帮助。那些知道申诉流程的受访者中，31% 的人曾经对评分或评价提出过异议或申诉，其中 77% 的人表示对申诉结果感到满意；18% 的人表示申诉被拒绝，且评分或评价没有改变；5% 的人表示申诉后评分或评价变得更差或面临某种形式的惩罚。其中，79% 的男性获得令人满意的申诉结果，此比例显著高于女性的 73%。

第二节 确保平台女性从业人员的体面工作

在数字经济的浪潮中，平台经济的兴起为女性提供了前所未有的就业机会。然而，这种灵活就业模式也给女性平台从业人员的劳动权益保障带来了新的挑战。为了进一步推动全球体面劳动的实现，相关国际组织和世界各国已经意识到促进充分的生产性就业和人人获得体面工作的重要性，并为此采取了相应措施。

一、国际立法趋势：工作和生活平衡的提出和发展

随着女性从业人员在劳动市场中的参与度不断提升，家庭结构的演变以及人口老龄化导致社会对老年人照顾需求不断增长，同时科技的迅猛发展也深刻改变了劳动市场的格局。对于劳动力市场的从业人员来说，如何协调工作与家庭责任变得尤为关键。鉴于女性在家庭中往往承担着更多的照料和家务责任，因此，女性从业人员在职场上实现性别平等的进程中所面临的困境和障碍需要特别关注。消除因家庭责任而对女性产生的就业歧视，对于促进劳动领域的性别平等至关重要。

（一）国际劳工准则的演进：从特定性别保护到性别中立的家庭责任认同

国际劳工组织在处理工作与家庭责任协调问题上，起初专注于对女性的特殊保护。1965 年，该组织通过了《雇佣（有家庭责任的妇女）建议书》（第123 号），这一文件的命名反映了当时该组织对家庭责任承担者性别角色的预设。尽管该建议书的宗旨是为承担家庭责任的女性提供职场保护，但其名称

中隐含的性别偏见可能无意中固化了女性在家庭角色中的定位。

　　随着社会性别平等理念的不断深化，家庭责任的分担已不再仅限于女性，男性也应承担相应的家庭义务，这一点正逐渐成为社会共识。因此，鼓励男性参与家庭责任，实现家庭责任的平等分担，成为推动劳动领域性别平等的关键策略。1979 年，联合国通过的《消除对妇女一切形式歧视公约》(*The Convention on the Elimination of All Forms of Discrimination against Women*, CEDAW) 进一步强调了性别平等的重要性。该公约明确提出："一国的充分和完全发展，世界的福利以及和平的事业，需要妇女与男子同样充分参加所有各方面的工作"，并承认"妇女对家庭的福利和社会的发展所作出的巨大贡献至今没有充分受到公认""养育子女是男女和整个社会的共同责任"。该公约要求缔约国"改变男女的社会和文化行为模式，以消除基于性别而分尊卑观念或基于男女定型任务的偏见、习俗和一切其他方法""确认教养子女是父母的共同责任"，并禁止"以婚姻状况为理由予以解雇的歧视""鼓励提供必要的辅助性社会服务"。①

　　此后，国际劳工组织也认识到，为了实现真正的性别平等，必须对男性和女性在家庭与社会中的传统角色进行重新定义。这种重新定义不仅关乎承担家庭责任的个体在机会和待遇上的平等，还涉及个体与其他职场人士之间的平等权利。因此，该组织在 1981 年通过了《有家庭责任的男女工人机会和待遇平等公约》(第 156 号)。这一公约标志着国际劳工标准在平衡工作与家庭责任方面迈出了重要一步。

　　相较于以往仅针对女性的特定保护措施，本公约将保护范围扩展至对子女抚养或直系亲属及其他家庭成员承担照顾责任的男女从业者，即定义为"有家庭责任的从业人员"。这些家庭责任可能会限制他们接受职业培训、参与经济活动或在职场中寻求发展的机会。为了确保这些从业人员在就业机会

---

① 　周宝妹.女性劳动者权益法律保护［M］.北京：北京大学出版社，2021：160.

和待遇上的平等，公约要求各成员国在国家政策中纳入对有家庭责任的人员的保护措施，确保他们能够在无歧视的环境中，在职业与家庭责任之间找到平衡，行使工作或就业的权利。《有家庭责任的男女工人机会和待遇平等公约》进一步强调，成员国应采取与本国条件相符且不损害其他从业人员合法权益的措施，以确保承担家庭责任的从业人员能够有效地平衡其职业与家庭责任。该公约提倡的措施包括但不限于：逐步减少工作日时长与加班时间，增加工作时间安排的灵活性，以及加强对非全日制工作、临时工作和远程工作等灵活工作形式的管理和监督。此外，公约还强调，非全日制从业人员的社会保险参与度应与全日制工作人员保持一致，并在必要情况下，按比例明确其权益。针对产假结束后父母的权益，建议书提出应保障其在保留原有职位及相应权益的基础上，享有额外的假期。同时，对于需照顾患病子女或直系亲属的从业人员，公约提倡应给予相应的休假安排。

2019 年，国际劳工组织在其《关于劳动世界的未来百年宣言》中重申了实现工作与生活平衡的重要性，并将其作为推动性别平等的变革性议程的一部分。宣言提出，应通过促进从业人员和雇主就工作时间等解决方案达成共识，考虑到各自的需求和利益，从而为实现更好的工作与生活平衡提供机会。

从上述关于家庭责任认同的相关政策文件中，可以看出国际劳工标准在促进性别平等方面的发展轨迹。从最初对有家庭责任的女性劳动者的特殊保护，到现在强调男性同样应分担家庭责任，并推动机会和待遇上的性别平等，这一转变体现了国际社会对性别平等和家庭责任分担认识的深化和进步。这种变化不仅促进了男性在家庭中角色的积极变化，也为实现劳动领域的性别平等奠定了坚实的基础。

（二）欧盟法：育儿假期制度的建立、发展和完善

在欧盟法律框架内，性别平等居于基础性地位，是法律和政策制定的核心原则之一。为了实现性别平等，欧盟及其成员国致力于制定和实施一系列旨在协调工作与家庭生活的政策措施。这些措施不仅聚焦于促进女性劳动力市场参与度的提升，还旨在实现男女在家庭责任上的平等分担，减少性别收入差距，并同时考虑人口老龄化等社会变化因素。

基于这一理念，欧盟在禁止性别歧视、保护女性孕期、产期和哺乳期权益的基础上，逐步构建了包括育儿假期在内的工作与生活平衡的法律体系。1992 年，欧盟通过了《儿童照顾指令》（ *92/241/EEC:Council Recommendation of 31 March 1992 on Child Care* ），建议成员国实施包括为在职父母提供特殊假期在内的儿童照顾政策，以便父母能够更好地平衡工作与育儿责任。该指令标志着欧盟在职父母的工作与家庭生活平衡问题得到了官方重视。1995 年，欧盟社会伙伴组织达成了具有里程碑意义的育儿假框架协议，该协议随后通过相关欧盟指令转化为具有法律约束力的规定，进一步强化了在职父母的权利。2000 年，《欧盟基本权利宪章》（ *Charter of Fundamental Rights of the European Union* ）进一步确认了父母在生育或收养孩子之后享有带薪育儿假的权利，为在职父母平衡家庭与职业生活奠定了法律基础。2006 年，《雇佣和职业中男女平等机会和平等待遇指令》（ 2006/54/EC ）[①] 要求各国采取有效措施确保休育儿假的劳动者在职位上的稳定性，并保障他们在假期结束后能够顺利返回原工作岗位或条件相当的其他岗位。2017 年，《欧洲社会权利支柱》（ *The*

---

① Diretive 2006/54/EC of the European Parliament and of the Counoil of S foly 006 on the Implementation of the Principle of Equal Opportunities and Equal Treatmentoe Men and Women in Matters of Employment and Occupation (Recast).

European Pillar of Social Rights）的发布再次强调了性别平等的重要性，并提出了工作与生活平衡的基本准则。该文件呼吁在就业、晋升等各个领域实现男女平等待遇和机会，并强调父母和其他家庭成员应获得适当的假期、灵活的工作安排及必要的家庭照顾服务，以平等地履行家庭责任。①

由此可见，欧盟在推动性别平等和工作生活平衡方面，采取了一系列系统的法律和政策措施，体现了其对性别平等及家庭责任共担的坚定承诺。这些措施不仅促进了女性在劳动力市场的参与度，还有助于促进男女在家庭和职场上的平等地位。

二、各国政府对实现平台从业人员体面劳动的监管响应

平台用工的不稳定性和缺乏职业保障特征在各国呈现出高度的相似性，如何确保平台从业人员享有体面劳动条件，维护其合法权益，成为各国政府亟待解决的课题。各国政府如何通过立法、政策制定与执行等手段，响应并加快实现平台从业人员体面劳动？本节将通过对比不同国家在劳动法、社会保障等方面的创新做法，剖析不同措施的成效与局限，以期为我国女性平台从业人员权益保护提供经验借鉴。

（一）西班牙

1.西班牙平台经济的发展现状

现有资料显示，西班牙的平台经济领域活跃着众多企业，该国也涌现出许多平台经济的行业巨头。2017 年，平台经济对西班牙国内生产总值的贡献率为 1.4%，预计到 2025 年将增长到 2%—2.9%。目前，西班牙约有 500 家企

---

① 周宝妹.女性劳动者权益法律保护［M］.北京：北京大学出版社，2021：163.

业从事平台经济活动，其中商品交易和销售是影响最广的领域，其次是旅游住宿、交通和金融服务。在西班牙，网络平台的使用率高于欧洲的平均水平，并在欧盟各国中位居前列。在西班牙，超过 200 万个体通过平台获得的收入占其总收入的 25% 以上。大约有 70 万西班牙人主要依赖于平台经济中的工作，使得该国成为欧洲平台工作就业人数第二多的国家。研究表明，许多西班牙工人选择平台工作是因为缺乏其他就业机会，这使得平台工作成为他们的主要职业。因此，西班牙劳动者对平台工作的关注焦点主要集中在就业质量、稳定性和收入水平上。①

2.西班牙的立法环境分析

截至目前，西班牙尚未制定专门针对平台工作的相关法律。该国劳动法体系传统上将劳动关系分为从属工作和非从属工作两种模式。从属劳动者是西班牙劳动法的主体，其权益受到 2015 年颁布的《工人地位法》（*Workers'Statute*）的保护。西班牙对自雇职业的法律规范尚不完善，主要由 2007 年的《自雇者法规》（*Spain's Statute of the Self-Employed*, No. 20/2007）进行规范，但该法规尚未为自雇者的工作条件提供一个全面的框架。在集体权利方面，自雇职业仍存在诸多不完善之处。2007 年，西班牙引入了一种新的雇佣身份，即"经济依赖型自雇者"，确定个体是否属于"经济依赖型自雇者"时，会综合考虑多个关键因素。首先，个体的收入依赖性是一个关键指标，即个体至少 75% 的收入必须源自单一雇主。其次，个体在提供服务过程中不涉及分包给第三方。此外，个体的工作主要是直接向一个特定的雇主提供劳动。最后，个体与雇主之间的关系应具有一定程度的稳定性和持续性。②

---

① 伊莎贝尔·道格林，克里斯多夫·德格里斯，菲利普·波谢. 平台经济与劳动立法国际趋势 [M]. 涂伟，译. 北京：中国工人出版社，2020：143.

② CHERRY M A, ALOISI A. Dependent Contractors in the Gig Economy: A Comparative Approach [J]. *American University Law Review*, 2017, 66 (3): 673.

引入该概念的初衷在于保障劳动力市场中独立经营但经济上处于弱势地位的从业个体。同时，西班牙第 20/2007 号法规亦引入了"职业利益协议"，旨在规范"经济依赖型自雇者"的工作环境，依据该法规，集体组织有权代表这些经济依赖型自雇者参与协议的协商过程。

然而，在实际操作过程中，证实经济依赖性所必需的 75% 收入来源比例遭遇了众多挑战。这涉及必须建立一个有效的机制，以确认个体从各种收入来源，特别是那些非依赖性委托人处获得的收入。同时，《自雇者法规》在认定过程中提出了一系列形式和程序上的要求。根据该法律，劳动者在签订合同和在社会行政机构进行登记注册过程中，需要向委托人明确其身份信息，并在任何可能影响其身份的情况（如收入来源比例的变化）出现时，向委托人和行政机构披露相关信息。委托人也有责任对这些信息进行核实。这些严格的要求对劳动者和企业都构成了重大的负担。2011 年，西班牙的劳动程序法进一步规定，相关合同必须以书面形式存在，否则劳动者将默认为雇员。[①]在这些复杂的要求之下，实际上只有少数工人能够被归类为具有经济依赖性的自雇佣劳动者。

2021 年，西班牙颁布了一项专门针对配送骑手的法规，即《骑手法》（*LeyRider*）。该法规明确要求配送平台将骑手视为正式员工，赋予他们相应的员工权益。然而，这项法律的适用范围并不包括平台经济中的其他职业群体。《骑手法》在数字化劳动环境中保障了平台从业人员信息获取的权利。根据该法律，平台企业有责任定期向工会提供有关其算法运作机制的详细说明，包括算法对平台从业者劳动条件和工作逻辑的作用方式。这确保了平台从业人员能够理解并监督影响他们工作条件的决策过程。[②]

① CHERRY M A, ALOISI A. Dependent Contractors in the Gig Economy: A Comparative Approach［J］. *American University Law Review*, 2017, 66 (3): 674.

② 许怡，邢玉姣. 全球南—北方视角下的平台经济与平台劳动——现状、挑战与启示［J］. 工会理论研究（上海工会管理职业学院学报），2023（5）：67-80.

3.西班牙劳工部的角色

西班牙劳工与社会保障监察局在处理劳动问题时采取了积极的态度。这些机构有权发出官方侵权通知，并在发现违反社会法的情况时提出制裁建议，这些建议需经过行政法院的司法审查。在西班牙平台经济领域，虚假自雇现象日益凸显，已成为亟待解决的重要议题，监察机构在发现此类行为后迅速采取了有力措施。

2015年，西班牙劳工部（Spanish Labor Ministry）首次对平台经济进行监管介入。巴塞罗那市劳工与社会保障监察局认为优步未将其司机登记为员工，违反了西班牙相关法律。此次监管行为的触发因素是出租车司机职业协会对优步提起的诉讼。同时，优步司机也提出了投诉，因为他们无法注册为自雇者，无法参加社会保险和履行纳税义务。监察员认为优步司机应被视为从属工人，因为公司为他们提供了智能手机，并设定了基于司机生产率的奖励制度。尽管没有明确的罚款，但西班牙劳工部要求优步支付未缴纳的税费及利息，以及一些额外的惩罚性费用。优步对此判决提起了上诉，并声称该判决违反了欧盟法。这一案件引起了公众、媒体和学术界的广泛关注，并为后续的行政干预奠定了基础，这些干预普遍支持优步司机应被归类为从属劳动者。此外，巴塞罗那提起申诉的协会最终将案件上诉到欧洲法院，产生了著名的"人民优步"裁决。

这一案件体现了民间组织和公共部门在处理平台经济问题时的不同立场。代表出租车司机的协会对优步司机提起了投诉，因为他们没有在适当的社会保障体制中注册为自雇者。工会和公共行政部门均支持出租车司机的主张。然而，相较于其他利益相关者，包括工会在内的所有参与方均未充分关注优步司机群体的利益诉求，这一现象在欧洲"优步案"中尤为显著。

在西班牙首次对平台经济进行干预之后，其他地区也陆续出现了监管行动。其中，巴伦西亚、巴塞罗那、马德里等地区的劳工与社会保障监察局对

"户户送"服务的反对尤为引人注目。巴塞罗那的劳工与社会保障监察局对"Take Eat Easy"公司的反对行为，最终导致该公司终止了在西班牙的业务运营。此外，一家提供家政服务管理平台的小型公司，也因涉嫌社会保障侵权而被迫停业。综合来看，西班牙各地的劳工与社会保障监察局在处理平台经济相关问题时，展现了极高的职业责任感和积极主动的监管态度。

4.西班牙的平台工作判例法

迄今为止，西班牙在平台工作的判例法方面尚未形成丰富的案例库。尽管相关法院裁决的数量正在逐步增加，但整体而言，西班牙的判例法仍然较少。目前，行政法院正着手审理平台对劳工与社会保障监察局提出的罚款或其他制裁的申诉。同时，劳工法院也开始对外卖配送行业的平台员工提起的个人诉讼进行裁决，这些诉讼多发生在员工被禁止从事平台工作之后。争议的核心往往是员工对更好工作条件的追求。在所有这些案件中，平台均将员工视为自雇者，而原告则认为这种禁止等同于解雇，这就要求劳工法院首先评估平台工人与关联公司之间劳务合同的真实性质。

西班牙平台劳动争议的裁决数量异常低，目前仅有少量一审法院的判决，尚未有上诉法院的裁决。[①] 这一现象的原因可能包括：首先，平台经济在西班牙劳动力市场上尚属于新兴领域，法院尚未有足够的时间和案例积累进行深入的法律干预；其次，许多骑手选择与平台达成庭外和解后撤诉；再次，平台希望避免不利裁决可能带来的风险，包括对公众舆论、声誉和形象的负面

---

① 西班牙社会法院迄今为止已对 5 起涉及跨国外卖配送平台骑手的案件作出裁决，这些案件具有相似性，但被告公司各不相同。其中，两组案件涉及同一公司工作的骑手，但两家法院作出了不同的裁决：① 2018 年 6 月 1 日，巴伦西亚社会法院作出判决，认定户户送骑手为受薪工人，并要求公司恢复或赔偿被解雇工人；② 2018 年 9 月 3 日，马德里社会法院对户户送案件作出裁决，认定骑手为自雇者；③ 2018 年 5 月 29 日，巴塞罗那社会法院作出判决，认定为 Take Eat Easy 工作的骑手所提供的服务具有从属性；④同年 9 月 3 日，马德里社会法院对 Glovo 骑手作出裁决，认定其为自雇者；⑤ 2019 年 2 月 11 日，马德里社会法院对 Glovo 骑手作出相反的裁决，认定其为受薪雇员。

影响，以及可能引发的连锁反应；最后，骑手通过庭外和解获得的赔偿往往高于法庭胜诉所得，因为平台有能力聘请顶尖律师事务所进行辩护。这些因素共同促使了庭外和解的普遍性，部分工会甚至决定自行提起诉讼，以确保法院能够做出实质性的裁决。

5.西班牙集体争议的案例分析

西班牙近期出现了一起引人注目的集体争议事件，焦点是巴伦西亚地区"户户送"平台骑手的身份认定问题。这些骑手最初普遍被作为自雇者聘用，后来其身份被提议归类为经济依赖型自雇者。尽管面临工人、行政部门和法院的压力，该配送平台仍然坚持不将骑手视为雇员。

为了争取更好的工作条件，骑手们成立了RidersXDerechos平台，并试图与"户户送"进行集体谈判。然而，"户户送"中断了谈判进程，甚至解雇了一些积极参与谈判的领导者。RidersXDerechos随后采取了一系列行动，包括公共宣传活动、在社交媒体上发声、组织罢工、向劳工与社会保障监察局投诉，以及支持被解雇员工对公司提起诉讼。RidersXDerechos平台得到了巴伦西亚少数派工会的战略和法律支持。随着事态的发展，主要工会也开始积极参与介入，这场争议迅速扩展到其他平台和城市，成为全国性的议题。在这场争议中，值得注意的一点是出现了罕见的"认知冲突"，即"户户送"不承认RidersXDerechos平台的工人代表身份。在欧洲大陆的劳动法框架下，这类行为是被明令禁止的，因为工会法为集体谈判设定了合法性规则，规定公司有义务只与具有法律代表性的工会进行谈判。

在应对集体争议时，平台采取了"工会回避"策略，通过直接向工人施压和单方面改善个别工人的工作条件，以避免集体行动的发生。同时，平台提出将工人的雇佣身份从自雇者改为经济依赖型自雇者，旨在提供一定的福利。但是，这种策略并未取得预期效果，因为骑手仍然是一个活跃且积极参与的群体。全国性的工会组织，如劳动者委员会和劳动总同盟，也参与了这场争议，利用其资源和专业知识来改善该行业的工作条件，并公开谴责不良做法。这些工会组织的参与对于获得与政府和公共当局接触的机会至关重要。与传统的代表渠道不同，这些工会组织并没有使用工作委员会的组织方式，而是更多地利用技术手段，包括维护骑手权利的门户网站。例如，劳动同盟在2017年创建了一个在线门户网站，旨在帮助虚拟工作者向平台提出索赔。

综上所述，西班牙平台经济的兴起不仅限于学生和临时工作人员，其影响力已经迅速扩展至全国范围。这一现象的形成，一方面源于该国就业市场的紧张态势，另一方面也与其发达的旅游业密切相关，特别是对于类似于爱彼迎等平台而言。起初，围绕这些平台工作者的法律地位的争议，引发了一系列的行政诉讼。劳工与社会保障监察局在审查过程中发现了多起违规行为，并以违反社会法为由，对包括优步在内的一些平台进行了处罚。继行政诉讼之后，司法诉讼也随之兴起。尽管法院的判决数量在不断增加，且法律原则正在逐步形成，但目前这些判决之间缺乏一致性。西班牙尚未就平台工作者的法律地位问题提供一个统一的法律解释。值得注意的是，在2007年，西班牙引入了经济依赖型自雇者这一类别，旨在为那些在劳动市场中缺乏稳定收入来源的自雇者提供保护。即使他们完全处于自雇状态，也可以通过协商获得集体协议的保护。

（二）美国

1.美国平台经济的发展现状

当前，平台从业人员在美国劳动力市场中所占比例较小，大约占比为5%—15%，他们中将近80%从事非全日制工作，甚至一个月只工作几个小时。[①] 尽管如此，平台经济正逐步改变着美国的经济结构。特别是在经济下行

---

① 伊莎贝尔·道格林，克里斯多夫·德格里斯，菲利普·波谢. 平台经济与劳动立法国际趋势 [M] . 涂伟，译. 北京：中国工人出版社，2020：201.

压力及其他因素影响下，美国的非传统就业形式正逐渐增加，许多小型企业不断涌现。

在美国，平台经济的发展引起了学界广泛关注。2016 年，朱莉娅·托马塞蒂基于对优步商业模式的分析指出，优步与许多其他数字平台相似，自诩为一个使用中立算法的中介，该算法据称能够推动理想市场机制的运作，从而相较于传统集中式企业展现出更强大的市场适应性。然而，这种看法并不普遍。有观点认为，平台的运作在某些方面与企业相似，它们倾向于控制信息流而非促进信息的自由流通。算法的设计并非为了促进市场的自由竞争，而是充当了管理者的角色，执行命令和控制的职能。此外，由于平台对工作执行过程的参与构成了生产过程的一部分，它们实际上对工作流程保持着一定程度的控制。

2.美国平台经济的法律环境

自优步于 2010 年在旧金山推出其平台服务并迅速扩展至全球以来，平台经济在美国日益普及。但截至目前，美国法律对于平台经济的规范仍然缺乏一致性和系统性。

在美国联邦政府层面，宪法体系赋予其在国际和州际贸易等领域的专属立法权，这属于"显性"权力。同时，根据宪法所赋予的"隐性"权力，联邦政府同样具备制定劳动和社会保护立法的能力，这些立法旨在支持其主权职能，如通过实施社会保障措施以避免在州际贸易中出现社会竞争。当国会投票通过某项"法规"或"法案"时，通常会伴随建立特定的行政机构来监管这些法规的执行。这些潜在的改善措施包括联邦保险税法、联邦失业税法、劳动关系法规、公平劳动标准法、养老金与工资保障制度、反歧视法规及残疾人保护法规等。但当前这些法律通常只适用于雇员，而独立承包人则被排除在外。需要注意的是，为明确法律的适用范围，联邦的具体法规通常都包含精确的"雇员"定义。在责任纠纷方面，个人可以根据普通法制度下的雇主责任原则被重新归类为雇员，但却不享有最低工资保障或集体权利。同时，某些法规可能会将平台工作者，甚至那些享有部分权利的个体，纳入"雇员"的法律定义中。

在美国，联邦政府在州政府层级上拥有广泛的权力，但各州仍保有其专属的权力，并在州级层面享有广泛的劳动立法权。① 州级立法通常与联邦法律保持一致，有时甚至在某些方面提供更为严格的标准或额外的保护措施。例如，内华达州在数字就业平台如优步或 Lyft 刚出现时，曾尝试通过立法手段来限制或禁止这些平台的运营。然而，面对来自政治和商业界的强烈压力，这些尝试最终未能成功。这些平台被视为能够促进商业活动和经济增长，因此大多数州都希望利用它们来吸引投资和商机。因此，各州在解决平台工作者不稳定状况方面缺乏政治动力。然而，加利福尼亚州以其在社会权利方面的先进立场而闻名。该州的政策和立法在很多情况下都显示出对工人权益的高度重视，包括对平台工作者的保护。

3.美国涉及平台经济的判例法

在美国现行的劳动法规、雇佣政策及税务规定中，个体在特定的工作关系中可能被界定为"雇员"或"自由职业者"。作为雇员，他们依法享有特定的福利和法律保护。自由职业者在签订合同时被假定具备较强的谈判力量，他们有能力规避潜在的不利影响，或通过其在市场中的灵活性来减轻这些影响。平台从业人员则处于雇员与自由职业者之间的模糊区域。美国法律缺乏处理此类模糊界限的明确和普遍适用的指导原则，这导致裁决的一致性和可预测性难以保障。② 通过上述分析可以看出，尽管雇主责任原则在美国的判例

---

① 伊莎贝尔·道格林，克里斯多夫·德格里斯，菲利普·波谢.平台经济与劳动立法国际趋势 [M].涂伟，译.北京：中国工人出版社，2020：207.

② 赛思·D.哈瑞斯.美国"零工经济"中的从业者、保障和福利 [J].汪雨蕙，译.环球法律评论，2018，40（4）：7-37.

法中被频繁引用，但其在解决工作者身份认定问题上并未提供明确指导。美国各州采用不同的标准来判定某工作者是自由职业者还是雇员，而这些标准在不同州之间存在共性和差异。

在加利福尼亚州，如果工作者能够提供初步证据表明其向承包商提供的服务具有独立性，那么他们将被认定为享有雇员权利。这种规定将举证责任转移给了承包商，要求承包商提供证明工作者并非雇员的充分证据。博雷罗案（Borello）提出的一系列标准，为法官在判断工作者身份时提供了参考框架。这些标准包括：服务提供者是否从事与委托人不同的职业或业务；工作性质是否属于委托人或雇主的常规业务范畴；委托人或工作者是否提供完成工作所需的工具和场所；工作者在完成任务或雇佣助手时对设备或材料的投入程度；工作是否需要特定的专业技能；工作是通常在委托人的直接指导下完成，还是在无监督的情况下由专业人员独立完成；工作者根据其管理技能，面临获利或亏损的机会大小；提供服务所需的时间长度；工作关系的持续性；服务是按时间还是按工作量支付报酬；当事方是否认为他们之间建立了雇主与雇员的关系；在工作成果和工作方式上，接受服务的一方是否对工作者拥有控制权。

2018 年 4 月，加利福尼亚州最高法院做出了一项重大裁决，废止了先前使用的博雷罗测试（Borello Test），转而采纳了新的"ABC"测试标准来确定工作者的身份。① 根据这一标准，除非雇主能够满足以下三项条件：（A）工作者在工作表现上不受雇主的指导或控制；（B）工作者所从事的工作不属于雇主的主要业务范畴；（C）工作者通常以独立个体的身份参与交易、经营或执业，否则该工作者将被认定为雇员。法院强调，下级法院在评估这三项标准时可以灵活选择顺序，但雇主必须满足所有三个条件，才能将工作者归类为

---

① 涂永前，王倩云 . 平台经济崛起与零工劳动者权益保护——来自美国《加州平台经济法》的启示 [J]. 中国劳动关系学院学报，2020，34（5）：87-99.

自由职业者。

2019 年 9 月 18 日，加州州长加文·纽森签署了由女议员蕾娜·冈萨雷斯（Lorena Gonzalez）发起的"第 5 号议会法案"（Assembly Bill 5，简称 AB-5）法案，正式将其纳入法律体系。[①] 该法案旨在将迪纳梅克斯案（Dynamex case）的裁决纳入法律条文，并明确其适用范围。根据 AB-5 法案，平台工作者（包括网约车司机）被视为正式员工，因此雇主必须从雇员的工资中扣除失业保险和残疾保险。2020 年 11 月，由优步、来福（Lyft）等知名数字平台企业积极推动的"第 22 号提案"在选民投票中获得通过。该提案实质上将网约车司机等众多平台工作者排除在第 5 号法案的适用范围之外。对此，2021 年，工会和平台工作者联合发起了对"第 22 号提案"的法律挑战。目前，法院已裁定该提案部分内容违反宪法，但优步等平台公司仍在进行上诉，相关的司法争议仍在持续进行中。[②]

4.工会和集体谈判

1947 年美国颁布的《塔夫脱—哈特利法案》（Taft-Hartley Act）规定，独立承包商不适用于《国家劳动关系法》（*National Labor Relations Act*，简称 NLRA）的保护范围。尽管如此，部分旨在推动工人组织化及集体谈判的举措正引发新一轮的学术讨论。2015 年 12 月 14 日，西雅图市通过了一项条例，旨在为通过数字平台工作的独立承包商提供与平台协商集体协议的机会。根据该条例，若要成立工会，必须由一个"实体"向西雅图市财政与行政服务部门申请成为"合格司机代表"（QDR）。一旦获得批准，"合格司机代表"需通知相关平台其代表司机的意图，而平台则需提供司机的名单和联系方式。

---

① 周琼.中美外卖送餐员等新就业形态劳动者权益保护异同［EB/OL］.（2021-08-23）［2024-08-28］. https://finance.sina.com.cn/zl/china/2021-08-23/zl-ikqcfncc4476309.shtml.

② 许怡，邢玉姣.全球南－北方视角下的经济与平台劳动——现状、挑战与启示［J］.工会理论研究（上海工会管理职业学院学报），2023（5）：67-80.

若大多数司机同意由"合格司机代表"来代表他们，行政部门将认证其为"独家司机代表"（EDR），作为司机群体的官方发言人。该代表将就汽车安全、驾驶安全、工作时间和薪酬等问题进行协商。如果双方达成协议，协议内容需提交行政部门审批。经批准后，该协议即具有法律效力。

然而，该条例并未能满足所有利益相关方的期望，并在联邦法院受到挑战。美国商会以及优步和来福等公司对西雅图市提起诉讼，主张该条例违反了联邦关于集体权利的立法以及 1890 年颁布的《谢尔曼法》（Sherman Act），后者禁止反竞争行为。尽管一审法官未支持优步和来福的观点，但第九巡回上诉法院在 2018 年 2 月 5 日推翻了一审裁决，认为该条例虽未侵犯《国家劳动关系法》的管辖权，但违反了《反垄断法》（Antitrust Law）。值得注意的是，1914 年美国国会为反垄断法设立了一个特例，允许员工集体协商工资，其理论基础是工作不应被视为商品或交易物品。然而，这一特例并不适用于独立承包商，任何关于其价格的协议都可能被视为价格操纵。尽管各州在一定程度上有灵活性，允许员工在特定情况下从《反垄断法》的特例中获益，但法院认为西雅图市的条例不符合这些条件。因此，西雅图市的这一尝试目前处于停滞状态，凸显了在平台经济发展过程中寻求劳动者权益和商业自由平衡的复杂性。

在当前的法律框架下，平台工作者和自雇者面临着集体组织化的挑战，他们正在寻求在传统渠道之外表达自己诉求的途径。尽管受到禁止集体谈判工作条件的限制，但这些努力在一定程度上能够对平台施加压力，促使其改善工作条件。例如，自由职业者联盟汇集了超过 20 万名自雇者。尽管该联盟没有与平台就集体协议进行谈判，也没有得到平台的正式认可，但它为成员提供了包括医疗保险在内的多项福利和服务，并在税收等问题上进行了积极的游说。另一个类似的组织是"工作美国"（Working America），它隶属于美国劳工联合会—产业工会联合会（AFL-CIO），是美国最大的非工会工人组织，拥有 320 万名成员。该组织旨在积极争取提高最低工资标准。独立优步协会（Independent Uber Group，简称 IUG）是由机械师工会的纽约分支机构在 2016 年成立的自由职业司机协会，一直致力于维护纽约司机的利益。独立优步协会的目标是代表成员进行集体谈判并采取公开行动。尽管该组织并未以传统工会的形式存在，但它通过非传统途径促进了司机、平台、用户及政府之间关系的改善。该协会的成员代表定期与优步公司进行会晤，就工作环境问题展开讨论，并为遭受资格取消的司机构建了一套申诉机制。他们成功争取到了若干权益，包括但不限于"如厕或休息时间"的保障，以及在等待时间超过两分钟时仍能获得相应报酬的权利。

美国的城市、司机、工会和其他组织正在探索为平台工作者提供集体表达的形式，尽管他们目前被排除在传统雇员方案之外。这些尝试虽然存在局限性，但已经带来了一些实际的好处。随着传统工会主义的影响力逐渐减弱，基于更加协商一致的联合计划的集体组织可能成为改善平台工作者状况的新途径，同时还能保持他们的灵活性。

总体来看，美国平台工作者群体受到了其庞大的国家规模和政治文化多样性的双重影响。因为美国全国范围内的法律体系并不统一，且各州对平台经济现象的看法存在差异。美国社会依旧倾向于强调个人主义的劳动关系和企业家精神，这种信仰个人奋斗和追求美国梦的理念在平台经济中仍然具有强烈的吸引力。尽管如此，平台从业人员正试图通过组织化途径改善自己的处境，一些地方性的倡议正在采取自下而上的措施来解决问题。这种现象激发了一种乐观的预期，即随着时间的推移，可能会出现更加清晰和易于理解的法律对策。这些基层的努力可能为平台工作者提供更加稳定和公正的工作环境，同时也可能推动更广泛的社会和法律变革。

（三）法国

1.法国平台经济的发展情况

劳资关系的司法解释对平台公司与从业者之间的责任界限产生了显著影响。在法国市场，尽管优步占据了高达 80% 的市场份额，但受欧盟法院裁决的影响，截至 2018 年初，活跃的优步司机数量大约只有 2 万名。与此同时，法国的出租车数量达到了约 6 万辆，这一数字是优步司机数量的三倍。[①] 这一裁决不仅对优步在法国的运营模式和市场地位产生了深远的影响，而且反映了平台经济中劳资关系认定的复杂性及其对行业生态的潜在影响。

2.法国的平台经济立法

法国劳动法的发展历程体现了对劳动关系分类的不断演进和细化。法国传统的劳动法体系将劳动者划分为雇员与非雇员两大类别。1996 年 11 月 13 日，法国最高法院作出了一项关键裁决，提出了从属关系要素作为判定雇佣合同的核心标准，强调了参与有组织劳务作为从属性关系的关键指标。如果合同中的一方单独设定了工作条件，那么该指标便成为判断的依据。需要注意的是，法国劳动法属于公共立法范畴，即便合同双方达成共识，法官在具体案件审理过程中，仍有权根据工作条件的社会身份属性，对劳动者的类别进行重新判定。

在 20 世纪 70 年代之前，法国立法机关倾向于扩展劳动法的适用范围，通过法律假定雇佣合同或工薪劳动者身份的存在，以覆盖那些工作条件不完全符合从属性关系特征的劳动者。这种做法构成了法国劳动法第七章的基础，其中涉及了众多职业，部分更贴近自雇劳动。进入 21 世纪后，法国劳动法进

---

① 杨静.平台企业从业人员保障方案：中欧对比及启示 [J].社会保障研究，2020（3）：94-102.

一步发展，在 2010 年后纳入了新的劳动者类型。这些劳动者虽然自主工作，但并不希望被归类为自由职业者，而是希望寻求公共当局的支持，以获得雇员享有的保护。2014 年 7 月 31 日，法国颁布了《皮内尔法案》(Pinel Act)，确立了工薪企业家概念，他们在企业和劳动合作社中被看作具有合伙人身份。2016 年 8 月 8 日，法国出台了《埃尔霍姆里法案》(El Khomri Act)，该法案成为首个专门规范平台就业的立法。《埃尔霍姆里法案》将平台工作者视为与自雇者地位相同，在社会保障方面，新法案以组织（即平台）的社会责任而非雇主的法定责任为基础，并首次确认了他们享有类似雇员的集体权益。①

根据《皮内尔法案》，法国的平台工作者被赋予了微型企业家的身份。该法案旨在为那些自主创业并具有创业精神的个体，以及那些在标准雇佣工作之外从事自雇活动的工作者，创建一个更为简化的税务和社会保障管理体系。此外，该法案还提供了一种注册机制，允许微型企业家以公司或商业实体的身份进行注册，在缺乏相反证据的前提下，通常假定其不属于雇佣合同的主体。在商业活动中，微型企业家作为独立的个体，代表自己的利益，在公司或服务合同的背景下，享有完全的自主权。

2016 年《埃尔霍姆里法案》生效后，自雇平台工作者被纳入了法国劳动法第七章的调整范围。该章节涉及了多种劳动者身份，这些劳动者的显著特征是他们所从事的工作性质与典型的工薪劳动存在显著差异。在 2016 年的立法过程中，立法者通过类比的方式，将雇佣合同或工薪就业的法律框架扩展至平台工作者，以更准确地反映劳动市场的实际情况。这些措施本可以免除微型企业家根据《麦德林法案》(Madelin Act) 和《皮内尔法案》所规定的证明从属性劳动关系的负担。通常情况下，法律上假定微型企业家能够从非工薪的工作安排中获益。然而，如果存在证据表明平台工作者直接或间接通过

---

① 伊莎贝尔·道格林，克里斯多夫·德格里斯，菲利普·波谢. 平台经济与劳动立法国际趋势 [M]. 涂伟，译. 北京：中国工人出版社，2020：73.

第三方为合同对方提供服务，并且合同条款将他们置于一种长期的从属法律地位，那么这种法律上的假定便不再成立。这正是围绕平台工作者分类问题的核心争议所在。他们以微型企业家的身份进行工作，这往往并非基于个人选择，而是平台企业所施加的一种模式。平台的商业模式常常将劳动风险转嫁给工作者，这引发了关于他们是否真正拥有商业活动自由的问题。

2016 年，法国立法机构意识到可以借助企业社会责任的概念，来确保平台企业继续采用自雇劳动者的经营模式，同时确保该群体劳动者的个体及集体权益获得正式承认。这一策略旨在防止滥用情况的发生，并减少因重新界定雇佣关系性质而可能引发的法律纠纷。2018 年，在探讨职业未来的《塔谢修正案》（*Taché Amendment*）中，立法者尝试对 2016 年的法律进行修订，以缩小其适用范围。修正案的目的是赋予数字平台更大的自主权，让它们能够根据自身的企业社会责任，与自雇劳动者协商确定合同条款和工作条件。该修正案强调：“确立平台的章程和尊重其承诺，并不自然意味着承认平台与劳动者之间存在法律上的从属关系。①”尽管《塔谢修正案》因违宪而未能成为法律，但其提出的问题和挑战依然存在，在未来可能以不同的形式重新出现。这一事件反映出，在平台经济快速发展的背景下，劳动法如何适应新的劳动形态，并且保护劳动者权益，同时促进企业创新和经济发展，是一个需要持续关注和深入研究的问题。

3.法国平台经济从业人员的社会保障

在法国，平台从业人员主要分为三个群体：从事配送和人员运输的自雇者、通过平台销售商品或提供服务的自雇者、平台直接雇佣的职工。对于前两类自雇者，平台型企业承担着明确劳动者可能遭遇的职业风险及提供补充性社会保障的职责。2016 年和 2019 年，法国平台从业人员的社会保障问题经

---

① 伊莎贝尔·道格林，克里斯多夫·德格里斯，菲利普·波谢.平台经济与劳动立法国际趋势[M].涂伟，译.北京：中国工人出版社，2020：76.

历了两次重要的法律修订。2016 年修订的《埃尔霍姆里法案》规定了平台从业人员的社会保障问题，将年收入超过年度社保缴费上限 13% 的自雇者纳入社会保障体系。具体来说，自雇者的职业风险保障范围和缴费责任会根据其收入水平进行评估，社保缴费因此成为企业社会责任的一部分。2019 年，法国修订法律时对平台企业的社会责任框架进行了明确界定，逐步将平台从业人员的社保权益纳入了工伤和医疗保险的覆盖范围，并扩大了补充保险选择的范围，以期与基本社会保障制度相匹配。[①]

然而，与传统雇佣模式中雇主的强制性责任不同，平台企业的雇主责任具有自愿性。这意味着企业提供社保缴费取决于其承担的社会责任，而非法律义务。这种自愿性导致了平台企业在提供社保方面存在逆向选择的问题，一些企业可能会规避为劳动者提供医疗、失业、养老、工伤或职业伤害等保险的单位缴费。在社会责任框架下，平台企业可以通过购买私人保险为劳动者提供保障，但这种做法实际上可能将最缺乏保障、处于脆弱且贫困的群体排除在国家层面的风险共担机制之外。目前，大多数法国平台从业人员并未参加基本社会保险中的自愿性制度，而是选择参加法律许可的私人保险或通过集体协商获得基本权益保障，如自愿性工伤保险。这种做法加剧了法国社保制度的碎片化程度，背离了传统社保制度风险共担和社会团结的原则。

4.法国在承认平台工作者集体权益方面的法律进展

在劳动法领域，结社自由、集体谈判权和集体行动权构成了劳动者的三项基本集体权利，这些权利在传统意义上由工薪劳动者所享有。2016 年颁布的《埃尔霍姆里法案》是一个重要的转折点，将这些权利扩展至平台工作者。该法案明确指出："劳动者组织为了维护其职业利益而发起的集体停工行动，在没有滥用权利的情况下，不应触发合同责任条款，也不应成为解除与平台业务关系或对劳动者进行惩罚的理由。"这一规定适用于平台能够决定"劳动

---

① 李亚军，王永阔.平台经济与社会保障：法国的另类做法［J］.中国社会保障，2023（2）：49-51.

者所提供服务或销售商品的性质及定价"的情况。这意味着，如果平台拥有对服务或商品性质和价格的决定权，那么劳动者（在此背景下指微型企业家）就不再拥有传统意义上的企业家定价权和劳务条件的决策权。这揭示了一个隐含的现实，即平台工作者的工作条件，包括薪酬的支付方式和数额，完全由平台单方面制定，这与现行法律对伪自雇现象的规定形成了鲜明对比。通过这种方式，《埃尔霍姆里法案》不仅在法律上承认了平台工作者的集体权利，而且也揭示了平台经济中劳动者地位的复杂性，尤其在界定其与平台之间关系的性质时。这一法律变革体现了对平台经济下劳动关系新形态的认识和适应，同时也为保护平台工作者的权益提供了新的法律工具。

尽管法国的法律规定在字面上具有普遍性，但在其实际应用中，集体权利的行使，特别是与罢工相似的集体行动，仍然引发了学界的深入讨论。根据法国《宪法》，罢工权是一项基本的个人权利。历史上，法国法律已经承认了包括公务员在内的特殊身份劳动者的罢工权，而卡车司机、律师、私人医生等自雇职业者也曾行使过这一权利。2016 年的《埃尔霍姆里法案》是法国立法机关首次明确规定，特定类型的自雇劳动者（即平台工作者）可以享有集体权利，并且受到法律保护，以避免因集体行为而引发可能致使合同终止或收入降低的法律诉讼风险。这一法律创新不仅解决了平台工作者的分类问题，也涉及如何界定集体停工的性质，以及如何区分平台对劳动者的断开连接行为与对集体停工的响应措施。具体而言，法案提出了几个关键问题：首先，如何界定停工行为，即在什么条件下，劳动者与平台断开连接可以被视为集体停工导致的合同不履行；其次，平台应如何响应集体停工，包括如何区分平台因响应集体停工而采取的单方面终止合同行为与对劳动者分配订单条件的正常调整；最后，如何区分平台对劳动者的处罚措施与对集体停工的合法响应。

此外，《埃尔霍姆里法案》为平台工作者提供了加入工会的集体权利，这一权利在法国《宪法》前言中被确认为每个人的基本自由。在法国劳动法的框架内，明确列出结社自由权是为了具体规定法律所允许的行为范畴。实际上，平台工作者已经成立了若干工会组织，例如 2018 年成立的波尔多的自行车配送员工会，它是隶属于法国总工会交通联合会的地方性组织，自成立以来在欧洲范围内定期举行会议。尽管法律上保障了平台工作者的结社自由，但其实际执行情况仍存在挑战。值得注意的是，在何种情况下平台工作者能够合法地维护其集体利益仍存在问题。例如，法国的结成工会的平台工作者曾尝试与优步公司进行集体谈判，但优步拒绝继续对话，并质疑谈判代表的代表性。随着"非典型"劳动者和自雇劳动者群体的增长，工会在动员这些劳动者方面面临着重大困难。这些劳动者可能来自不同的组织、具有不同的独立身份，他们在地理位置上分散且具有高度的流动性。在这样的背景下，传统的工会行动领域主要局限于自由职业者的几个行业，而要组织这样一个多样化和分散的劳动者群体，无疑增加了工会工作的复杂性。

三、国外平台从业人员的劳动权益保护的经验与启示

在众多发展中国家，这些新兴平台被视为创造就业机会的希望之源，促使相关政府增加对数字技术基础设施建设及相应技能培训的财政投入。然而，这些平台在提供机遇的同时，也催生了一系列挑战。对于参与其中的从业者而言，他们正面临工作与收入稳定性、工作环境、社会保障、技能提升、组织自主权以及集体谈判权利等问题。面对这些挑战，各国政府、法学界及劳工组织纷纷开展研究与实践，旨在探索在保障劳动者权益与推动平台经济发展的双重目标之间实现平衡的策略。

（一）国外平台经济从业人员的劳动权益保护的经验总结

1.完善劳动关系认定标准

通过上述国家的案例可以看出，在探讨网络平台与从业人员之间的关系时，若简单地将其归类为劳动关系，可能会对网络平台企业带来过重的责任负担，进而对互联网经济和劳动力市场产生不利影响。反之，如果完全否定这种关系中的劳动属性，平台从业人员可能会陷入权益保护的不确定性，加剧他们与平台企业之间的不平等地位，削弱其获得必要保护的能力。因此，准确界定网络平台从业者与平台企业之间的劳动关系，已成为各国政府在监管和规范平台经济健康发展过程中必须解决的关键难题。这一问题的解决不仅涉及劳动法律的适用性，还关乎劳动权益保护、税收征管、市场竞争公平性等多个层面。政府需要综合考虑经济发展、社会稳定和劳动者权益等多方面因素，制定科学合理的政策和法规，以确保平台经济的可持续发展和社会整体利益的最大化。例如，西班牙通过明确从属性的衡量标准来认定劳动关系，并建立了"经济依赖型自雇者"的类别。在美国，法院在审理案件时会综合考虑多种因素来判断是否存在劳动关系，如根据加州的法律框架，当劳动者与平台之间的控制关系、依附关系及经济依赖性达到一定标准时，法院将倾向于认定存在劳动关系。而法国的《埃尔霍姆里法案》则将平台工作者视为与自雇者地位相同。

2.社会保障权益的维护实践

在维护平台从业人员的社会保障权益方面，一些国家通过创新策略，致力于将社会保障体系扩展至平台经济中的从业者。例如，美国加利福尼亚州通过了 AB-5 法案，要求平台经济中的工人获得最低工资、工伤保险等福利。此外，通过与商业保险公司合作，为司机提供了保额较高且设计较为合理的商业保险，如优步公司与商业保险公司合作所提供的保险，仅在应用程序开启时保险才生效。法国政策要求平台企业为自雇型从业人员支付意外保险费用，从而为这些工作者提供额外的安全保障，并通过"社会责任组合"条款，明确了对特定平台工人（如外卖骑手）的保护措施，包括工作中的事故保护、职业培训的权利等。不少拉丁美洲国家也扩大了自雇型从业人员的社会保障覆盖范围，增强了他们面对经济和社会风险的能力。[①] 这些措施不仅体现了对平台经济从业者权益的关注，也展示了各国在社会保障制度创新方面的努力和探索。

3.在集体化抗争和组织化方面的积极尝试

平台从业人员的集体化抗争和组织化尝试在全球范围内引起了广泛关注。不同国家的政府、工会组织、法律机构以及社会运动都在积极寻找解决方案，以保护平台从业人员的权益。例如，西班牙巴伦西亚地区为"户户送"平台的骑手争取更好待遇的行动中，RidersXDerechos 等工会组织积极参与，通过公共宣传活动、社交媒体发声、组织罢工等方式来支持被解雇员工对公司提起诉讼。尽管面临诸如公司中断谈判、解雇积极参与者等挑战，但西班牙的平台工作者依然是一个活跃且积极参与的群体。在美国，西雅图市通过的条例旨在为数字平台工作的独立承包商提供与平台协商集体协议的机会。虽然在当前美国的法律框架下，平台工作者和自雇者面临集体组织化的难题，但他们正在寻求在传统渠道之外发声的途径，例如成立自由职业者联盟"工作美国"、独立优步协会等。这些尝试虽然存在局限性，但体现了在保护平台从业人员权益方面的积极探索。法国则在承认平台工作者集体权益方面取得了重要进展，《埃尔霍姆里法案》将结社自由、集体谈判权和集体行动权扩展至平台工作者，并明确规定劳动者组织为了维护其职业利益而发起的集体停工

---

① 国际劳工组织.2021 年世界就业和社会展望——数字劳动力平台在改变工作世界中的作用［M］. 北京：中国财经出版集团经济科学出版社，2022：43.

行动，在没有滥用权利的情况下，不应触发合同责任条款，更不应成为解除与平台业务关系或对劳动者进行惩罚的理由。

4.不抛弃灵活的就业模式

美国加利福尼亚州 AB-5 法案的制定旨在保障那些被误归为独立承包商而非雇员的从业人员的基本权益。尽管有评论担忧，将大量网络平台经济从业人员认定为传统意义上的雇员可能会增加企业的管理负担和运行成本，从而影响互联网劳动力市场的灵活性和不确定性，但这种担忧不应成为忽视劳动者权益保护的理由。

平台经济作为一种新型的社会资源组织形式，与传统雇佣关系有着显著差异。面对这种新形态经济的规制，应当承认工作的多样性，而不是试图阻止工作形态的变化。政府管理部门在制定相关政策时，应深入了解其核心业务形态和创新动力，避免简单套用现有劳动与雇佣管理规则，以免扼杀商业创新性。以 Uber 等网约车公司为例，尽管其业务操作与传统出租车公司相似，但在分析其核心商业模式、竞争力和价值链构成后，我们不应简单地将其视为传统出租车公司。对于政府部门而言，如何理解和管理互联网时代新型的数字化生产组织关系，是一个复杂的问题。现行劳动法律的劳动关系"二分法"原则与新型工作形态之间存在天然的兼容性问题。AB-5 法案的通过并不会彻底解决平台经济参与者的分类问题，这一立法进程只是将长期以来的争议从法院转移到了立法机关。政府在制定政策时需要谨慎，确保所有相关方的利益都能得到充分考虑。立法往往是多方博弈的结果，有时甚至涉及政治因素。如何通过立法或制度来保护平台从业人员的权益，仍需根据各国的国情进行深入思考。

（二）国外平台经济劳动权益保护经验对我国的启示

综上所述，我们可以看到平台经济的不稳定性和去职业保障特征在全球范围内高度相似；平台用工依赖劳动力市场中的脆弱且贫困群体；平台工人的集体抗争和组织化尝试是对抗平台剥削的有效手段；平台企业的社会责任感和创新型经济模式是改善劳动状况的有效途径。这些国际经验为我国平台劳动治理提供了启示。

1.识别并规范"隐蔽性雇佣"是构建劳动关系的基础

在平台与从业人员之间的互动中，不仅涵盖了传统的正式雇佣关系，还包括了通过签订承揽合作协议建立的劳务关系，以及通过外包和众包等模式形成的非典型劳动关系。传统的自雇与从属劳动的二元分类在面对新兴业态的管理组织模式时显得力不从心。上述提到的推行类似"经济依赖型自雇者"身份认定标准，在实践中面临重重困难，特别是虚假自雇成了平台经济中一个日益严重的问题。针对此，存在于劳动市场边缘的用工关系问题，不能简单地被归类为雇佣与自雇之外的第三种用工关系。关键在于识别这些关系是否实际上是一种隐蔽性雇佣，即在一种看似合法的用工形式掩盖下的雇佣关系。[①] 历史上，隐蔽性雇佣现象的每一次出现都带有其特定的时代背景，而当前围绕平台经济雇员身份确认的诉讼，可能仅是经济发展特定阶段的表现。因此，过分强调其独特性可能并非完全合理。为了确保劳动关系判定标准的适应性和灵活性，在解决网络平台工作者用工关系认定上，应采用多因素考量的方法，使其能够与科技驱动下企业结构的变革保持同步。在司法实践中，规则的不明确性也逐渐展现出司法的积极适应性和能动性。因此，完善劳动

---

① 肖竹.第三类劳动者的理论反思与替代路径［J］.环球法律评论，2018，40（6）：79-100.

关系的判定机制，明确区分并规范隐蔽性雇佣关系，是制定相关政策和法规的首要步骤。这不仅有助于清晰界定劳动关系的边界，也为后续的政策制定和法律实施提供了坚实的基础。

2.关注配套法律体系的建设与完善

美国加利福尼亚州的AB-5法案实施，不仅扩展和改进了现行劳动法规，而且对失业保险法规中关于雇员定义的条款进行了调整，对相关就业和劳动法律产生了显著影响。该法案通过引入ABC检验标准，对雇员的界定进行了明确，但同时也列举了许多例外情形，这可能会在法律实施过程中引发矛盾和困惑。在制定我国平台经济相关的劳动法律和法规时，应充分考虑灵活性与普遍性原则的平衡。需要特别注意不同法律之间的协调和衔接，确保那些未被劳动法覆盖的劳动者能够获得必要的保护，同时避免他们受到其他类型法律的不当限制。通过这种方式，可以更好地维护劳动者的合法权益，促进劳动市场的健康发展。

3.拓展社会保障制度的全面包容性

在分析社会保障体系适应性调整的过程中，借鉴国际经验对于应对新兴就业形态所带来的挑战具有重要意义。首先，无论就业形态是标准还是非标准，劳动者对于全面社会保障的需求具有共性。社会保障体系能否有效覆盖平台经济下的从业人员，关键在于制度设计能否充分满足该群体的特定需求。国际社会逐渐达成共识，通过制度创新，将平台经济从业人员纳入现行的社会保障体系。这涉及对缴费政策的调整，以及提高准入门槛的灵活性。其次，构建一个结合税收融资和缴费型制度的保障体系是必要的。不同国家针对平台经济从业人员的社会保护政策存在显著差异。一些国家依赖雇主或行业提供的与收入挂钩的社会保险制度，而其他国家则更倾向于实施普惠型保障计划。平台经济从业人员加入收入关联型社会保险制度的途径主要有两种：独立型保障和融入型保障。独立型保障例如法国为特定自雇劳动者建立的专门保险计划；融入型保障则通过调整现行社会保险计划的制度参数，或探索与就业脱钩的保障形式。[①] 此外，考虑到平台从业人员的缴费能力，应加强非缴费型制度或税收支持的社会救助计划，为未被缴费型保险制度覆盖的群体提供基本保障。

4.发挥第三方组织的作用

在平台经济时代，劳动关系的复杂性日益凸显，特别是第三方组织（例如，工会、非政府组织等）的作用愈发显著。这些组织不仅为劳动者提供必要的支持和资源，而且能够促进劳资双方的对话，增强劳动者在与平台企业协商过程中的议价能力。首先，工会和集体谈判的作用需得到加强。西班牙的案例表明，工会在推动平台工作者权益方面发挥了显著作用。工会通过组织罢工、开展公共宣传活动和提起法律诉讼，为平台工作者争取更优的工作条件和社会保障。法国波尔多的自行车配送员工会，通过加入更广泛的工会联盟，增强了其在集体谈判中的地位和影响力。美国西雅图市的尝试以及自由职业者联盟等组织的活动，展示了这些组织通过提供福利、进行游说和组织集体行动，为平台工作者争取权益的能力。其次，非政府组织和民间组织的力量不容忽视。西班牙的平台工作者通过成立如 RidersXDerechos 等平台，进行自我组织和集体行动。这些组织通过运用社交媒体、开展公共宣传和提起法律诉讼等手段，提升平台工作者的可见度和影响力。美国自由职业者联盟和"工作美国"等非工会组织，通过提供服务和进行游说活动，也为平台工作者争取权益。这些组织通过汇聚大量自雇者的力量，增强了他们在政策制定中的话语权。最后，跨部门合作的重要性不容小觑。在西班牙和法国，政府、工会、平台企业和监察机构之间的合作在处理平台经济问题时显得至关重要。通过跨部门的合作，可以更有效地解决平台工作者面临的问题，推

[①] 刘桂莲.数字平台劳动者就业身份认定及社会保障权益实现路径［J］.国际经济评论，2023（1）：114-130.

动劳动保障权益的实现。

5.促进女性平台从业人员实现工作和生活平衡

在促进平台女性从业人员的劳动权益保障过程中，实现工作与生活平衡的议题显得尤为复杂且至关重要。一是消除就业歧视。国际劳工组织和欧盟立法均强调消除就业歧视，平台女性从业人员在就业过程中应免受性别、婚姻状况或家庭责任等因素的歧视。政策制定者有责任采取相应措施，确保平台女性从业人员在招聘、晋升及薪酬等方面获得平等对待。二是重新定义家庭责任与性别角色。国际劳工组织和联合国的立法趋势已由特定性别保护转向性别中立的家庭责任认可，这要求政策制定者认识到家庭责任不应仅由女性承担，男性亦应承担相应的家庭义务。通过鼓励男性参与家庭责任，可实现家庭责任的平等分担，进而推动劳动领域的性别平等。三是立法保障与政策支持。国际劳工组织和欧盟立法强调工作时间安排的灵活性及假期的重要性。平台女性从业人员应享有合理的工作时间安排和充足的假期，包括产假、育儿假及照顾家庭成员的假期，以帮助她们在职业与家庭责任之间实现平衡。四是提高平台工作的透明度。西班牙《骑手法》要求平台企业向工会提供算法运作机制的详细说明，此举有助于提升平台工作的透明度。平台女性从业人员能够了解其工作条件和收入如何被算法所决定，从而更有效地规划个人的工作与生活。五是加强社会服务支持。国际劳工组织和欧盟立法均提倡提供必要的辅助性社会服务，如托儿服务和老年人照顾服务，这些服务有助于减轻平台女性从业人员的家庭负担，使她们能更专注于职业发展。六是持续的法律和政策评估。法律和政策的实施效果需通过持续评估和调整来确保。政策制定者应定期收集平台女性从业人员的反馈，评估现有法律和政策的有效性，并根据实际情况进行调整，以更好地满足她们的需求。

第七章 采取行动：完善女性平台从业人员的劳动和社会保障权益的现实选择和政策建议

　　国际妇女节的起源可追溯至 1909 年，当时伊利诺斯州芝加哥市的服装业女工发起了抗议活动，以反对恶劣的工作环境。这一事件是全球范围内推动性别平等运动的起点，因此将每年的 3 月 8 日定为国际妇女节，以纪念这一具有里程碑意义的日子。一个多世纪前所揭示的性别平等的真理至今仍具有现实意义：如果没有男性和女性的全面与平等参与，任何国家、组织或经济体都无法充分发挥其潜能。消除针对女性的歧视性障碍，不仅能够促进经济增长，而且对男性和儿童、家庭、企业乃至整个社会都产生积极效应。尽管在性别平等的道路上已取得了显著进步，但要实现真正的性别平等，我们仍需持续努力。

第一节　平衡发展：完善女性平台从业人员劳动和社会保障权益的现实选择

在平台经济的背景下，大数据和算法技术的应用催生了一种新的经济模式和就业形态。一些女性利用平台经济的低门槛、快速传播和地理限制小等优势，在该领域取得了成功。然而，只有少数女性能够实现这种成功，大多数女性仍然面临着平台经济中延续的传统性别偏见。尽管如此，平台经济无疑为女性提供了新的就业机会和工作方式。平台经济的灵活性使得许多承担家庭责任的女性能够在照顾家庭的同时参与经济活动，实现经济上的自我价值。这种新型经济形态为女性提供了自主创业的机会，使她们能够更自由地安排工作与生活。然而，平台经济的这些优势也可能导致一种误解，即认为它能够为女性带来工作与生活的完美平衡。实际上，许多平台工作的零散性、低报酬和不稳定性使得许多女性在工作和家庭之间面临巨大压力。此外，平台工作的不稳定性及缺乏规范的保障常常被忽视。同时，在平台经济时代，女性还面临着性别数字鸿沟的问题。与男性相比，女性对于科技的掌握程度相对较低，这导致她们在科技领域的工作处于不利地位，而且在同等条件下获得的回报也低于男性。

由于平台经济的开发者和用户更倾向于关注效率提升、效益创造和成本节约，许多女性平台从业者开始担忧自己的就业安全和社会保障问题。政府在推动平台经济规范发展的同时，也面临着如何保障从业人员权益的挑战。因此，要解决女性平台从业者的就业权益与社会保障问题，亟待化解多元利益主体间的矛盾冲突，并构建一个多方共赢的格局，这要求以多方平衡发展作为其坚实基础。

一、对约翰·W.巴德劳动关系平衡理论的思考

约翰·W.巴德提出的"平衡理论"重视雇佣关系的目标及其实现这些目标的策略，构建了一个以效率、公平和发言权为核心的三角平衡模型（详见第二章）。巴德提出，无论在工作场所层面还是宏观政策层面，规则在实现效率、公平、发言权的平衡过程中发挥了极为重要的作用，或实现一个目的，抑或兼而有之；实现三个因素平衡的最终目的是实现工作与雇佣关系的人性化，而非简单地将它们视作经济交易。如果缺乏平衡，最终会适得其反。[①] 这一模型不仅凸显了劳动关系的两个基本原则——劳动的人本化和非商品化，而且体现了对这些原则的深刻理解和实践应用。

构建人性化的雇佣关系首先需要明确多元主义劳动关系的本质。巴德在审视历史研究的基础上，提出雇佣关系本质上是利益相关者在利益冲突与共享中进行的博弈。他认为，利益冲突的调和并非仅由市场机制决定，而是受到制度框架、个人选择、文化传统和价值观等多重因素的共同影响，这些因素塑造了个体或集体间的相互作用。同时，利益共享则促成了不同利益相关者之间的联合。因此，维持利益的均衡是构建人性化雇佣关系的核心要素。在明确了平衡理论的主旨之后，巴德进一步发展了其理论架构，确立了以效率、公平和发言权为核心的三角模型。从权利平衡的视角分析，这一模型实质上反映了雇主的财产权与雇员的劳动权之间的协调关系。通过权利的均衡分配，旨在实现劳资双方及多元利益相关者之间的利益均衡。这是平衡理论的基本逻辑，即通过兼顾效率、公平、发言权的制度实现权利平衡，从而最

---

① 孟泉. 利益平衡与逻辑平衡——劳动关系平衡理论探讨及其启示 [J]. 中国人力资源开发，2013（19）：105-110.

终实现利益平衡。

巴德的平衡理论在本质上更侧重于制度和规则的分析，而非主体行为的互动。尽管众多经验研究指出，在美国的工作场所劳动制度和公共政策中，效率、公平和发言权的概念得到了体现，但这并不保证制度的更新能够完全解决长期存在的劳资权力不平衡的问题。以英国为例，布莱尔领导下的新工党政府上台后，推行了一系列劳动制度改革。虽然这些改革在法律层面上恢复了工会和工人的部分集体权利，但仍然延续了撒切尔政府的新自由主义理念，对工人的集体权利加以限制。这导致工会依靠工人集体行动对雇主的威慑力减弱。由此可见，工人和工会权力的变动破坏了原本在一定程度上实现的制度平衡，难以维持效率、公平和发言权的平衡，进而影响了利益平衡。制度手段在实现效率、公平和发言权三要素之间的平衡时，旨在通过制度化途径实现权力的平衡，形成法律或制度上的权利平衡，以更有效地促进利益平衡。然而，主体权力的变化可能导致权利失衡，使得权利平衡保障利益平衡的逻辑失效。因此，平衡理论需要进一步考虑主体权力关系的问题，以确保理论的完整性和适用性。

除了权力因素，参照标准同样对劳动关系的利益平衡形成了制约。不同利益群体基于其价值观的差异，形成了各自独特的参照系，这些参照系的差异又导致了各自倡导的意识形态的分歧。因此，制度层面上效率、公平与发言权的平衡，受到利益主体所持参照系的影响。例如，如果雇主仅关注效率而忽视公平，可能导致制度与实际执行之间的脱节。奥菲在分析国家在劳动关系中的角色时，强调了国家需要平衡经济积累、社会稳定与合法性这三种功能。[①] 国家对这些功能的倾向性取决于其对自身利益的定位，这包括维护自由与法制、保障社会公正以及对精英阶层的统治。国家利益定位的差异会导

① 孟泉. 利益平衡与逻辑平衡——劳动关系平衡理论探讨及其启示［J］. 中国人力资源开发，2013（19）：105-110.

致其持有不同的参照系和意识形态，进而影响劳动关系中各利益主体间的利益关系。例如，撒切尔政府的劳工政策体现了新自由主义意识形态，强调效率而牺牲了公平与发言权。

综上所述，权力和参照系是影响利益平衡的关键因素。为了实现效率、公平与发言权的平衡，单靠制度赋权是不够的。制度不仅要实现权利（主要指财产权与劳动权）的平衡，还需要建立在权力平衡的基础上，确保不同主体对制度营造的意识形态有较为统一的认同，从而实现更稳定的利益平衡。这要求我们在构建劳动关系制度时，必须充分考虑到权力结构和意识形态的多样性，以及它们对制度执行和最终效果的影响。

二、新时代完善女性平台从业人员劳动保障权益的现实选择

（一）数字技术与女性平台从业人员：赋权的双刃剑

自 20 世纪 60 年代起，赋权理论已成为西方社会科学研究的核心议题，专注于为社会边缘群体、少数族裔和能力受限者提供平等的资源分配与潜能激发机会，以增强其实现目标的内在动力与能力。在此背景下，郑永年提出了"技术赋权"的概念，强调互联网在推动我国社会政治变革中的关键作用，为劳动关系研究提供了新的视角。[①]

技术作为工具，理论上能为所有平台从业者提供增权赋能的机会。然而，技术的实际应用效果并非均等，存在"数字鸿沟"和技术红利分配不均的情况。政府和企业在信息技术和大数据的使用上占据优势，而女性平台从业人员则面临信息掌握和应用能力的局限。数字技术对女性平台从业人员的赋权效应体现在广泛获取就业信息、提升网络组织动员能力、降低人力资本提升

---

① 邓智平 . 数字赋权与劳动关系转型［J］. 南方经济，2021（9）：11-17.

成本、增强培训可及性，以及提高劳动权益信息的对称性。然而，这种赋权并非完全平等，"象征性权力"的现象普遍存在，即互联网赋予的权力往往难以转化为实质性的改变。在劳动关系的框架内，技术赋权涉及工人、雇主和政府三方。对女性平台从业人员而言，技术赋权带来了新的就业机会和提升个人能力的可能性，但同时也暴露了她们在信息技术掌握和应用上的不足。对企业而言，技术赋权提高了其招聘效率、劳动过程控制力和资本扩张能力。对政府而言，技术赋权提升了其干预劳动力市场和化解劳动关系紧张局势的能力。

因此，技术赋权在具有普惠性的同时，也呈现出不平等性。技术与社会主体的互动是复杂且互构的，技术内生嵌入不同的社会主体中，推动了劳动关系的新变化和新趋势。女性平台从业人员在这一过程中，既面临机遇也遭遇挑战，需要更多的关注和支持，以实现真正的赋权和能力提升。

通过本书三、四章的分析可以看出，在平台经济背景下，数字技术对女性平台从业人员的用工关系转型的作用机制主要有以下五个方面：一是雇佣界限的模糊化。随着数字技术的发展，特别是互联网平台经济的兴起，传统的劳资界限变得模糊。女性平台从业人员与企业之间的关系逐渐由传统的雇佣合同转变为更为灵活的合作协议，甚至在某些情况下，双方之间可能不存在任何形式的书面协议。这种变化增加了女性劳动者工作的自主性和灵活性。二是利益共生关系的构建。在新型经济形态下，女性平台从业人员不再局限于传统的组织结构，而是通过平台直接为消费者提供服务。这种模式不仅模糊了雇员与自我雇佣者之间的界限，更重要的是将劳动者的个人利益与平台的利益紧密绑定，形成了利益共同体，从而改变了传统的集体劳动关系格局。在平台经济中，女性劳动者的收入通常基于按单计酬的原则，即平台在每笔交易中收取一定比例的服务费或中介费后，剩余部分即为劳动者的收入。这种分配方式简化了劳资双方的利益分配过程，从传统的"零和博弈"转变为共同创造价值和分配的共生关系。三是团结的失效与分化。数字技术的发展使得女性平台从业人员能够自由选择工作时间和地点，这种灵活性虽然提高了工作的自主性，但也导致了劳动者之间缺乏共同的劳动和生活经历，难以形成集体认同和团结意识。数字技术的分化效应增加了从业者之间的差异性，进一步削弱了集体行动的可能性。四是重塑了女性劳动者的劳动评价体系，其中消费者评价成为关键因素。与传统绩效考核不同，女性平台从业人员的工作表现不再由管理者评定，而是通过消费者评分直接反映，这一机制直接影响她们的经济收入与职业发展。平台通过非契约形式将劳动监管权"外包"给消费者，赋予了消费者对劳动质量的考评能力，从而在无形中转移了平台与劳动者之间的矛盾风险，减少了劳动者对平台的不满。五是平台经济中的规则透明度提高，有助于降低组织不公正感。平台的收益分配规则在形式上公开透明，内容上公平简洁，通常基于计件工资制度，使女性劳动者能够直观地了解自己的收入情况。这种"多劳多得"的分配机制增强了公平正义感，减少了因组织差异化态度而产生的不公平感，有效降低了劳资冲突的发生概率。然而，数字技术的发展也使得消费者介入劳动生产关系，劳资双方的矛盾与冲突被平台与消费者之间的复杂关系所掩盖。在追求团结以共同应对挑战的过程中，女性劳动者遇到了一些障碍，导致劳资矛盾在一定程度上发生了转移。

（二）平台经济中的劳动保障探索：地方政府实践、女性劳动者需求与企业商业逻辑的平衡

在平台经济用工领域，平衡逻辑的试验性制度动力机制是另一个重要的研究议题。以网约车为例，2017 年，地方政府开始关注网约车司机的权益保护问题，其中职业伤害问题尤为突出。2018 年，多位政协委员在两会期间提出新业态从业人员工伤保险缺失的问题。随后，地方政府探索了两种不同的运作模式：广东省将灵活就业人员纳入传统的工伤保险体系；而江苏省的南通、苏州等地则通过政府主导、商业保险公司运作的方式，建立了独立的职业伤害保障模式。"广东模式"试图在传统制度框架与新问题解决之间找到平衡，而"吴江模式"则以公办商险的形式，具有互助保障的性质，旨在服务经济社会并易于融入社会保障体系。"吴江模式"的背后逻辑是从新就业形态劳动者和平台企业的接受度出发，采用"成本平衡"策略。针对女性平台从业人员，生存逻辑是该群体的核心诉求。从笔者的访谈中可以看出，当前女性平台从业人员类别多样、层次多元，但对她们中的多数而言，最重视的是相对高水平且稳定的收入，而非工伤保险或其他保障福利。她们选择平台就业的主要目的是维持自身和家庭的生存。平台企业的商业逻辑也对制度的有效性产生影响。平台企业在算法设计中不仅考虑收益，还尽量在运力、单量、客户满意度之间达成平衡，客户满意度已成为平台算法设计的首要关注点。

（三）女性平台用工关系的"三支柱亭屋模式"

综上所述，地方政府在促进平台就业形态的完善过程中，展现了其在保障新就业形态劳动者权益方面的先见之明与实验精神。然而，政府的均衡策略、女性平台从业人员的生活逻辑，以及平台企业的商业逻辑均会对制度实施的有效性产生影响。因此，必须全面考虑三方利益诉求的相互关系，平衡政府（社会）、平台企业与女性平台从业人员之间的权力关系，以实现平台经济中用工关系的效率、公平与话语权的均衡。这成为新时代下完善女性平台从业人员劳动保障权益的现实路径选择。

具体而言，本书参考并构建了女性平台用工关系的"三支柱亭屋模式"（见图7.1）。在此模式中，女性平台用工关系的亭屋底座代表了劳动关系中公平、效率与发言权的均衡实现。首先，公平构成劳动关系的根基，要求确保所有女性从业人员在工作机会、薪酬及晋升等方面享有平等权利，避免性别歧视。其次，效率反映在平台用工模式的高效运作上，通过资源配置和工作流程的优化，提升劳动生产率和经济效益。最后，发言权的保障旨在确保女性从业人员能够参与决策过程，表达个人意见和需求，从而推动劳动关系的民主化与人性化。亭屋的支柱由政府、平台企业与女性从业人员三方共同构成，共同支撑劳动关系的稳定与进步。政府的角色在于制定与执行相关法律法规，保障性别平等与劳动权益，同时推动性别敏感性平台用工政策的制定与实施。平台企业需承担社会责任，建立无性别歧视的招聘、培训与晋升机制，促进女性从业人员的职业发展。女性从业人员则应不断提升专业技能与团队协作能力，增强在平台用工中的竞争力与凝聚力。亭屋模式的终极目标在于实现女性平台从业人员就业与社会保障权益的保障，推动平台企业的有序发展，并促进社会构建适应新时代的劳动政策调整机制。这需要政府、企业和从业人员三方的共同努力，形成良性互动的生态系统。政府应持续评估与调整劳动政策，以适应平台经济的发展与变化。平台企业应积极回应政策导向，优化用工模式，确保女性从业人员权益。女性从业人员则应积极参与政策制定与实施过程，通过提升个人能力，争取更多发展空间与权益保障。

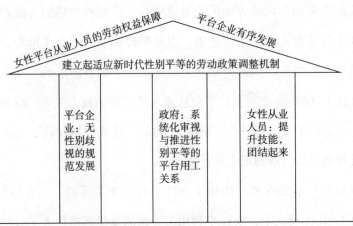

图 7.1　平台经济用工关系调整的"三支柱亭屋模式"

第二节　完善女性平台从业人员劳动保障权益的实施路径

在平台经济的迅猛发展浪潮中，传统的生产与分配模式经历了深刻的变革。平台企业凭借其市场主导地位，对价值分配产生了深远的影响。随着平台经济的持续演进，女性平台从业人员的劳动保障权益问题日益突出。面对这一挑战，必须从维护女性平台从业人员的合法权益、推动平台经济的可持续增长，以及保障社会稳定等多重维度出发，深入探讨如何有效保障从业者的劳动权益，并提升她们应对市场风险的能力。

一、政府层面的平台用工性别平等推进策略

（一）效率维度的加强：促进平台经济的规范化与性别平等

1.支持和引导平台经济规范健康持续发展

在平台经济时代，女性从业者的就业模式发生了显著的变化，平台经济为女性提供了新的就业机会，并增强了其工作自主性。因此，支持和引导平台经济规范、健康和持续发展显得尤为重要。首先，应促进新业态的发展。政策应鼓励平台经济探索新的业态模式，培育新的经济增长点，并通过与行业龙头企业的合作，加强其对实体经济的赋能作用。这包括推动"平台＋制造业"模式，助力制造业的数字化转型，以及发展智慧农业和农村电商，挖掘农业新业态的潜力，赋能乡村振兴。其次，应拓展国际市场。平台企业应利用数字丝绸之路等国际合作机制，拓展海外市场，提升全产业链的协同出海能力。同时，鼓励平台企业参与数字贸易和数据跨境流动的国际议题谈判，

构建跨境电商等领域的国际通用规则，提升国际话语权。[①]再次，构建开放创新生态系统。支持行业领军企业与高等院校、研究机构共同组建创新联盟，加强核心技术研发，增强自主创新能力。鼓励创建创新孵化平台，形成协同创新模式，促进中小型平台企业的发展，推动产业链的协同创新，并与国际先进企业合作，融入全球创新网络体系。最后，构建多方协同治理架构。针对平台经济发展过程中出现的市场垄断、不正当竞争等问题，应构建以政府为主导、多方共治、高效协同的平台经济治理新模式。加强行业主管部门之间的协同合作，提升政策间的协同效应，营造积极的政策环境。同时，发挥行业协会的引领作用，构建自律机制，建立公众和第三方监督机制，提高平台运营的透明度和信用约束力。通过这些措施，能够促进平台经济的规范化和健康发展，同时为女性劳动者提供更丰富的就业和发展机遇，实现平台经济与社会进步的双赢。

2.增强女性在STEM领域的教育与数字经济参与度

教育在缩小数字性别鸿沟中发挥着关键作用。在数字化时代背景下，促进性别平等的数字教育尤为重要。学校教育体系应在理念、制度、课程设置及评价机制中融入性别敏感元素。教育应以学生为中心，引导他们认识数字革命的重要性，激发他们学习数字技术的热情，特别是在STEM学科领域，以及逻辑推理和人机交互能力上，以便更好地适应数字时代的就业市场。教师应秉持性别平等的教育理念，培养女学生对数字技术的兴趣和敏感性，减少性别偏见对其专业选择和职业发展的影响。同时，教育方法应考虑性别差异，采用包容性的教学材料和方法。政府应致力于实现数字领域性别平衡的目标，包括参与者、决策者和研发者的性别均衡。此外，政府应加强数字资源的保障，为经济困难家庭的学生提供免费的数字设备和学习资源，确保所有女性学生和弱势群体都能获得在线教育的机会。鼓励校企合作，通过校内

---

① 郭建民，王灏晨.支持和引导平台经济规范健康持续发展［J］.宏观经济管理，2023（1）：40-46.

教育、继续教育和在职培训等多种形式，为女性员工提供终身学习的机会。同时，支持利用区块链技术建立数字技能的学分认证系统，创新个人学习成果的评估机制。

　　在就业领域，拓展女性就业平台的空间至关重要。鉴于女性在认知和社交技能方面的优势，应大力促进远程服务行业的就业机会。以印度为例，全球外包的软件服务行业为女性创造了众多高薪就业机会。随着视频会议和在线实时翻译等技术的快速发展，传统面对面服务，如管理咨询和家居设计，现已能够通过远程方式实现。鼓励女性从业者利用其同理心等独特优势，结合网络信息技术，在线上服务领域开辟新的职业发展路径。互联网为女性提供了灵活的工作模式和虚拟工作空间，促进了兼职、临时和轮班等非典型工作机会的增加。女性通常更倾向于选择这些能够平衡工作与家庭责任的灵活就业岗位。应继续支持女性通过电子商务平台，如淘宝、京东和网络直播等，实现劳动参与和灵活就业。

　　3.推动家务劳动社会化，实现数字经济与家庭发展的互补

　　在数字经济时代背景下，家务劳动的社会化对于推动女性解放和性别平等具有重要意义，同时也是提升女性劳动参与率的关键因素。第一，政府应制定并实施一系列激励政策，以促进家务劳动的社会化和市场化，满足数字经济时代对就业灵活性的需求。这包括为家政服务行业提供税收优惠、资金补贴等支持措施，以降低行业运营成本，提高服务质量。通过这些政策，可以激发市场活力，吸引更多的社会资本投入家政服务行业中，从而促进行业的健康发展。第二，加强家政服务行业的规范管理至关重要。政府应建立从业人员的选聘、培训和考核监督机制，通过制定行业标准和评估体系，确保家政服务的专业性和规范性。这不仅有助于提升服务水平，满足家庭多样化的服务需求，还能提高从业人员的社会地位和职业尊严，吸引更多优秀人才加入家政服务行业。第三，应积极开展家政服务行业的宣传工作，利用媒体

和公共平台，引导社会舆论发挥正面作用。通过宣传家政服务的重要性和价值，提高社会对家务劳动社会化的认知度和接受度，营造良好的社会氛围。第四，应结合数字经济的特点，利用信息技术手段，如在线预约、智能匹配等，提高家政服务的便捷性和效率。这不仅可以为家庭提供更加个性化、高质量的服务，还能降低服务成本，提高服务的可及性和普及率。第五，应建立多方协同的治理体系，包括政府、行业协会、企业和消费者等各方的共同参与和协作。通过建立行业自律机制、公众监督机制等，加强行业监管，保障服务质量，维护消费者权益。

（二）公平维度的深化：系统化审视与政策制定

性别平等的推进已成为新时代一项复杂的系统性工程。在制定各类社会政策时，政府必须将性别平等理念作为核心考量，确保其贯穿于平台经济治理、劳动力市场、教育体系、家庭结构以及反歧视措施等关键领域。此外，政府还需加强这些政策之间的协调与整合，以实现跨领域目标的一致性和战略互补性，全面促进性别平等的实现。

1.完善法律法规，规范平台经济中的新型用工关系

在当前劳动力市场环境下，平台与从业者之间的从属关系呈现出多元化特征，包括弱从属性关系，这使得对其就业身份的界定变得复杂。对此现象，我国政府已表现出高度关注，并在部分地区启动了对新业态从业者劳动关系规范化管理的探索。2021 年 7 月 16 日，人力资源和社会保障部联合其他七个部委共同发布了《关于维护新就业形态劳动者劳动权益的指导意见》，首次提出了"不完全符合确定劳动关系"的概念，为平台用工劳动关系的认定及权益保障提供了基础性框架。

在我国，劳动关系的确认遵循构成要件模式，即通过确定一系列关键要素来判定劳动关系的成立，这些要素均为不可或缺的条件。鉴于平台经济用

工模式的多样性与复杂性，平台与从业者之间劳动关系的确认应基于平台用工的实际情况，制定多元化的判定标准。对于具备传统劳动关系特征的平台从业者，应将其归类为标准劳动关系；对于不完全符合标准劳动关系判定条件的，需明确具体的判定标准。建议借鉴国际上关于平台用工关系判定的经验，针对不完全符合标准劳动关系的情形，制定与我国平台从业者经济依赖性相适应的标准，包括但不限于以下四个核心要素：首先，从业者从用工单位获得的收入是否构成其主要生活来源；其次，平台从业者提供的劳动力是否属于用工单位主营业务的范畴；再次，劳动过程是否受到平台的管理、指示或监管；最后，用工单位与劳动者之间关系的持续性。依据这些要素，平台从业者的就业身份可被划分为不同的类别。例如，那些以兼职形式在多个平台就业的从业者，由于其劳动的持续性较低，对各个平台的经济依赖性较弱，受平台企业监管较少，且提供的劳动不属于用工单位主营业务的范畴，可被认定为灵活就业人员。而那些长期固定在某一平台提供劳动，其主要生活来源依赖于平台（占比不低于50%），劳动过程受到持续监管，工作时间较长，已成为平台运行中不可或缺部分的从业者，具有较强的经济依附性，应被认定为雇员，并享有与正式雇员同等的权益保障。

2.扩展性别歧视的认定标准

在我国现行劳动法律体系中，如《中华人民共和国劳动法》《中华人民共和国就业促进法》《中华人民共和国妇女权益保障法》以及《中华人民共和国劳动合同法》等法律文本，均明确载有禁止性别歧视的相关条款。这些条款主要针对直接的性别歧视行为。然而，在平台经济快速发展的背景下，性别不平等现象可能并非源自平台的主观歧视意图，而是可能通过平台用工机制的某些特性无意中形成。因此，性别歧视的认定应超越主观意图，更多关注其实际影响。性别平等的核心在于经济机会的平等，而不仅仅是形式上的平等。在平台经济领域，尽管机器学习算法的运作是自动化的，但这些算法是由人类设计和训练的，可能蕴含设计者的偏见。此外，算法通过分析用户行为数据进行自我学习，可能无意中加剧了既有的性别偏见，从而加剧性别不平等现象。

因此，对于职场性别歧视的判定，不应以主观意图作为必要条件。1971年美国联邦最高法院审理的格里戈斯诉杜克电力公司案中，法院明确指出，即便不存在故意歧视的意图，若实施的程序和测试对特定群体产生不利影响，责任亦不能豁免。该判决强调了法律责任的承担不仅基于歧视的动机，更基于歧视的实际后果，从而禁止了形式上看似公平而实质上导致歧视效果的做法。[①] 性别差异对就业的影响应成为衡量性别不平等的核心指标。在未来的反就业歧视立法中，建议纳入"差别影响"原则，以识别并禁止间接歧视行为。间接歧视的核心在于评估是否存在实质性的"差别影响"，即特定性别特征的个体或群体在获取机会和待遇时是否遭受不成比例的不利影响。尽管在差别影响的判定标准上存在一定争议，但随着数字化平台的兴起，数据收集和统计分析的条件已显著优化，使得性别差异的统计分析更为精确。采纳间接歧视的概念，并将性别差异影响作为性别歧视判定的关键指标，将有助于拓宽职场性别歧视的界定范围，减轻原告方的举证责任。这为平台经济中灵活用工模式下的性别歧视问题提供了有效的解决策略，有助于消除性别歧视的认定障碍，进而推动性别平等的实现。

3.构建适应新时代要求的平等社会保障体系

西班牙、美国、法国在平台经济的劳务规制方面具有一定的借鉴价值：一是优先考虑社会保险，尤其是工伤保险，实现社会保险与劳动关系的相对脱钩；二是有选择地适用劳动基准法规；三是有条件地赋予平台企业连带赔偿责任。

---

① 张凌寒.共享经济平台用工中的性别不平等及其法律应对［J］.苏州大学学报（哲学社会科学版），2021，42（1）：84-94.

在具体执行过程中，首先，建议采取分阶段、分类别的渐进式覆盖方法，以适应新业态从业人员的异质性特点。一方面，明确界定雇佣关系中各主体的缴费责任，包括平台、从业人员及代理商等。对于符合劳动关系的平台从业人员，依法强制其参保，并实行用人单位与个人共同承担缴费义务。对于平台通过商户或第三方公司与从业人员签订合同，并存在平台严格控制管理情形的，应鼓励平台或用工方承担社会责任，与从业人员共同分担缴费比例。针对那些无明确雇佣关系的平台从业者，政府应鼓励个人参与社会保险，并对低收入者提供缴费补贴或由工会承担部分费用，以促进融资机制的改革和完善。另一方面，实现参保资格与户籍的解耦，逐步放宽新业态从业人员在就业地参与城镇职工社保的限制，特别是对于长期稳定就业的个体，尝试取消相关限制。在此基础上，探索构建一个多层次的社会保障体系，以适应多元化的就业形态，扩大社保的覆盖范围。

其次，降低准入门槛和待遇领取资格条件，增强制度弹性。第一，在缴费机制上，建议采纳季度性缴费、年度一次性缴费或非连续性缴费等替代方案，以替代传统的月度连续缴费模式。针对女性平台从业人员的收入特点，建议她们依据上一年度的平均收入进行社保缴费申报。同时，建议将社会保险缴费基数设定为当地社会平均工资的40%—50%，并在该基数的上下限之间设立多个档次，以便于新经济形态下的灵活就业人员根据自身情况自主选择缴费比例，同时确保与正规劳动者权益保障政策的无缝对接。第二，建议适度放宽待遇领取资格条件。鉴于部分从业人员收入的间断性，应允许她们在遭遇经济困难时暂停或补充缴费。第三，建议打破传统的五险捆绑缴费模式，根据平台从业人员的职业特点和工作需求，允许她们根据个人情况选择性参保。针对新业态从业人员可能面临的各种风险，如职业伤害、失业、医疗和养老等，进行风险识别和优先级排序。例如，对于快递员、外卖员和网约车司机等职业伤害风险较高的群体，应优先考虑其职业伤害保障需求。在解决非标准就业劳动者身份认定这一问题上，由于短期内难以实现统一标准，建议探索允许新业态从业人员参加单一工伤保险，并鼓励她们参与补充性的商业保险计划，以增强其职业风险的覆盖范围和保障强度。

在构建与新时代要求相适应的社会保障体系过程中，政府需强化对现行制度的性别敏感性评估，以确保政策设计能够充分满足女性从业人员的实际需求。例如，针对基于平台经济的女性从业人员，由于其收入直接与工作量相关联，她们在孕期、产期及哺乳期若停止工作，则面临收入中断的现实困境。[①]法律应规定平台企业承担相应的倾斜保障责任和特殊照顾义务。建议扩展生育保险的覆盖群体，将灵活就业人员纳入保障范围，以确保所有医疗保险参保者在生育期间能够获得必要的经济和医疗服务支持。同时，建议扩展生育保障内容，将产前检查、住院分娩等基本待遇纳入医疗保险范畴，以减轻女性在生育过程中的经济压力。此外，建议利用平台企业的数据系统简化参保缴费流程，提升参保的便捷性，降低参保门槛。对于未能参加生育保险的女性平台从业人员，若其配偶已参保，应允许她们按比例申领生育津贴，以保障生育期间的经济连续性。进一步，建议推动实施陪产假政策，将灵活就业女性纳入陪产假享受范围，以支持她们在生育期间的休息和恢复。

鉴于实证调研反馈显示，许多从业人员因对相关制度和具体参保路径缺乏了解而未能参与社会保障制度，政府和社保机构应利用数字技术，创新宣传方式，提高女性从业人员对社会保障政策的认知度。建议通过线上平台提供便捷的参保和咨询服务，以降低她们获取信息和办理业务的难度。

4.家务劳动报酬化

在 2022 年 10 月的会议上，《中华人民共和国妇女权益保障法》经过修订并获得通过，其中第六十八条特别规定，在离婚案件中，若女方在抚养

---

① 叶静漪.新就业形态女性劳动者权益保障研究［J］.人民论坛·学术前沿，2023（16）：50-59.

子女、照料老人等家务劳动方面承担了较大比例，有权要求男方予以经济补偿。此条款不仅肯定了家务劳动的经济价值，而且为在家庭中承担更多家务劳动的女性提供了法律保护，这标志着我国在性别平等方面迈出了重要一步。在我国，女性通常在职场工作的同时，还需承担大部分家务劳动。减轻女性在家庭劳动中的负担，是实现性别平等的重要途径。同时，鉴于女性群体的多样性，立法者应进一步探讨家务劳动的报酬化，以另一种方式加强女性劳动者的权益保障。家务劳动报酬化意味着将家务劳动纳入劳动力市场的范畴，并为其提供合理的经济回报。在传统观念中，家务劳动常被视为无偿的，这使得承担家务的女性处于一种缺乏权益保障的状态。通过报酬化，不仅可以促进家庭责任的公平分担，还可以增强承担家务劳动女性的经济独立性。随着新就业形态的出现，家务劳动报酬化在技术层面变得可行。例如，可以利用专门的软件或程序，记录夫妻双方的社会有偿劳动收入和无偿家务劳动时间，为家务劳动的报酬化提供技术支持。此外，家务劳动报酬化可以为承担家务劳动的一方提供更多的安全感，使她们可以更安心地从事家庭照护工作，或者选择灵活的工作形式，而不是局限于传统的全日制工作模式。

在具体实施家务劳动报酬化政策时，首先，首要任务是解决成本分担问题。在婚姻关系存续期间，配偶双方应共同分担家务劳动，并共同享有社会劳动成果。因此，必须确保承担较多家务劳动的一方能够从双方共同的收入中获得相应的补偿。其次，亟需构建一个评估体系，以家庭为基本单位记录家务劳动时间，确保女性劳动者的家务劳动贡献得到精确的记录和评估。最后，应当加强家务劳动相关的教育和宣传工作，加深社会对家务劳动价值的认识与重视，以促进形成性别平等的社会氛围。

（三）发言权维度的推进：社会文化生态的塑造

1.营造性别平等的社会文化环境

国家在构建性别平等的社会文化环境方面发挥着至关重要的作用。首先，国家应通过立法确立性别平等的基本原则，并制定及执行相关法律与政策，以保障男女平等的权利与机会。这些政策应涵盖教育、就业、健康及社会保障等多个领域，确保消除性别歧视，促进性别平等的社会环境形成。其次，需加强性别平等教育，自幼培养公民的性别平等意识。通过教育体系，将性别平等理念融入课程和校园文化，使之成为公民的基本素养之一。此外，国家应支持并推动性别研究，鼓励学术界对性别议题进行深入探讨，为性别平等政策的制定与实施提供科学依据。再次，国家应利用公共媒体与文化传播平台，宣传性别平等的价值观念。通过电视、广播、网络等媒介，传播性别平等的正面形象与典型案例，引导社会舆论，转变公众对性别角色的传统观念。同时，国家应鼓励并支持女性在各领域的积极参与和发挥领导作用，展示女性的多样性与能力，提升女性在社会中的地位与影响力。此外，国家应增加对性别平等问题的研究与投入，通过科学研究与社会调查，探究性别不平等现象的根源与现状，为政策制定提供数据支持。最后，国家应建立性别平等的监督与评估机制，定期对性别平等政策的实施效果进行评估，确保政策目标的实现。

2.发挥工会在消除女性孤立感中的作用

"要着力加强组织体系建设，推进工会女职工组织与工会组织同步组建，把包括新就业形态女性劳动者在内的广大女职工最大限度地吸引过来、组织起来。"[①] 为强化在平台经济背景下女性从业人员的劳动权益保障，本研究认为应从以下几个方面着手。第一，加强工会组织建设是基础。必须明确工会的组织架构和活动规范，确保新就业形态下的女性劳动者能够便捷地参与工会活动，并从中获得必要的支持和保护。这不仅涉及组织结构的明确化，也包括确保活动规范的透明性和易访问性。第二，提供专业培训与资源供给至关重要。工会应为女性劳动者提供职业发展培训和权益教育，以加深她们对自身权益的认识和提升职业技能。这包括但不限于职业技能培训、劳动法律知识普及，以及职业健康与安全教育。第三，制定针对性政策是关键。各级工会需根据新就业形态女性劳动者的特定需求，制定灵活且具有适应性的政策和服务措施。例如，实施灵活的会员制度，确保她们能够有效地获得工会的支持，同时也要考虑到她们工作性质的多变性。第四，强化信息传播与宣传也是必不可少的。工会应通过多渠道的沟通策略，鼓励女性劳动者积极参与工会活动，并满足她们对就业信息、市场竞争、行业动态和个人发展的需求。第五，促进跨部门合作也是重要策略之一。工会应与政府、企业等机构建立合作机制，形成对新业态女性劳动者权益的全面保障体系。这种合作可以促进资源共享，提高工作效率，同时也能够为女性劳动者提供更全面的保护。第六，建立职业发展和社交网络同样重要。通过专门的机构或平台，为女性劳动者提供职业发展资源和社交支持，帮助她们建立行业内的联系和互助网络。这不仅有助于她们的职业成长，还能够增强她们的社群归属感。

在积极维护工人权益方面，工会应作为平台从业人员的代表，在权益议题上积极发声，推动构建平等的协商机制。这涵盖以下关键领域：一是平台工人身份的分类认定，通过集体协商明确平台工人的身份认定方式，解决分类难题；二是费率与服务费问题，确保工人在合理的工作时间内获得公正的

---

① 中工网. 全总女职工委员会七届五次会议在京召开［EB/OL］.（2023-03-25）［2024-05-25］. https://www.workercn.cn/c/2023-03-25/7779611.shtml.

报酬，明确平台企业服务费的比例和调整规则；三是职业安全与健康保障，防止平台企业制定不合理的服务规则，确保职业伤害保险的购买和保障程度；四是数据保护问题，关注平台工作数据的保护，防止数据滥用和隐私泄露。

二、平台企业的用工管理性别平等实践

在平台经济的背景下，平台企业作为劳动规则的制定者，运用算法和数字化技术对零工劳动者实施实时管理与监督，并成为该劳动模式的主要受益者。若平台企业试图将劳动主体责任转嫁，将导致权利、责任与利益的不对等。2021 年 7 月 16 日，我国人力资源和社会保障部联合其他七部门发布的《关于维护新就业形态劳动者劳动保障权益的指导意见》明确指出，平台企业应对采取外包等合作用工方式中劳动者权益受损的情形，依法承担相应的责任。这表明，作为新业态下零工劳动者职业风险的制造者，平台企业也应是风险控制的关键主体。

（一）战略层面重视：推动职场平台平等

平台企业应将促进职场女性发展视为战略性"投资"，而非仅作为"成本支出"。必须认识到多元包容文化的价值及其经济利益，这对于吸引和维系人才具有决定性作用。鉴于性别多元化的关注度不断提升及企业社会责任评级的重要性日益凸显，构建性别平等的工作环境对于平台企业在人才竞争和提升企业社会责任声誉方面具有深远影响。平台企业应构建与多元包容文化相关的组织架构和规章制度，为关键职位设定多元包容文化的量化目标，并鼓励成立专门的多元包容文化部门或委员会。此外，应制定多元包容文化的战略规划和问责体系，明确奖励与惩罚机制，提升目标实现的透明度，并确保来自高层的持续且专注的支持。

（二）人力资源政策的优化：全流程推进性别平等

随着数字化技术的不断进步，平台型企业积极利用技术优势，拓展办公模式与学习方式的多样性与灵活性，助力女性从业人员平衡工作和家庭责任，进而促进其工作稳定性和职业发展。然而，远程工作的广泛实施也引发了一系列新的挑战。尽管用工临时化为平台型企业带来了操作上的灵活性，但这也增加了用工风险，并使传统管理系统面临不适应的问题。数字化技术的深入应用推动了生产流程的细分化，任务化分工导致零工经济中的工作者与需求方或合作者之间几乎不存在直接的联系。在此背景下，传统组织科学研究中经常探讨的组织承诺、工作满意度等概念已不再完全适用于零工经济的工作环境。为了应对这些挑战，平台型企业必须采取创新的人力资源管理策略，以适应平台经济的特殊性。

具体而言，首先，平台型企业需将性别平等原则内嵌于企业文化及运营规范之中，确保该原则成为企业行为不可动摇的标准。通过实施性别平等与多元化意识的培训项目，平台型企业能够营造一个更具包容性且尊重差异的工作环境。在招聘流程方面，平台型企业应确保招聘过程的公正性，避免在招聘公告及面试环节中出现任何形式的歧视行为。这涉及对招聘用语的审查，以消除性别偏见，并确保招聘过程中不出现侵犯劳动权益的行为，如扣押员工证件或向员工收取费用等。其次，平台型企业应激励女性劳动者利用数字平台整合各类教育资源，进行自我学习与提升，从而增强其在职场中的竞争力。通过提供在线培训、职业发展课程及专业认证机会，平台型企业能够帮助女性劳动者积累人力资本，提升专业技能，从而获得晋升与加薪的机会，缩小与男性同事之间的差距。此外，平台型企业应为女性员工提供平等的晋升机会，并设定明确目标，例如每年提升女性员工及管理层比例，逐步实现性别均衡。为了协助女性员工更好地平衡工作与家庭生活，平台型企业可提供灵活的工作时间和地点，以及育儿支持和亲子活动。这些措施有助于减轻女性员工的家庭压力，使她们能够更加专注于职业发展。

在当前社会结构中，女性群体所承受的家庭与职业双重压力尤为显著。鉴于此，平台型企业应特别关注女性员工的心理健康状况。通过提供专业的心理健康支持与资源，帮助女性员工有效应对压力，维持其工作效能。同时，平台型企业应构建匿名且安全的投诉机制，以搜集并了解工作场所中可能存在的性别歧视现象，进而改善女性员工的工作环境。定期实施面对面的沟通机制，能够减少信息不对称问题，促进管理层与员工之间的相互理解与信任。为确保性别平等政策的落实，平台型企业需定期更新并公开性别相关数据，并结合现场审核，以识别并防范潜在的性别歧视风险。通过有序地公开性别平等数据与行动，平台型企业能够评估性别平等措施的成效，并根据反馈进行相应的调整与优化。综上所述，平台型企业应特别考虑女性劳动者的特殊需求，在远程工作规范中，通过提供灵活的工作安排、丰富的学习资源、创新的人力资源管理策略，以及心理健康支持，助力女性劳动者在职业发展与家庭责任之间取得平衡。此外，平台型企业应持续探索与优化管理机制，以适应平台经济的特性，确保女性劳动者的权益得到充分保护，并推动职场性别平等的实现。

（三）技术层面：探索算法中的性别平等

在平台经济领域，人际互动深受平台架构及其基础运行规则的影响。这些规则通过技术手段和编码对人类行为产生着深远影响。尽管平台的架构和算法对大多数人而言是不可见的，但它们却对数据在平台上的流转和处理起着决定性作用。换言之，平台上的行为模式，无论是用工方还是劳动者，均受到平台架构和算法设定的制约。

2019年8月，联合国教科文组织发布的《北京共识——人工智能与教育》报告中，强调了开发无性别偏见的人工智能应用的重要性，并提倡确保AI开发过程中使用的数据具备性别敏感性。该报告提醒编码者，算法的高效性、重复性与隐蔽性可能带来编码偏见，这些偏见可能因微小差异而引发巨大后果。由此可见，算法中的性别歧视有可能破坏现有的性别平等成就。因此，平台必须将性别平等的理念融入其架构与算法设计之中。

在当前个人信息保护领域，越来越多的研究者和实践者倡导采用"设计隐私"或"设计个人信息保护"的策略。该策略强调将隐私和个人信息保护作为平台架构设计的关键要素，并确保其在算法开发、平台规则制定、争议解决等各个平台运作环节中得到贯彻实施。与此同时，在推动在线劳动市场发展过程中，平台经济的参与者亦应将性别平等理念融入设计的核心。这要求在平台架构设计阶段就应杜绝性别歧视，不应将性别视为劳动者个人信息中一个可有可无或模糊处理的项目，更不能容忍对女性劳动者采取任何形式的歧视性或偏见性做法。通过实施上述措施，平台不仅能够促进性别平等，还能增强其服务的公正性和包容性。

鉴于平台具有获取工人薪酬数据及控制会员资格、个人信息和反馈评分等关键信息的能力，其自然成为推动性别平等理想的理想场所。平台应运用其技术力量，将性别平等理念融入架构和算法设计的核心。当前个人信息保护的趋势是倡导"设计隐私"或"设计个人信息保护"的策略，即将隐私保护原则融入平台架构和算法的各个层面，包括平台规则制定和纠纷解决机制。同样，平台经济也应将性别平等作为设计的基础理念，确保平台架构的构建能够促进性别平等，避免性别歧视。平台不应仅仅将性别作为收集劳动者信息的一个模糊或可省略的因素，更不能容忍任何对女性劳动者的歧视和偏见。

在探讨实现性别平等目标的途径时，从平台架构设计、研究及政策制定的视角出发，可采取多种策略。例如，平台可定期公布平均时薪数据，提供特定任务的平均工资信息，并向雇主与劳动者提供基于数据的薪酬建议。通过优化算法设计，降低性别因素在自动化决策过程中的影响，并对现有架构及算法可能引发的性别不平等现象进行深入研究。为实现有效的平台治理，需将设计部署与日常监管相结合，并建立有效的监测机制，以预防性别歧视现象的发生。同时，平台应主动采取措施以促进性别平等。以 Uber 公司为例，该公司于 2015 年宣布了至 2020 年吸引 100 万名女性司机使用其平台的计划，尽管性别不平等的问题尚未完全解决，但该举措彰显了公司对性别平等目标的承诺与追求。①

因此，平台经济中的性别平等问题，不应仅被视作女性解放及提供平等就业机会的单一维度，而应通过积极的技术能力提升与代码规制手段，消除性别歧视，促进灵活就业环境下的性别平等。此平等不仅为女性的基本权利，更是促进社会进步与经济发展的核心要素。

三、女性平台从业人员的自我提升与团结

女性在性别平等的实现及人类文明的发展作出了显著贡献。在平台经济时代，面对劳动就业领域的机遇与挑战，女性从业人员应积极采取行动，掌握自己的命运。她们首先需要自信地展现个人能力，充分挖掘并发挥自身才能与潜力，在专业领域追求卓越，并积极寻求个人成长与进步的机会。面对职场性别歧视及不平等待遇，女性应勇于发声，坚决维护自身权益。她们应坚定抵制性别偏见，通过合法途径捍卫自身尊严与权利，成为社会变革的推动者及性别平等的倡导者。此外，女性还应互相支持，结成同盟。在职场中，她们可以主动发掘并支持其他女性的才华与潜力，成为其职业发展的导师与

---

① 张凌寒.共享经济平台用工中的性别不平等及其法律应对［J］.苏州大学学报（哲学社会科学版），2021，42（1）：84-94.

支持者，提供宝贵的建议与帮助。同时，她们还应超越本职工作，关注并参与推动性别平等与文化多样性的组织和活动，以实际行动促进更为公正和包容的工作环境。

（一）多维度增强自身专业与社会能力

在平台经济的背景下，女性从业人员正面临职业生涯的转型与升级。她们的职业发展不仅需要持续的职业技能提升，更需实现职业的转型升级。在传统观念中，许多劳动者在职业生涯的早期阶段通过不断学习和积累专业知识及技能，为后续工作打下基础。然而，一旦达到 40 岁以后，她们往往减少学习新知识、新技术的努力，转而依赖已有的经验和技能。但在人工智能和自动化技术日益普及的今天，这种模式已不再适应时代发展的需求。女性从业人员必须认识到，终身学习不仅是个人发展的需要，也是适应平台经济快速变化的关键。她们应积极参与各类专业培训和技能提升课程，不断更新自己的知识结构，以保持在职场上的竞争力。这不仅包括传统的专业技能，更涉及新兴技术领域，如数字营销、数据分析、用户体验设计等，这些技能在平台经济中尤为重要。同时，随着人工智能技术的发展，一些传统的、重复性的工作可能会被机器取代。这要求女性从业人员不仅要维持现有职业技能，还要学会"升级"，掌握新的技术知识，以适应新兴的工作岗位。例如，了解人工智能的基本原理、掌握数据分析能力、学习机器学习等，都是未来职场的重要技能。这不仅是对个人职业技能的提升，也是女性从业人员适应未来劳动市场变化的必然要求。

此外，女性从业人员应积极寻求跨学科的工作机遇，利用平台经济所提供的灵活性与多样性，开拓新的职业路径。她们可以通过参与网络课程、行业研讨会、专业认证等途径，持续扩展知识领域与职业视野。同时，应鼓励女性从业人员参与创新项目与研究工作，以促进个人能力的全面发展与职业角色的多元化。在此过程中，女性从业人员还需培养批判性思维与创新能力，这将有助于她们在面对快速变化的工作环境时，提出创新的解决方案，引领行业发展。她们应成为变革的推动者，而不仅仅是跟随者。通过持续学习与实践，女性从业人员可以提升自己在平台经济中的领导力与影响力。女性从业人员应把握这一趋势，将更多精力投入创造性和战略性工作中，如决策咨询、战略规划、创新研发等。这不仅能为她们带来更广阔的职业发展空间，还能为社会创造更大的价值。

针对女性从业人员在平台就业过程中所面临的挑战，如不平等的平台条款、劳动法律执行不力及权益表达途径受限等客观障碍，这些问题不仅限制了女性从业人员的发展空间，也削弱了她们在劳资关系中的议价能力。面对这些困境，女性从业人员维护劳动权益的自觉性和主动性显得尤为关键。她们必须坚定地维护自身的合法权益，不能被动地接受现状。这不仅需要女性从业人员认识到自身价值和应得的权益，更需要她们积极行动起来，通过各种途径争取和维护这些权益。例如，积极参与劳动法律和政策的制定与修订，提出女性视角的建议和需求；利用社交媒体和网络平台，提高公众对女性从业人员权益问题的关注度。

同时，必须强化女性的保险参与意识。社会保险制度作为一种具有前瞻性的社会机制，其核心目的在于预防和缓解社会成员所面临的潜在风险。该制度的执行不仅对个体成员具有积极意义，而且对国家的稳定与民众福祉产生深刻影响。借助于广泛的参保基础，依据统计学中的大数法则原理，该制度能够更有效地分散和减轻个体所承受的风险，进而为社会成员提供更为全面的保障。随着越来越多的社会成员的加入，制度的集体效应得以增强，这不仅有助于个体在遭遇失业、疾病或其他社会风险时获得必要的援助，还是维系社会秩序和推动社会和谐的重要因素。

（二）充分发挥集体行动的力量

在平台经济的背景下，女性从业人员面临诸多挑战，因此亟须通过集体行动与平台企业进行有效协商，以增强其在劳动市场中的发言权和影响力，进而促进劳动权益的保障与实现。具体而言，首先，团结力量的发挥必须建立在共同认知的基础之上。女性从业人员需认识到，她们并非孤立的个体，而是拥有共同利益和目标的群体。通过增强群体认同感和归属感，女性从业人员可以构建起相互支持和协作的网络。这种网络不仅能够为个体提供情感支持和经验分享，还能够在权益受到侵害时提供集体应对的力量。其次，女性从业人员可以通过组织化的方式来发挥团结力量。这包括成立女性从业者协会、参与工会组织，或者在现有的平台经济组织中建立女性小组。这些组织可以作为女性从业人员权益的代表，与平台企业进行有效的沟通和协商。通过集体谈判，女性从业者可以争取到更为公平的薪酬待遇、更合理的工作时间安排，以及更完善的劳动保护措施。最后，团结力量的发挥还需要借助法律和政策的支持。女性从业者成立组织后，以组织的方式积极参与到劳动法律和政策的制定过程中，通过提出建议和反馈意见，推动相关法律和政策更好地保障女性从业者的权益。

在技术维度上，女性从业群体可借助现代信息技术手段强化其团结协作的力量。例如，通过构建在线论坛、微信群组或运用专业协作工具，女性从业群体能够更加便捷地实现信息交流与资源共享。这些技术策略不仅有助于女性从业群体建立超越地理界限的联系，还能提升集体行动的组织效率。同时，女性从业群体也应加强对劳动市场的研究与分析，以便更准确地把握平台经济的发展趋势及劳动权益的变动情况。通过对劳动市场的深入研究，女性从业群体能够更精确地识别权益受损的风险点，并采取更为有效的维护措施。

女性从业者在发挥团结力量的过程中，必须重视策略的灵活性与多样性。面对不同的权益问题和平台企业，女性从业者可以采取不同的应对策略，如协商、谈判、公开倡议或法律诉讼等。通过灵活多样的策略，女性从业者可以更好地适应不同的情境，提高权益维护的成功率。女性平台从业人员在维护劳动权益的过程中，应当充分发挥团结力量。通过建立共同认知、组织化运作、参与法律政策倡导、利用技术应用、进行市场研究、推动文化倡导，以及采取多样策略，女性从业者不仅能够提升自身的权益保障能力，还能够推动平台经济朝着更加公平和可持续的方向发展。这不仅是对女性个体权益的维护，更是对整个社会性别平等和劳动尊严价值的促进。

随着对女性平台从业人员就业和社会保障问题的深入研究，研究者深刻意识到性别平等不仅是一个社会议题，更是一个历史使命。在这条充满挑战与机遇的航程中，每一个个体、每一家平台企业乃至整个社会，都扮演着不可或缺的角色。个体，作为推动性别平等的主导力量，不仅需要女性勇敢地迈出步伐，展现女性个体及群体的力量与智慧，更需要男性成为女性群体坚定的盟友，共同迎接每一个挑战。在这一过程中，每个人都是变革的参与者，每个人的行动都是历史的一部分。平台企业，作为承载梦想与希望的巨轮，不仅要在战略层面上构建一个多元包容的文化环境，以此激发企业内在的价值创造潜力，更要在战术层面上为女性提供坚实的人力政策支持，确保她们在职场上能够平等地展现才华，实现自我价值。社会，作为广阔无垠的海洋，应当为性别平等的航船提供风平浪静的航行条件。这不仅需要政策的引导和社会的认同，更需要每一个人的理解和支持，共同营造一个公平、开放、包容的就业环境。舵、船与海的和谐共鸣，不仅预示着我国职场性别平等的光明未来，更是对人类文明进步的有力推动。

参考文献

中文图书类

［1］北京大学平台经济创新与治理课题组，黄益平.平台经济：创新、治理与繁荣［M］.北京：中信出版集团，2022.

［2］哈里·布雷弗曼.劳动与垄断资本——二十世纪中劳动的退化［M］.方生，译.北京：商务印书馆，1973.

［3］马克思.马克思致路·库格曼.马克思恩格斯全集（第32卷）［M］.中共中央马克思恩格斯列宁斯大林著作编译局.北京：人民出版社，1956.

［4］约翰·W.巴德.人性化的雇佣关系——效率、公平与发言权之间的平衡［M］.解格先，马振英，译.北京：北京大学出版社，2009.

中文期刊类

［1］蔡宏波，郑涵茜，冯雅琨.数字技术应用对灵活就业群体性别收入差距的影响研究［J］.财贸研究，2023，34（11）：73-83.

［2］曹增栋，岳中刚，程欣炜.电子商务参与对农村性别收入差距的影响［J］.湖南农业大学学报（社会科学版），2023，24（6）：13-22.

［3］曾湘泉，郭晴.直播平台职业主播的性别工资差距——基于 X 泛娱

乐直播平台的微观数据分析［J］.社会科学辑刊，2022（5）：116-124.

［4］常凯.雇佣还是合作，共享经济依赖何种用工关系［J］.人力资源，2016（11）：38-39.

［5］陈华帅，谢可琴.数字经济与女性就业——基于性别就业差异视角［J］.劳动经济研究，2023，11（2）：84-103.

［6］陈阳，刘睿睿.职业性别隔离的再生产与挑战："货拉拉"女性货运司机的平台劳动研究［J］.妇女研究论丛，2023（6）：47-60.

［7］丁晓东.平台革命、零工经济与劳动法的新思维［J］.环球法律评论，2018，40（4）：87-98.

［8］丁煜，石红梅.新时期城市年轻女性非正规就业问题［J］.人口与社会，2016，32（2）：32-38.

［9］董志强，彭娟，刘善仕.平台灵工经济中的性别收入差距研究［J］.经济研究，2023，58（10）：15-33.

［10］龚玉泉，袁志刚.中国经济增长与就业增长的非一致性及其形成机理［J］.经济学动态，2002（10）：35-39.

［11］关博.加快完善适应新就业形态的用工和社保制度［J］.宏观经济管理，2019（4）：30-35.

［12］韩文.互联网平台企业与劳动者之间的良性互动：基于美国优步案的新思考［J］.中国人力资源开发，2016（10）：86-90.

［13］郝玉玲.新业态从业人员工伤保护的难点与对策［J］.中国劳动关系学院学报，2018，32（6）：98-107.

［14］黄岩，庄丽贤.成就单王：女性骑手的劳动过程及劳动策略研究［J］.妇女研究论丛，2023（2）：52-64.

［15］靳景玉，陈毕星.数字经济能收敛性别工资差距吗？——基于技能偏向型技术进步视角［J］.福建金融管理干部学院学报，2024（2）：39-53.

［16］赖德胜，关棋月，马翰麟.新业态下灵活就业劳动者教育回报率的性别差异［J］.教育经济评论，2024，9（2）：23-38.

［17］李洁.多重社会时空下的"有限自主性"——互联网平台日常保洁家政劳动研究［J］.妇女研究论丛，2024（1）：43-60.

［18］李路路，贾舞阳.情感劳动视角下的服务型工作与情感耗竭［J］.河北学刊，2022，42（2）：197-208.

［19］梁萌.男耕女织：互联网平台劳动中的职业性别隔离研究［J］.中国青年研究，2021（9）：104-111.

［20］马丹."去标签化"与"性别工具箱"：女性卡车司机的微观劳动实践［J］.社会学评论，2020，8（5）：35-49.

［21］穆随心，王昭.共享经济背景下网约车司机劳动关系认定探析［J］.河南财经政法大学学报，2018，33（1）：34-42.

［22］牛天.规制的美丽：平台中介下女性团课教练审美劳动的研究［J］.妇女研究论丛，2021（6）：17-31.

［23］彭倩文，曹大友.是劳动关系还是劳务关系？——以滴滴出行为例解析中国情境下互联网约租车平台的雇佣关系［J］.中国人力资源开发，2016（2）：93-97.

［24］骞真.平台劳动中性别分工问题及其现实出路［J］.学习与探索，2023（3）：27-32.

［25］乔庆梅.非正规就业者工伤保险应突破劳动关系的限制［J］.劳动保护，2020（3）：54-55.

［26］乔小乐，何洋，李峰.工作转换视角下数字经济对性别收入差距的影响研究［J］.西安交通大学学报（社会科学版），2023，43（1）：74-83.

［27］沈宇红.吴江区试行灵活就业人员职业伤害保险的探索与思考［J］.中国医疗保险，2019（7）：62-64.

［28］宋月萍．数字经济赋予女性就业的机遇与挑战［J］．人民论坛，2021（30）：82-85.

［29］苏熠慧，施瑶．打造"渴望"：经纪人的工作自主性与劳动控制——以上海 JH 家政公司为例［J］．社会学研究，2023，38（6）：200-221.

［30］苏熠慧．性别视角下的数字劳动［J］．中国图书评论，2022（8）：36-46.

［31］粟瑜，王全兴．我国灵活就业中自治性劳动的法律保护［J］．东南学术，2016（3）：104-113.

［32］孙宁，李明真，李达，等．人工智能技术创新缩小了性别收入差距吗？——基于中国家庭追踪调查的经验分析［J］．技术经济，2023，42（10）：38-48.

［33］孙萍，赵宇超，张仟煜．平台、性别与劳动："女骑手"的性别展演［J］．妇女研究论丛，2021（6）：5-16.

［34］王慧敏，薛启航，魏建．数字经济、母职惩罚与性别收入差距［J］．现代财经（天津财经大学学报），2023，43（11）：30-46.

［35］王琦，吴清军，杨伟国．台企业劳动用工性质研究：基于 P 网约车平台的案例［J］．中国人力资源开发，2018，35（8）：96-104.

［36］王全兴，刘琦．我国新经济下灵活用工的特点、挑战和法律规制［J］．法学评论，2019，37（4）：79-94.

［37］王天玉．基于互联网平台提供劳务的劳动关系认定——以"e 代驾"在京、沪、穗三地法院的判决为切入点［J］．法学，2016（6）：50-60.

［38］吴清军，李贞．分享经济下的劳动控制与工作自主性——关于网约车司机工作的混合研究［J］．社会学研究，2018，33（4）：137-162.

［39］吴清军．加强新就业形态劳动者权益保障［J］．人民论坛，2023（10）：67-70.

［40］向春华.统一与分化：平台用工职业伤害保险制度之体系构建［J］.华东政法大学学报，2023，26（6）：131-142.

［41］肖竹.第三类劳动者的理论反思与替代路径［J］.环球法律评论，2018，40（6）：79-100.

［42］谢富胜，吴越，王生升.平台经济全球化的政治经济学分析［J］.中国社会科学，2019（12）：62-81.

［43］谢增毅.互联网平台用工劳动关系认定［J］.中外法学，2018，30（6）：1546-1569.

［44］徐晋，张祥建.平台经济学初探［J］.中国工业经济，2006（5）：40-47.

［45］杨兰品，王姗姗.平台经济对性别收入差距的影响研究——基于CFPS数据的经验分析［J］.华东经济管理，2023，37（10）：92-103.

［46］杨思斌.新就业形态劳动者职业伤害保障制度研究——从地方自行试点到国家统一试点的探索［J］.人民论坛·学术前沿，2023（16）：36-49.

［47］叶静漪.新就业形态女性劳动者权益保障研究［J］.人民论坛·学术前沿，2023（16）：50-59.

［48］易宪容，陈颖颖，于伟.平台经济的实质及运作机制研究［J］.江苏社会科学，2020（6）：70-78.

［49］尹振涛，陈媛先，徐建军.平台经济的典型特征、垄断分析与反垄断监管［J］.南开管理评论，2022，25（3）：213-226.

［50］岳经纶，刘洋."劳"无所依：平台经济从业者劳动权益保障缺位的多重逻辑及其治理［J］.武汉科技大学学报（社会科学版），2021，23（5）：518-528.

［51］张成刚.共享经济平台从业人员就业及劳动关系现状——基于北京市多平台的调查研究［J］.中国劳动关系学院学报，2018，32（3）：61-70.

［52］张凌寒.共享经济平台用工中的性别不平等及其法律应对［J］.苏州大学学报（哲学社会科学版），2021，42（1）：84-94.

［53］张凌寒.算法自动化决策中的女性劳动者权益保障［J］.妇女研究论丛，2022（1）：52-61.

［54］张素凤."专车"运营中的非典型用工问题及其规范［J］.华东政法大学学报，2016，19（6）：75-87.

［55］张一璇.劳动空间在延伸——女性网络主播的身份、情感与劳动过程［J］.社会学评论，2021，9（5）：236-256.

［56］周畅，李琪.非标准工作与体面劳动：数据化带来的劳动问题与政府对策［J］.中国人力资源开发，2017（8）：156-166.

英文图书类

［1］DUNLOP, JOHN T. *Industrial Relations Systems*［M］. Boston: Harvard Business School Press, 1993/1958: 44.

英文期刊类

［1］AGHION P, HOWITT P. Growth and Unemployment［J］. *Review of Economic Studies*, 1994, 61 (3): 477-494.

［2］ARMSTRONG M. Competition in Two-Sided Markets［J］. *The RAND Journal of Economics*, 2006 (3): 668-691.

［3］CARUSO L. Digital Innovation and the Fourth Industrial Revolution: Epochal Social Changes?［J］. *AI & Society*, 2018 (33): 379-392.

［4］G.COCKAYNE D.Sharing and Neoliberal Discourse:The Economic Function of Sharing in the Digital On-Demand Economy［J］. *Geoforum*, 2016 (1): 77.

［5］GOOS M, MANNING A, SALOMON A. Explaining Job Polarization:

The Roles of Technology, Offshoring and Institutions [J] . *Social Science Electronic Publishing*, 2011 (1): 1-58.

[6]ROCHET J, TIROLE J. Platform Competition in Two-Sided Markets[J]. *Journal of the European Economic Association*, 2003 (4): 990-1029.

[7] W. FINKIN M. Beclouded Work, Beclouded Workers in Historical Perspective [J] . *Comparative Labor Law & Policy Journal*, 2016 (1): 37.